本书为国家社会科学基金项目研究成果
（项目批准号：11BKS044）

生态文明与欠发达地区工业化战略研究

朱土兴 等著

中国社会科学出版社

图书在版编目(CIP)数据

生态文明与欠发达地区工业化战略研究 / 朱士兴等著. —北京:
中国社会科学出版社, 2015.5
ISBN 978-7-5161-6089-3

Ⅰ.①生… Ⅱ.①朱… Ⅲ.①不发达地区-生态文明-关系-
工业化-经济发展战略-研究-中国 Ⅳ.①F427

中国版本图书馆 CIP 数据核字(2015)第 094933 号

出 版 人 赵剑英
策划编辑 宫京蕾
责任编辑 周慧敏
责任校对 张依婧
责任印制 何 艳

出 版 中国社会科学出版社
社 址 北京鼓楼西大街甲 158 号
邮 编 100720
网 址 http://www.csspw.cn
发 行 部 010-84083685
门 市 部 010-84029450
经 销 新华书店及其他书店

印刷装订 北京市兴怀印刷厂
版 次 2015 年 5 月第 1 版
印 次 2015 年 5 月第 1 次印刷

开 本 710×1000 1/16
印 张 16.5
插 页 2
字 数 246 千字
定 价 55.00 元

生态文明视角下欠发达地区工业化战略研究的一个创新成果

沈满洪

欠发达地区达到小康水平才能保证全面小康社会的实现，欠发达地区实现现代化才能保证现代化社会的全面建成。因此，欠发达地区发展水平的高低直接关系到国家富强、民族振兴、人民富裕的中国梦的实现。从这个意义上讲，在生态文明视角下研究欠发达地区工业化战略具有特殊重要的理论价值和现实意义。

欠发达地区的现代化战略有三种截然不同的观点：第一种观点认为，根据环境库兹涅茨曲线，发达国家和我国的发达地区普遍走了“先污染，后治理”的路子，欠发达地区也不例外，无法绕开粗放式工业化的阶段，这种路子可以称为“传统模式”；第二种观点认为，欠发达地区不能沿袭发达地区的工业化模式，坚决反对走先污染后治理的路子，要实现跨越式的发展——从农业文明直接跨越到生态文明，这种路子可以称为“跨越模式”；第三种观点认为，欠发达地区应该走生态文明视角下的工业化之路，把生态文明嵌入工业化战略之中，实现生态与经济的双赢，这种路子可以称为“嵌入模式”。传统模式的环境代价太高，跨越模式的实现难度太大，嵌入模式相对适合于中国国情。

丽水学院朱土兴教授主持的国家社科基金项目《生态文明与欠发达地区工业化战略研究》按照“嵌入”理念，首度立意于将欠发达地区工业化战略嵌入全国生态文明建设，探寻欠发达地区工业化积极助推全国生态文明建设的理性途径。在课题研究过程中形成了一系列的前期成果，在《财贸经济》、《经济理论与经济管理》、《浙江大学学报》、《浙江社会科学》等期刊上发表了系列论文，并结合浙江省丽水市的实际形成了若干成果要报，得到地方主要领导的高度赞许。

专著是学者系统反映课题研究成果的一种主要方式。《生态文明与欠发达地区工业化战略研究》主题明确、层次分明、资料翔实、结论可信，其中，不乏一些创新性的见解：第一，首次提出了工业与生态协调优度概念和指标，并使之成为指导生态文明视角下欠发达地区工业化战略选择的指针。第二，在比较分析了外源性嵌入模式、内源性嵌入模式、内源为主与外源为辅结合嵌入模式、外源为主与内源为辅结合嵌入模式的基础上揭示了“实现内源为主与外源为辅相结合的嵌入模式是推进欠发达地区工业化的关键环节”。第三，针对中国欠发达地区的多类型特征，提出了“差别化的工业化路径是实现欠发达地区内源为主与外源为辅结合嵌入模式的基本途径”的观点。第四，基于区域的差异性，提出了实施差别化的产业政策、差别化的环境政策、差别化的资源政策以及差别化的政绩考评机制，以推进欠发达地区工业化嵌入生态文明建设的对策建议。

朱土兴教授属于经济研究和行政管理“双肩挑”型的学者，尤其是行政管理工作退居二线后仍然孜孜不倦地从事生态文明视角下欠发达地区工业化战略研究并为区域经济发展不断建言献策。这种不畏艰难科学攀登的精神、不惜代价刻苦攻关的精神以及带领团队共同进步的团队协作的精神都是十分可贵的。

我一直关注朱土兴教授主持的国家社科基金项目《生态文明与欠发达地区工业化战略研究》，并有幸成为该成果的评审专家（事后获悉），基于该专著的学术价值及朱土兴教授的敬业精神，我愿意为此作序并推荐给各位同行学者。

（沈满洪，宁波大学校长、浙江省生态文明研究中心主任、中国生态经济学会教育委员会第一副会长、国家社科基金重大招标项目首席专家）

目　录

绪　　论

第一节　问题提出和研究说明

一　问题提出

迄今为止，有关工业化和生态文明二者关系的研究①，聚焦于工

① Forster B. A. , "Optimal Capital Accumulation in a polluted Environment", *Southern Economic Journal*, 1973, 39, pp. 544 – 547. Grossman Gene M. , Krueger Alan B. , "Environmental Impacts of a North American Free Trade Agreement", *NBER Working Paper*, 1991, No. 3914. Shafik N. , BandyoPadhyay S. , "Economic Growth and Environmental Quality: Time Series and Cross-country Evidence", *Background Paper for World Development Report*, 1992. 周建平：《浙江开化地区工业环境系统的协调发展》，《北京师范大学学报》（自然科学版）1993 年第 29 卷第 3 期，第 337—342 页。Pearce D. W. , & Warford J. J. , *World Without End-economics, Environment and Sustainable Development*, New York: Oxford University Press, 1993. Shafik N. , "Economic Development and Environmental Quality: An Econometric Analysis", *Oxford Economic Papers*, New Series, 1994, Vol. 46, Special Issue on Environmental Economics, *Oct.* , pp. 757 – 773. Dasgupta P. , & Maler, K. G. , "Poverty, Institutions and the Environment-resource Base", *World Bank Environment Paper*, No. 9, Washington, D. C. : World Bank, 1994. Selden T. , Song D. , "Environmental Quality and Development: Is There a Kuznets Curve for Air Pollution Emissions?" *Journal of Environmental Economics and Management*, 1994, No. 27, pp. 147 – 162. Grossman Gene M. , Krueger Alan B. , "Economic Growth and the Environment", *The Quarterly Journal of Economics*, 1995, Vol. 110, No. 2, pp. 353 – 377. Smulders S. A. , "Environmental Policy and Sustainable Economic Growth-An Endogenous Growth Perspective", *De Economist*, 1995, Vol. 143, pp. 163 – 195. Lowe E. , "Creating by-product Resource Exchange: Strategies for Eco-industrial Park", *Cleaner Production*, 1997 (5). 蔡宁：《国外环境与经济协调发展理论研究》，《环境科学进展》1998 年第 6 卷第 2 期，第 66—72 页。Ekbom A. ,

业化与生态环境之间的关系，即基于工业化已造成生态破坏和环境污染的事实，探讨事后生态文明建设等问题。然而，普遍存在的区域经济发展不平衡问题显示，一些贫困地区，往往工业发展衰落、滞后，或被要求限制发展工业，主要原因在于：（1）有些地区属于生态脆弱地带，实施工业化很有可能对当地生态环境造成毁灭性的后果；（2）有些地区具有较为明显的生态环境优势，因而兼有区域性生态功能区的职能；（3）有些地区资源富集，拥有传统工业的优势，但由于工业技术装备老化、不利的经济结构和市场经济的冲击，工业发展逐渐衰落；（4）有些地区是传统上的农业地带，不完全具备工业发展的优势，不合理的工业化使得能源耗尽、环境污染，反而制约了工业化的进一步推进。结果，这些欠发达地区的工业化起步较晚，经济社会发展水平较低，与全国的发达地区之间已然拉开了较大的差距，并逐渐产生了加速推进工业化的迫切需求。可以肯定的是，工业化现代化

（接上页）& Bojo J.，"Poverty and Environment：Evidence of Links and Integration in the Country Assistance Strategy Process"，*World Bank Africa Region Discussion Paper*，No. 4，Washington D. C.：World Bank，1999. 辜胜阻、魏珊：《保持环境与经济协调发展的思考》，《武汉大学学报》（人文社会科学版）2000 年第 3 期，第 294—298 页。李善同、刘勇：《环境与经济协调发展的经济学分析》，《北京工业大学学报》（社会科学版）2001 年第 3 期，第 1—6 页。Friedl B.，Getzner M.，"Environment and Growth in a Small Open Economy：An EKC Case-study for Austrian CO_2 Emissions"，*Discussion Paper of the College of Business Administration University of Klagenfurt*，Austria，2002. 李艳：《环境—经济系统协调发展分析与评价研究》，河北工业大学，2002 年。Cohen-Rosenthal E.，"What is Eco-industrial Development?" *M. Work and Environment Initiative*，Cornall University，USA，Green Leaf Publishing，2003. Edward Cohen-Rosenthal，Judy Musnikow，*Eco-industrial Strategies：Unleashing Synergy between Economic Development and the Environment*，USA，Green Leaf Publishing，2003. Barbier E. B.，*Natural Resonrces and Economic Development*，Cambridge：Cambridge University Press，2005. Buys P.，K. Chomitz，etal.，"The Economics of Decentralized Poverty-environment Programs：An Application for Lao PDR"，*Journal of Policy Modeling*，2006，28（7）：811－824. 周宏春：《新型工业化与生态环境保护》，《中国发展观察》2005 年第 6 期，第 22—26 页。陈凤、于显双：《环境问题与可持续发展》，内蒙古教育出版社 2005 年版。诸大建：《生态文明与绿色发展》，上海人民出版社 2008 年版。Paul E. Hardisty，*Environmental and Economic Sustainability*，USA. CRC Press，2010.

阶段不可逾越，但旧式工业化道路可以避免[①]。问题在于，这些欠发达地区在继续推进工业化的需求下，应如何事前避免重蹈区域内发达地区“先污染，后治理”的老路，并在全国生态文明建设的整体框架下实现经济社会的快速发展？已有的研究似乎并未对此展开深入的探索。本研究针对欠发达地区的工业化与生态文明二者之间的关系，提出以下几个基本研究假设：

假设一：工业化是欠发达地区加速实现经济社会发展的必由之路。由于农业和服务业的提升不可避免地需要大量人才、技术和资金等要素的支持，但对欠发达地区而言，这些要素极为短缺，使其经济社会发展面临困境，迫切需要加快转变经济增长方式，工业化正是响应了这个需求。

假设二：欠发达地区的工业化应该嵌入全国生态文明建设的整体框架中去。由于许多欠发达地区都是生态脆弱地带，大量兼有区域性甚至全国性生态功能区的职能，因此，欠发达地区工业化路径如果选择不恰当会阻碍全国的生态文明建设进程。而且，全国生态文明建设如果不充分考虑欠发达地区工业化需求，就难以推动地方政府和各经济体主动顺应全国生态文明建设整体规划，无法形成生态文明建设的有效动力。

假设三：工业化和生态环境同属于文明建设的范畴。在生态文明建设的整体框架下，工业化和生态环境都是不可或缺的部分。工业化脱嵌于生态文明是中国经济社会发展过程中所面临的一个较为严峻的问题，突出表现为“先污染、后治理”的工业化实现途径。建设生态文明并不是要遏制工业的发展，也绝不是将工业化与生态环境简单地对立起来。欠发达地区走工业化道路与全国生态文明建设之间的矛盾和冲突，恰恰是实现经济增长方式转变以及促进可持续发展过程中的掣肘部分。对一些走“先污染，后治理”工业化道路的发达地区而言，生态文明建设的矛盾在于生态环境的补偿与修复；而对定位为

① 严书翰：《为了实现中华民族的伟大复兴——建国以来党对工业化现代化不断认识和不懈奋斗的轨迹》，《中国特色社会主义研究》2009 年第 5 期，第 6—10 页。

“有限发展”的欠发达地区而言，生态文明建设的矛盾却在于工业化的加速实现。

二 研究说明

本书的核心思想是关于全国生态文明建设框架下的欠发达地区工业化战略问题，或者说将欠发达地区工业化战略问题放到全国生态文明建设大框架下进行研究。它不同于欠发达地区的生态文明与工业化研究，也有别于欠发达地区生态工业化战略研究。

本书立项于科学社会主义，侧重于哲理性研究，因此立意于将欠发达地区工业化战略嵌入全国生态文明建设，探寻欠发达地区工业化积极助推全国生态文明建设的理性途径。这一研究，尽管也包括欠发达地区生态工业化战略研究，但是，两者之间有着巨大的区别。主要表现在以下三个方面：

第一，在立意高度上不同。本书侧重于哲理性研究，立意于将欠发达地区工业化战略嵌入全国生态文明建设，从全国生态文明建设的宏观维度来研究和探寻欠发达地区工业化的科学模式和理性途径。欠发达地区生态工业化战略研究则侧重于应用性研究，立意于欠发达地区为何以及如何制订和实施欠发达地区生态工业化战略，它仅仅是欠发达地区工业化战略的一个重要方面。在欠发达地区全面实施生态工业化战略，从简单的、孤立的、局部的意义上看，在一定程度上有利于全国生态文明建设，但是，从复杂的、系统的、全局的意义上看，则不一定有利于全国生态文明建设。

第二，在研究目标上不同。本书的研究目标是探寻在全国生态文明建设的大框架下，科学合理选择欠发达地区的工业化模式布局以及制度安排。毋庸置疑，由欠发达地区生态环境基础和现状的多样性特征，以及生态环境变化原因的多样性所决定，欠发达地区的工业化战略必然且应当是多种模式并存，有机组合布局。必须提出的是，生态工业化只是其中比较重要的一种，只是生态环境脆弱的欠发达地区工业化战略的理性选择，但是，如果将生态工业化作为生态环境厚实的欠发达地区工业化战略模式，则是非常不理性的选择，最终由于不合理地遏制了欠发达地区工业化和致富进程，而使得其缺乏必要的财力和动力以致难以持续保护和修复生态环境，进而抑制了当地乃至全国的生态文明建设进程。

第三，在研究重点上不同。本书研究的重点在于在全国生态文明建设的大框架下，欠发达地区选择什么样的工业化发展道路；针对欠发达地区生态环境基础和变化原因的多样性，探寻与之相适应的差异化的工业化发展模式和途径。而欠发达地区生态工业化战略研究的重点则在于欠发达地区如何制订和实施欠发达地区生态工业化战略。

第二节 研究对象和研究意义

一 研究对象

欠发达是一个相对的、历史的概念，其基本含义即低水平、不充分的发展状态，这一状态在区域空间层面上表现为经济社会发展落后的地区以及边缘地区。由于受到自然条件、社会历史条件等的限制和不平衡发展战略的影响，欠发达地区在经济社会发展水平上与发达地区已拉开了较大的差距。然而随着改革的不断深化、社会的持续发展、观念的深入转变、制度的突破创新，欠发达地区在每一轮新的经济增长中都蕴含着实现高速发展的巨大潜力。

首先，欠发达地区是一个相对的空间范畴。它并非是指绝对落后地区，而是在特定的区域范围内局部发展滞后的地区。从这个层面上看，整体发达的区域范围内仍有可能存在相对落后的地区，而将这些“欠发达地区”置于其他区域范围内进行比较却有可能是发达地区。

其次，欠发达地区是一个动态的发展范畴。它也并非处于绝对落后的地位，而仅仅是在发展速率上暂时低于发达地区。在满足一定的时间和条件下，欠发达地区将推动实现其发展要素量的扩张和质的飞跃，从而跻身于发达地区的行列。

本研究以省域为基本空间单元来划分欠发达地区的区域范围，将2003—2010年人均国内生产总值8年均值低于全国[①]平均水平的省域界定划归为欠发达地区。欠发达地区为河北、山西、吉林、黑龙江、安徽、江西、河南、湖北、湖南、广西、海南、重庆、四川、贵州、云南、西藏、陕西、甘肃、青海、宁夏、新疆21个省域。同时，也涉及发达省份中的欠发达地区。

本书的研究对象并非一般意义上的欠发达地区[②]，而是在全国生态文明视域下的欠发达地区工业化战略问题。

尽管在欠发达地区工业化的问题上存在着这样那样的说法，例如有的说欠发达地区只要把生态保护好，不必去发展工业。我们固然不能说所有的欠发达地区都要发展工业，但可以肯定地说，欠发达地区没有工业绝对不行，许多欠发达地区都具有发展工业的必要性，这也是不容置疑的客观存在。

其一，工业化是经济社会发展的一般规律。人类经济社会发展走

① 除香港、澳门、台湾外的中国大陆地区。

② 胡鞍钢：《欠发达地区发展问题研究》，《改革》1994年第3期，第110—117页；李周、陈若梅、高岭：《中国贫困山区开发方式和生态变化关系的研究》，山西经济出版社1997年版；侯景新：《落后地区开发通论》，中国轻工业出版社1999年版；Barrett C. B., T. Reardon, etal., "Nonfarm Income Diversification and Household Livelihood Strategies in Rural Africa: Concepts, Dynamics and Policy Implications", *Food Policy*, 2001, 26 (4): 315 - 331. Bosch C., Hommann K., Rubio G. M., Sadoff C., & Travers L. Water, Sanitation and Poverty Chapter: Poverty Reduction Strategy Papers' Source Book, Washington, D. C.: World Bank, 2001. Brocklesby M. A., & Hinshelwood E., Poverty and the Environment: What the poor say: An assessment of Poverty-environment Linkages in Participatory Poverty Assessments, Swansea, UK: Centre for Development Studies, University of Wales, 2001；吴照云、彭润中等：《欠发达地区产业竞争力分析》，经济管理出版社2001年版；陈兴鹏、张子龙、薛冰等：《加快少数民族地区经济发展与环境友好型社会建设研究》，兰州大学资源环境学院，2006年；王雷、王光栋、叶仁荪：《对我国地区发达程度的进一步划分》，《统计与决策》2006年第2期，第51—53页；杨晓光、王传胜、盛科荣：《基于自然和人文因素的中国欠发达地区类型划分和发展模式研究》，《中国科学院研究生院学报》2006年第1期，第97—104页；李贵龙：《试论"欠发达、欠开发"民族地区生态文明建设——以黔东南州为例》，《中共贵州省委党校学报》2008年第6期，第65—67页；Barbier E. B., "Poverty, Development and Environment", *Environment and Development Economics*, 2010, 15: 635 - 660.

向文明和富强的首要目标是实现工业化。目前，全国工业化整体水平处于中期阶段，绝大多数欠发达地区的工业化水平尚处于初级阶段。

其二，欠发达区域工业化是中国全面实现物质文明的内在需要。2010年，全国21个欠发达省域面积占比78.8%，人口占比62.9%，而GDP占比只有45.1%，财政收入只有39.7%，居民收入占比只有47.9%。从居民人均收入看，2010年全国平均收入为14748元，在这21个欠发达省域中，只有河北省（15681元）达到全国平均收入水平，有12个省域在80%以下，其中贵州省、云南省还不到50%；全国人均收入最高的北京市高达35272元，而贵州省、云南省只有7026元、7267元，依次只有北京市的19.9%、20.6%。这一现状如果不能从根本上得以改善，全国各省域就难以全面同步实现物质文明。深究各省域居民收入差距巨大的生成原因，根源在于贵州、云南等欠发达省域的工业化程度极低。2010年上述21个欠发达省域中除山西省外工业化水平相对落后，其中贵州、西藏、云南、海南、广西、甘肃、四川、湖南、安徽、江西还处在工业化初级阶段。因此，欠发达省域唯有进一步加快工业化进程，确保工业总量迅速扩大和质量快速提升，全国才有可能同步实现小康，全面实现物质文明。

其三，欠发达区域工业化是中国全面实现生态文明的客观需要。欠发达区域生态文明既是全面实现生态文明的重要组成部分，更是全国实现生态文明的主要载体。欠发达区域生态文明建设既受到生态环境的自然规律的作用，也深受人们改造、保护和修复行为的作用。后者需要大量的人力、物力和财力投入，这就需要欠发达区域自身创造和累积，或者中央政府拨款资助。依赖于中央政府拨款资助只是头疼医头，脚痛医脚，并不能根本解决问题，并不能有效调动欠发达区域改造、保护生态环境的积极性、主动性和创造性，这是因为中央政府拨款资助并不能满足欠发达区域增加财政收入、富裕民众的物质创造需求。因此，全国全面实现生态文明离不开欠发达区域工业化。

问题的关键在于如何推进欠发达地区的工业化？笔者认为，必须把欠发达地区工业化嵌入生态文明建设，即研究与实施在全国生态文明视域下的欠发达地区工业化战略，才是推进欠发达地区工业化的现实选择。

一方面，从20世纪80年代以来，总的来讲，欠发达地区工业虽然得到一定发展，但进程缓慢，自身暴露出许多问题：一是工业经济发展整体水平不高、工业规模基数低，资本积累能力弱；二是工业结构矛盾较突出，技术、工业装备水平落后，企业规模普遍较小；三是工业产品市场竞争力弱，市场占有率不高，工业经济效益不高；四是工业内在动力不足，发展新型工业在资金、技术和人才方面，处于明显劣势，很容易导致选择高能耗、高污染工业产业。工业化与生态文明建设之间的矛盾与冲突日益凸显。这些问题表明了，在全国生态文明视域下加快欠发达地区工业经济发展的紧迫性。

另一方面，加快全国生态文明视域下欠发达地区工业发展也存在着许多有利因素与条件。主要表现在，欠发达地区工业经过几十年发展有了一定的基础；欠发达地区资源优势相对突出，比如农村经济中农副产品、经济作物、矿藏资源、电力资源等都比较丰富；欠发达地区交通、通信条件得到日益改善；特别是国家重视欠发达地区的发展，为其实现工业化提供了良好机遇。

许多欠发达地区实行工业化战略的成功案例也充分证明了在全国生态文明视域下的欠发达地区工业化战略是可行的。例如，浙江省丽水市2003年确立并实施了生态立市、工业强市、绿色兴市的“三市并举”战略。2005年工业制造业投资为97.09亿元，全市生产总值为318.57亿元，人均GDP为12671元；2010年工业制造业投资为180.13亿元，全市生产总值为644.04亿元，人均GDP为24913元。五年中，上述三个指标都翻了一番，综合实力竞争力在全国290多个地级市的排名从原来的第137名跃到第100名，生态环境连续8年保持全省第一，全国前茅。

二 研究意义

首先，对生态文明视域下的欠发达地区工业化战略研究，是我国工业化与生态文明建设协调发展至关重要的问题。欠发达地区的生态文明建设实际上关系到全国生态文明建设的整体进程，而欠发达地区要实现经济社会的快速发展，不能仅仅依靠外源性的援助政策，以及纵向与横向的生态补偿措施，工业化应是其必然途径。因此，从根本上说，欠发达地区是否能够在全国生态文明建设的整体框架下有效推进并实现工业化，是我国生态文明建设至关重要的问题。欠发达地区工业化是按照产业梯度转移的顺序，接受发达地区淘汰的环境压力大的产业，还是有选择地接收融入当地生态环境的产业，并培育新型环境友好型产业，是我国整体迈向工业现代化进程中的关键问题。由于许多欠发达地区都是生态脆弱地带，有些兼有区域性甚至全国性生态功能区的职能，因此，这些地区工业化路径如果选择不恰当会阻碍全国的生态文明建设进程。

其次，对生态文明视域下的欠发达地区工业化战略研究，有助于欠发达地区恰当地选择工业化的模式与路径，解决其动力与机制。这一方面将欠发达地区借助工业化发展区域经济的需求纳入生态文明建设的框架，推动地方政府与各经济体积极参与生态文明建设的整体规划，另一方面也有助于避免走有些经济先发地区“先污染，后治理”的工业化路径，从而推进欠发达地区工业与生态协调发展的优化。

第三节　基本视点与研究内容

一　基本视点

第一，欠发达地区工业化嵌入生态文明建设，是其工业化与生态文明整合的基本方式。以往工业化与生态文明建设存在脱嵌的问题，其原因是在理论和实践上都将两者对立起来、割裂开来。特别是在欠发达地区，人们对生态效益的评价值比较低，而对经济效益的评价值却比较高。往往会以牺牲生态环境来换取经济发展。因此，欠发达地区工业化必须嵌入生态文明建设，在全国生态文明建设的整体框架中，来勾画、来实现欠发达地区的工业化。

第二，将外源性整合转化为欠发达地区工业有序发展的内生动力，是欠发达地区工业化嵌入生态文明建设的关键环节。工业化是欠发达地区经济社会发展的内在要求，要富民、要强区，离不开工业化。因此，全国生态文明建设要充分认识欠发达地区工业化需求，要有中央层面的制度安排与政策引导，以形成具有内生动力的整合机理，使欠发达地区自觉将工业化嵌入生态文明建设。

第三，内源为主与外源为辅相结合的嵌入模式是欠发达地区实现工业化的必然选择。然而，由于中国地域辽阔，欠发达地区存在着差别化的历史文化背景、自然资源禀赋和经济社会状况，同一嵌入模式也必然存在着多样化的实现路径。

第四，在全国层面上建立科学可行的政策体系，是推动欠发达地区工业有序发展的现实途径。中央层面要提出欠发达地区产业规划要求，明确欠发达地区产业导向，规范空间开发秩序；中央应当通过调整财政收入分配机制，加大对欠发达地区财政转移力度，为欠发达地区生态产业提供政策和资金支持。从而使欠发达地区可以通过选择性地接收符合环境发展要求的梯度转移产业，并通过新型环境友好型产业，实现经济与环境的协调发展。

第五，建立合理有效的综合评价体系，是实现欠发达地区工业化与生态文明建设整合的重要保证。要强化“生态政绩观”，对欠发达地区实行差别化的绩效评价体系，既能评估欠发达地区工业化与生态文明建设整合模式的优劣，又能测量欠发达地区工业化与生态文明建设整合的实践进程及其效果。

二　研究内容

本书研究主要包括五个专题。

（一）生态文明视域下欠发达地区工业化的理论研究与实践探索回顾

（1）研究方法：归纳演绎、案例分析。

（2）主要内容：通过对生态文明视域下欠发达地区工业化理论研究的回顾，特别是关于经济与生态协调关系的基础理论、经济增长与生态环境协调发展的实证分析以及政策选择的回顾与评述，探寻与明晰本书研究的空间与指向。

通过回顾新中国成立以来欠发达地区工业化的基本历程，对欠发达地区工业化现状进行评价，在总结所取得成就的同时，归纳工业化政策以及工业环境治理中存在的问题。迄今为止，欠发达地区工业化经历了扶贫开发和西部大开发两大战略，对这两大战略的政策实施及其政策效果进行剖析，深入分析生态文明视域下欠发达地区工业化政策的典型缺陷所在。

（二）生态文明建设中欠发达地区工业化嵌入水平的估计分析

（1）研究方法：距离综合评价。

（2）主要内容：经济建设和生态文明都非常重要，不可偏废，必须协调发展。工业系统与生态系统协调度所隐含的问题不仅仅是数量大小，而且还有着质量高低属性。引入协调优度指标，基于对工业系统与生态系统的评价，从工业系统与生态系统的协调性、工业系统与生态系统的同优性两个维度的有机耦合的意义上构造实证分析方法，并以2003—2010年中国省域面板数据为样本进行了实证分析，从而估计欠发达地区工业化的嵌入生态文明建设的水平。

（三）欠发达地区工业化嵌入模式研究

（1）研究方法：归纳演绎、比较分析。

（2）主要内容：将工业化嵌入生态文明建设，是欠发达地区工业化与生态文明相整合的基本方式。以往工业化与生态文明建设存在脱嵌的问题，从更深层次的原因来看是工业化模式的选择问题。将欠发达地区工业化嵌入生态文明模式划分类型，分别深入分析外源性嵌入模式和内源性嵌入模式的成因、特征，探索欠发达地区工业化嵌入生态文明由外源为主与内源为辅结合的嵌入模式向内源为主与外源为辅结合的嵌入模式实现转变的途径。

（四）欠发达地区工业化嵌入路径研究

（1）研究方法：归纳演绎、案例分析。

（2）主要内容：欠发达地区工业化路径，实质上是欠发达地区在特定的工业发展模式下实现工业化的途径。由于中国地域辽阔，欠发达地区存在差别化的历史文化背景、自然资源禀赋和经济社会状况，同一嵌入模式有着多样化的实现路径。将欠发达地区分为三种区域类型，即生态型区域（包括生态脆弱型区域和生态优势型区域）、资源富集型区域、农业主导型区域，并结合实证案例分别探讨在内源为主外源为辅结合的嵌入模式下，三种区域类型的欠发达地区工业化嵌入路径。

（五）欠发达地区工业化嵌入政策体系

（1）研究方法：归纳演绎、比较分析。

（2）主要内容：实施全国生态文明建设框架下的欠发达地区工业化战略，提升欠发达地区工业化在全国生态文明建设中的嵌入程度，提高欠发达地区工业化与生态文明建设的协调发展优度，离不开政策的大力引导与调控，迫切需要科学合理、引导有力、调控高效的政策体系。通过完善管理体制和优化决策程序，来构建高效的政策管理体制；通过确定差别化的工业化政策取向、差别化的主体功能区、差别化的产业政策、差别化的投资政策、差别化的土地政策、差别化的财税政策和差别化的人口政策，来建立差别化的政策体系；并构筑差别化的政绩考评机制。

第四节　创新之处

本书对欠发达地区工业化嵌入生态文明建设进行深入探讨，创新点在于以下几点。

第一，在全国生态文明整体建设中研究欠发达地区工业化战略，提出了“嵌入”的理念，即欠发达地区工业化要嵌入全国生态文明建设，这是本研究的核心思想。

第二，首度提出协调优度指标，基于对工业系统与生态系统的评价，从工业系统与生态系统的协调性、工业系统与生态系统的同优性两个维度的有机耦合的意义上构造实证分析方法，估计欠发达地区工业化的嵌入生态文明建设的水平。

第三，提出了欠发达地区工业化嵌入生态文明建设的模式。欠发达地区应由外源为主与内源为辅相结合的嵌入模式向内源为主与外源为辅相结合的嵌入模式实现转变，即将外源性整合转化为欠发达地区工业有序发展的内生动力，是欠发达地区工业化嵌入生态文明建设的关键环节。

第四，分析了欠发达地区工业化由其区域多样化特征所决定，同一嵌入模式下有着多种嵌入路径。一般而言，中国欠发达地区可划分为资源富集型区域、农业主导型区域、生态型区域（包括生态脆弱型区域和生态优势型区域）三种区域类型。

第五，针对欠发达地区工业化嵌入生态文明建设，构建了高效的政策管理体制，建立了差别化的政策体系，构筑了差别化的政绩考评机制。

第一章

生态文明视域下欠发达地区工业化的理论研究回顾

所谓生态文明，是指人类在经济社会活动中，遵循自然发展规律、经济发展规律、社会发展规律、人自身发展规律，积极改善和优化人与自然、人与人、人与社会之间的关系，为实现经济社会的可持续发展所作的全部努力和所取得的全部成果①。经济—环境系统是由经济系统与环境系统耦合而成的复合大系统，它由经济系统和环境系统两部分组成②。其中经济系统是由社会再生产过程中的生产、交换、分配、消费四个环节构成，包括了国民经济各部门（工业、农业、商业等）的有机整体；环境系统由大气圈、水圈、岩石土壤圈和生物圈四个子系统组成。这两个系统共同构成了环境经济系统。

按照经济发展与环境的关系，可以具体分为三类：（1）原始型环境经济系统，其基本特征是：环境占主导地位，人被动地依附于环

---

① 申曙光：《生态文明及其理论与现实基础》，《北京大学学报》（哲学社会科学版）1994 年第 3 期，第 31—37 页；申曙光：《生态文明构想》，《求索》1994 年第 2 期，第 62—65 页；石山：《建设生态文明的思考》，《生态农业研究》1995 年第 2 期，第 1—3 页；廖福霖：《建设生态文明，永葆地球青春常驻》，《生态经济》2001 年第 8 期，第 82—84 页；吴风章：《生态文明构建：理论与实践》，社会科学文献出版社 2008 年版；严耕：《生态危机与生态文明转向研究》，北京林业大学，2008 年；严耕、杨志华：《生态文明的理论与系统建构》，中央编译出版社 2009 年版；余谋昌：《生态文明论》，中央编译出版社 2010 年版；余谋昌：《建设生态文明需要新的哲学和新的思维方式》，《鄱阳湖学刊》2010 年第 1 期，第 61—65 页；诸大建：《生态文明：需要深入勘探的学术疆域——深化生态文明研究的几个思考》，《探索与争鸣》2008 年第 6 期，第 5—11 页；沈满洪：《生态文明制度的构建和优化选择》，《环境经济》2012 年第 12 期，第 18—22 页。

② 刘天齐、李克国、魏国印等：《环境经济学》，中国环境科学出版社 2003 年版。

境、适应环境；人与环境的矛盾不明显，人与环境处于低水平的协调状态；经济发展缓慢、没有环境问题或环境问题不严重。(2) 掠夺型环境经济系统，其基本特征是：由于人口数量的增加，科技水平的提高，人类对环境的干预能力大大提高，环境成为人类征服、改造的对象；人与环境的矛盾加剧，环境问题不断加剧，环境质量不断恶化；初期经济发展较快，但难以持续，环境质量的不断恶化使得环境对经济发展的支持能力下降，甚至制约经济发展。目前，大多数国家和地区都属于掠夺型的环境经济系统。(3) 协调型环境经济系统，其基本特征是：人与环境和平相处；环境与经济处于良性循环的状态。协调型的环境经济系统是人类社会发展的目标。

生态文明视域下欠发达地区工业化研究，本质上是关于工业经济与生态环境的关系研究。主要观点有，生态环境是工业经济的基础和制约条件、工业经济发展对环境的变化起主导作用、工业经济与生态环境可以相互促进。

第一节　生态文明视域下欠发达地区工业化的基础理论

经济与环境协调关系是可持续发展关注的主要内容，特别是对发展中国家来说，建立两者的协调关系尤为重要。协调发展已被全世界公认为处理发展经济和保护环境之间关系的最佳选择，它是保证实现人类社会可持续发展战略目标的必由之路①。1990 年，诺加德 (Norgaard) 提出了协调发展理论，认为通过反馈环在社会与生态系统之间可以实现共同发展。生态经济学认为人类追求的目标是在特定的自然环境与社会条件下，经济平衡与生态平衡有机联系的最佳组合，即寻

① 毕军：《可持续发展的判别模式及其应用》，《中国环境科学》1998 年第 18 期，第 30—36 页；王长征、刘毅：《经济与环境协调研究进展》，《地理科学进展》2002 年第 21 卷第 1 期，第 58—65 页；Brock W. A., Taylor M. Scott., "Economic Growth and the Environment: A Review of Theory and Empirics", *NBER Working Paper*, 2004b, No. 10854。

求最适度的生态经济平衡[①]。人类研究经济—环境协调的出发点在于寻求更好的生存保障。经济发展和环境保护是有矛盾的，然而又是可以统一的，甚至可以变成相互促进。经济发展虽然带来了环境污染，但同时也增强了解决环境问题的能力，并从而为经济进一步发展创造更加有利的条件。而之所以生态赤字巨大，环境恶化趋势得不到根本转变，归根结底是传统经济增长方式中的生态制度缺位，即生态环境在发展中的作用和地位被忽视了[②]。

经济—环境协调发展的特点包括相对性、可控性、稳定性和动态性[③]。经济—环境协调发展结构包括结构协调、层次协调、空间协调和时间协调四个方面[④]。经济—环境协调发展定性研究的主要形式有四种。

第一，只考虑经济系统自身内部的协调，而将生态系统视为一个不变的系统。这种观点是建立在物本经济学的基础上，以物质资料的生产、交换、分配和消费规律为研究对象，以经济增长为中心，研究在资源稀缺的情况下，生产什么、如何生产及为谁生产的问题，而不考虑经济活动对生态环境造成的影响。该观点认为从历史趋势来看，人类正处在从过去的贫困状态过渡到富裕而有潜力的未来社会的“伟大转变”中期，增长不会停滞。这是在凯恩斯以前的传统经济学家们所持有的观点。

第二，从环境学的角度来研究生态系统的协调。持这种观点的以环境保护主义者居多，其代表人物为20世纪70年代《增长的极限》一文的作者丹尼斯[⑤]。该观点认为，生态环境恶化是由于经济增长造成的，科学技术虽然能解决某些具体问题，但不能从根本上解决发展

① 王长征、刘毅：《经济与环境协调研究综述》，《中国人口、资源与环境》2002年第12卷第3期，第32—36页。

② 徐民华、刘希刚：《马克思主义生态思想与中国生态制度建设》，《江苏行政学院学报》2011年第5期，第92—97页。

③ 蔡平：《经济发展与生态环境的协调发展研究》，新疆大学，2004年。

④ 林琳：《区域生态环境与经济协调发展研究》，《学术论坛》2010年第2期，第12—16页。

⑤ 梁小民、姚开建：《西方经济学名著精览——西方经济学必读书手册》，中国物资出版社1999年版；丹尼斯·米都斯等：《增长的极限》，四川人民出版社1984年版，第19—20页。

的无限性与地球资源有限性的矛盾，它的进步是环境恶化的根源。必须在国家发展战略层面上摒弃增长第一，把环境保护、绿色发展上升为国家意志①。该类观点是将经济增长与生态环境对立起来，只看到经济增长的负面影响，从局部出发考虑生态环境，而忽视经济增长的能动作用，未将经济与生态环境看成一个大系统，缺乏对二者系统性的研究，具有一定的局限性和片面性。

第三，从系统论的角度来研究经济增长与生态环境的协调发展。前两种观点对经济增长与生态环境协调发展的认识都具有局部性和片面性。第三种观点是从系统论的角度，将经济增长与生态环境视为整个系统中的两个子系统，认为两个子系统之间存在着辩证统一的关系。只要经济发展系统对生态环境系统的破坏在生态环境系统的承载力之内，两系统间是可以协调发展的。知识经济能实现经济发展与生态环境的协调，这与经济和生态相分离的传统物本经济学是有区别的。遗憾的是对经济系统内部与生态环境系统内部，及两系统之间的协调性研究还不够深入。

在对欠发达地区工业化问题的研究中，生态重组是促使工业系统不断演进的一个重要战略。美国学者艾尔斯（Ayres）系统地阐述了关于生态重组的思想，认为生态重组是发展工业生态化的一个重要转变②。随着可持续发展理论的不断深化，相关学术界逐渐开始重视对工业系统和自然环境之间的相互作用，开辟了原料与能量流动分析的研究领域。通过对经济系统运行中原料和能量流动对生态环境的影响进行了开拓性的研究，艾尔斯（Ayres）等人提出了工业代谢理论。该理论对工业系统与生态系统进行了类比，分析了原材料与能源以及劳动在一个稳定的条件下转化为最终产品和废弃物的所有物理过程③。在对工业系

---

① 宋萌荣、康瑞华：《苏联环境政策失败的教训及其对中国的启示》，《科学社会主义》2011 年第 4 期，第 17—20 页。

② Ayres R. U. , Eeo-restructuring: The Transition to an Ecologically Sustainable Economy, Working paper for R&D Centre for the management of environment and resources, INSEAD, 1997.

③ Ayres R. U. , Industrial Metabolism: Theory and Policy, http://www. nap. edu/openbook.

统代谢的研究中，雅各布森（Jacobsen）以卡伦堡工业共生体为例，运用详细的经济和环境数据（1990—2002）分析了包括水和蒸汽在内的主要工业共生交换①。

一些学者对我国关于环境经济学理论研究成果概括为如下几个理论：持续发展论、环境资源论、环境产权论、环境价值论。持续发展论是指在致力于追求发展的过程中，保持人与自然之间的持久平衡，使发展不损害生态环境，不牺牲未来的利益。环境资源论将环境看作是一种资源，因此认为必须建立有偿使用环境资源的机制。环境产权论用于对环境损害的行为分析以及对环境保护的制度选择研究。环境价值论认为环境是有价值的客观事物。

第二节 经济增长与生态环境协调发展的实证分析

一 经典模型的应用研究

比较传统和经典的经济—环境关系的研究模型有：

第一，投入产出模型。早在20世纪60年代，有学者尝试将里昂锡夫（Leontief）的投入产出模型应用于经济和环境相关性的研究②。70年代初，里昂锡夫等人发展了投入产出的应用，开创了环境经济学的新领域③。早期的投入产出模型研究经济增长的极限问题，除静态分析之外，也应用于10—20年的预测。由于在模型建立中，考虑污水中化学物质和固体废物比较困难，因此模型中污染物主要指工业废气。1974年，哈尔

① Jacobsen N. B.，“Industrial Symbiosis in Kalundborg Denmark：a Quantitative Assessment of Economic and Environmental Aspects”，*Journal of Industrial Ecology*，2006，10（1-2）：239-256.

② J. H. Cumber.，“A Regional Interindustry Model for Analysis of Development Objectives”，*Regional Science Assciation Paper*，1966（17）.

③ W. Leontief，“Environmental Repercussions to the Economic Structure，an Input-Output Approach”，*The Review of Economics and Statistics*，1970（32）：262-271. W. Leontief and D. Ford，*Air Pollution and the Economic Structure：Empirical Results of Input-Output Computations*，London，North-Holland，1972.

托赫（Hartog）等人在投入产出模型中考虑了工业污染物的所有影响因素①。20 世纪 70 年代出现的能源危机又推动了在投入产出模型中考虑能源使用以及能源相关污染物排放的一些研究②。20 世纪 80 年代，一些学者在投入产出模型中增加了不同类别的能源转换矩阵，分析电力、石油、煤等能源组成对环境与经济的影响③。

第二，非线性的扩展型生产函数。环境经济相关性分析的另一类数学模型是非线性的扩展型生产函数④。能源危机推动了对生产函数的进一步研究，能源及与能源有关的污染因素能够在该方法中得到体现，但原材料和与原材料相关的污染因素还未能在该方法中得到考虑，这是生产函数模型与物质平衡模型相比的局限之一。20 世纪 80 年代，另一些学者依据所代表的工业结构，提出通用平衡模型⑤，博伊德（Boyd）则应用平衡模型来评估环境政策的经济效果⑥。总之，如同人类对环境与经济的相关性认识不断深化类似，对环境与经济关系的定量分析模型的研究也在不断总结和发展中。

① H. Hartog and A. Houwcling, Pollution Abatcment and the Economic Structure: Empiricat Results of Input-Output Computations for the Nethlands Occasional, The Hauage, Central Planning Bureau, 1974.

② F. Muller, Energy and Environment in Interregional Input-Output Models Boston/Leiden, Martinus Nijhocf, 1978.

③ J. P. Hettelingh, R/MA Modelling and Information Systerm for Environmental Policy in the Netherlands City: Free University, 1985.

④ F. Brouwer, Achievements in Modelling Environmental and Resource lssues, Ricerche Economiche, 1985 (4): 491 - 515. Park Walter G. "A Theoretical Model of Government Research and Growth", *Journal of Economic Behavior and Organization*, 1998, (34): 69 - 85. Brock W. A., Taylor M. Scott., "The Kindergarten Rule of Sustainable Growth", *NBER Working Paper*, 2003a, No. 9597. Brock W. A., Taylor M. Scott., "The Green Solow Model", *NBER Working Paper*, 2004a, No. w10557.

⑤ K. A. Despotakis and A. C. Fish, "Energy in a Regional Economy: A Computable General Equilibrium Model for California", *Journal of Environmental Economics and Management*, 1988 (15): 313 - 330.

⑥ R. Boyd, "Methods of Reducing Environmental damages in a computable Genenral Equilibrium Model of the U. S.", *The International Conference on Environmental Cooperation and Policy in the Single European Market*, Venice, 1990.

第三，新古典经济模型的多种改进。（1）20 世纪 70 年代出现的一些包含污染和非再生资源消耗的优化增长模型，即包含环境因素的新古典增长模型。（2）20 世纪 90 年代后，一些学者渐渐将环境作为主要要素，对“新古典增长模型”进行改进。在一些模型中，制度发展和财产权也是主要的因素。他提出的一般均衡模型包含“北部”和“南部”两个区域，且两个区域都把环境作为生产的一个要素①。（3）经济增长与环境恶化的内生增长模型。内生增长理论以 Romer②和 Lucas③为代表，博芬贝格（Bovenberg）等人对罗默（Romer）的研究进行了修正，将环境作为生产的一个要素看待④。格拉迪（Gradus）等人⑤扩展了巴罗（Barro）的 AK 模型，来证明了经济增长与环境污染存在关系。

第四，其他具体实证研究主要涉及了与环境、经济协调相关的其他因素，如用能量守恒模型来评估与优化经济、环境的影响⑥等。

二 我国对于经济—环境协调的定量研究

在我国，经济—环境协调的定量化研究方法主要有三类。第一类

① Chichilnisky Graciela, "North-South Trade and the Global Environment", *The American Economic Review*, 1994, Vol. 84, No. 4, pp. 851 - 874.

② Romer P., "Increasing Returns and Long Run Growth", *Journal of Political Economy*, 1986, vol. 94 (5), pp. 1002 - 1037. Romer P., "Endogenous Technological Change", *Journal of Political Economy*, 1990, vol. 98, pp. 71 - 102.

③ Lucas R., "On the Mechanics of Economic Development", *Journal of Monetary Economics*, 1988, Vol. 22 (1), pp. 3 - 42.

④ Bovenberg A. L. and Smulders S. A., "Transitional Impacts of Environmental Policy in an Endogenous Growth Model", *International Economic Review*, 1996, Vol. 37, No. 4, Nov., pp. 861 - 893.

⑤ Gradus R., Smulders, S., "The Trade-off between Environmental Care and Long-term Growth Pollution in Three, Prototype Growth Models", *Journal of Economics*, 1993, vol. 58 (1), pp. 25 - 51.

⑥ Y. J. WU and M. A. Rosen, "Assessing and Optimizing the Economic and Environmental Impacts of Cogeneration/district Energy Systems Using an Energy Equilibrium Model", *Applied Energy*, 1999, 62 (3): 141 - 154.

主张建立一种评价体系，即以现有统计资料和数据为基础，按协调发展思想重新构筑一个层次结构清晰的评价系统①；第二类主张对传统的 GDP、GNP 等指标做重要修正，重新构筑一些指标；第三类主张重新构筑一种从总体上描述人口、经济、社会、资源、环境五大系统之间相互联系、综合的可持续发展指标体系，掌握和评价环境、经济状况及两者间的相互影响程度②。

第一，以协调发展指标进行的定量计算。协调发展指标主要包括经济发展指标、社会发展指标和生态环境指标，可通过真实储蓄率、综合指标和协调度等方法来探讨。也有把协调发展指标分为三种③：大众使用的高层指标、政策制定者使用的中层指标和科学研究者使用的基层指标。虽然目前已提出了许多指标体系，但仍存在着许多问题：一方面为追求指标的完备性不断提出新指标，即指标种类增多；

---

① Cleaver K. M. & Schreiber G. A. , Reversing the Spiral: The Population, Agriculture, and Environment Nexus in Sub-Saharan Africa, Washington, D. C. : World Bank, 1994. 吴跃明：《环境—经济系统协调度模型及其指标体系》，《中国人口、资源与环境》1996 年第 6 期，第 47—50 页；吴跃明、张子布、郎东锋：《新型环境经济协调度预测模型及应用》，《南京大学学报》1996 年第 32 卷第 3 期，第 466—473 页；李祚泳：《社会、经济与环境协调发展指数评价模型》，《上海环境科学》2000 年第 19 卷第 5 期，第 201—204 页；刘艳清：《区域经济可持续发展系统的协调度研究》，《社会科学辑刊》2000 年第 5 期，第 79—83 页；李崇明、丁烈云：《小城镇资源环境与社会经济协调发展评价模型及应用研究》，《系统工程理论与实践》2004 年第 11 期，第 134—140 页；宋学锋、刘耀彬：《城市化与生态环境的耦合度模型及其应用》，《资源与环境》2005 年第 23 卷第 5 期，第 31—36 页；陈祖海、熊焰：《基于环境与经济协调发展的环境容量分析》，《中南民族大学学报》（自然科学版）2006 年第 2 期，第 103—105 页；石森昌：《基于机制设计的经济环境协调度模型》，《石家庄经济学院学报》2009 年第 32 卷第 1 期，第 25—28 页。

② 叶民强、张世英：《区域经济、社会、资源与环境系统协调发展衡量研究》，《数量经济技术经济研究》2001 年第 8 期，第 55 页；林道辉、沈学优、刘亚儿：《环境与经济协调发展理论研究进展》，《环境污染与防治》2002 年第 24 卷第 2 期，第 120—123 页；刘小林：《区域人口、资源、环境与经济系统协调发展的定量评价》，《统计与决策》2007 年第 1 期，第 64—65 页；张效莉、王成璋：《人口、经济发展与生态系统协调性测度研究——基于逼近理想解排序的决策分析方法》，《科技管理研究》2007 年第 1 期，第 60—63 页。

③ 杨伟明：《对我国欠发达地区的界定及其特征分析》，《经济改革与发展》1997 年第 4 期，第 52—56 页。

另一方面由于缺乏科学有效的定量筛选方法，大多依靠评价者的经验，故存在着很大的主观性，普遍存在指标体系覆盖不全和指标间信息重叠。

利用协调发展指标进行经济—环境协调定量化研究的案例主要有：冯玉广等人建立了可持续发展的差别化模型，定量分析了经济与环境之间的协调关系标准①。李本纲等人利用遥感与GIS技术，分析了经济活动、人口增长与资源环境的相互影响和区域可持续发展研究②。蔡宁提出了经济与环境协调的标准及辅助模型，建立了经济与环境协调模型，并进行了应用研究③。魏一鸣等人建立了人口、资源、环境和经济协调发展的非线性目标模型来衡量人口、资源、环境、经济等子系统的协调发展制衡关系④。吴玉萍对北京经济增长过程中的环境污染水平进行了测度⑤。张晓东通过灰色系统GM（1，1）模型对我国区域经济与环境的协调度进行了预测分析⑥。孙志高等提出了环境经济系统熵的概念，运用熵理论对环境经济系统进行了分析，并依据系统熵值的大小对经济—环境系统进行了分类⑦。柯健采用DEA聚类分析方法，定量分析我国各地区资源、环境与经济协调发展方面⑧。李勇等通过能耗强度、水耗强度、污染物排放强度、运输强度、

---

① 冯玉广、王华东：《区域PRED系统协调发展的定量描述》，《环境科学学报》1997年第17卷第4期，第487—492页。

② 李本纲、陶澍：《地理信息系统在环境模型研究中的应用》，《环境科学》1998年第19卷第3期，第87—90页。

③ 蔡宁：《经济与环境协调发展理论与实证》，中国环境科学出版社2001年版。

④ 魏一鸣、蔡宪唐：《北京市人口—资源—环境与经济协调发展的多目标规划模型》，《系统工程理论与实践》2002年第22卷第2期，第74—83页。

⑤ 吴玉萍、董锁成、宋键峰：《北京市经济增长与环境污染水平计量模型研究》，《地理研究》2002年第21卷第2期，第239—246页。

⑥ 张晓东、朱德海：《中国区域经济与环境协调度预测分析》，《资源科学》2003年第3期，第1—6页。

⑦ 孙志高、秦泗刚、刘景双：《环境经济系统分类及协调发展的熵研究》，《华中师范大学学报》（自然科学版）2004年第38卷第4期，第533—538页。

⑧ 柯健、李超：《基于DEA聚类分析的中国各地区资源、环境与经济协调发展研究》，《中国软科学》2005年第2期，第144—148页。

环保投入强度的比较，对我国经济与环境协调发展进行了研究[①]。李佳等以民勤地区为例建立综合评价指标体系，引用协调发展程度计算模型，采用灰色系统方法对该地区过去及未来经济与环境协调发展程度进行计算并预测[②]。曾灿以株洲市为例，研究了老工业城市经济发展与环境污染的关系[③]。

第二，以环境承载力评判区域经济—环境的协调发展。唐剑武等人认为当今环境问题，大多是人类活动超过了环境承载力所造成的[④]。高吉喜认为生态承载力涵盖了资源承载力、环境承载力和生态弹性能力[⑤]。

黄（Huang）等人建立了一个包含城市发展、城市用水的城市环境系统模型，用以分析台北城市的环境承载力，并论证了城市的发展将会受到资源环境的限制[⑥]。朱（Zhu）等人研究了海河流域周边不同地区基于水资源的生态环境承载力问题，并预测到2033年海河流域才会达到一个可持续的发展状态[⑦]。谢高地等证明了我国部分地区水资源人口承载能力严重超载、土地的人口承载力略有剩余、石油能源承载力明显不足[⑧]，总体上我国人口和经济发展还没有超出自然资

① 李勇、王金南：《经济与环境协调发展综合指标与实证分析》，《环境科学研究》2006年第19卷第2期，第62—651、11页。

② 李佳、吴军年、杜哲：《生态脆弱地区资源—环境—经济协调发展程度评价》，《中国沙漠》2007年第27卷第1期，第117—122页。

③ 曾灿、刘平、赵鑫：《老工业城市经济发展与环境污染关系研究》，《生态经济》2008年第7期，第124—128、140页。

④ 唐剑武、叶文虎：《环境承载力的本质及其定量化初步研究》，《中国环境科学》1998年第18卷第3期，第227—230页。

⑤ 高吉喜：《可持续发展理论探索：生态承载力理论、方法与应用》，中国环境科学出版社2001年版。

⑥ SHU-LI HUANG and CHUN-SHENG CHEN, "A System Model to Analyse Environmental Carrying Capacity for Managing Urban Growth of the Taipei Metropolitan Region", *Journal of Environmental Management*, 1990, 31 (1): 47－60.

⑦ Y. H. ZHU, S. DRAKE, H. S. LU, et al, "Analysis of Temporal and Spatial Differences in Eco-environmental Carrying Capacity Related to Water in the Haihe River Basins", China, *Water Resources Management*, 2010, 24 (6): 1089－1105.

⑧ 谢高地、周海林、鲁春霞等：《我国自然资源的承载力分析》，《中国人口、资源与环境》2005年第15卷第5期，第93—98页。

源的承载力限度，但部分地区和部分自然资源严重超载。毕东苏等（2005）在承载理论指导下，提出了承载机制定量评估模型，由此计算出作为研究资源支持系统、环境约束系统与社会经济活动两者协调性以及城市生态环境对社会经济活动容纳能力重要判据的城市生态系统承载指数①。杨卫国认为区域环境承载力可以看作是区域环境系统结构与区域社会经济活动的适宜程度的一种表示，因此，可以用环境承载力评价作为衡量区域开发活动与系统结构协调程度的判据，并建立了区域环境承载力的指标体系②。

第三节 欠发达地区实现工业化的政策选择

我国学者在借鉴国外理论与经验教训的基础上，对欠发达地区工业化的地位和作用、制约条件、发展模式及路径选择等方面也做了多方面的研究③。

---

① 毕东苏、郑广宏、顾国维等：《城市生态系统承载理论探索与实证——以长江三角洲为例》，《长江流域资源与环境》2005 年第 14 卷第 4 期，第 465—469 页。

② 杨卫国：《区域环境承载力评价在区域环境影响评价中的应用》，《中国环保产业》2009 年第 10 期，第 31—34 页。

③ 刘振亚：《中国区域经济研究》，中国经济出版社 1991 年版；李长明：《中国经济发展研究》，经济管理出版社 1997 年版；李继文：《工业化与信息化：中国的历史选择》，中共中央党校 2001 年版；王洛林：《未来 50 年中国西部大开发战略》，北京出版社 2002 年版；林木西：《振兴东北老工业基地的理性思考与战略抉择》，《经济学动态》2003 年第 10 期，第 39—42 页；王晓光：《发展生态工业是走新型工业化道路的重要途径》，《软科学》2003 年第 4 期，第 56—58 页；郑新立、周喜安：《中国 21 世纪的工业化》，经济科学出版社 2003 年版；黄家骅：《论农村的新型工业化道路》，《当代经济研究》2004 年第 1 期，第 25—31 页；张雪梅：《关于西部地区发展生态工业园区的思考和建议》，《西北人口》2004 年第 3 期，第 49—51 页；赵国鸿：《论中国新型工业化道路》，人民出版社 2005 年版，第 37 页；张孝德：《资源环境约束下大国工业化的困境与文明模式的创新——“成本外化工业文明”的反思与生态文明建设思考》，《甘肃社会科学》2008 年第 6 期，第 38—41 页；姚旻：《生态文明理念下的产业结构优化：以贵州为例》，经济科学出版社 2010 年版，第 11—12 页。

由于欠发达地区一般地处内陆或偏僻地带，群众传统观念根深蒂固，生产要素相对落后，计划经济体制烙印较深，发展的制约性因素很多。因此欠发达地区要注重发展三大形态经济：狠抓载体，发展集聚经济；扬长避短，发展特色经济；顺势应时，发展非公有制经济①。郑雪龙（2000）认为工业化代表了先进生产力的发展方向，是推进农村城镇化的支撑点，是欠发达地区发展经济的突破口②。他以浙江省衢县为例提出欠发达地区工业化的三个路径，即扩张经济总量与培养规模经济相结合；推进经济结构调整与促进持续发展相结合；改革创新机制与优化发展环境相结合。

欠发达地区要从根本上改变粗放型经济发展方式，增强后劲和实力，必须提高工业化水平③。由此应从四个方面提升欠发达地区工业化的水平：第一，继续推进企业制度创新，优化区域企业组织结构；第二，做大做强龙头企业，促使区域相关企业由分散走向集中；第三，增强主导产业优势，推进区域产业结构优化升级；第四，加快改造传统工业，进一步振兴区域支柱产业和挖掘特色产业潜力，整合块状经济优势。

欠发达地区走新型工业化道路，存在五大背景，即中央建设的大中型项目与地方经济各自独立循环，中央建设项目对地方经济的带动作用有限；企业结构不合理，国有经济比重过大且发展困难，非国有经济发展滞后，使欠发达地区工业化缺乏坚实的微观基础支持；农村工业化进程缓慢，导致工业化的通道不畅，影响了工业化进程；欠发达地区的工业化面临一系列客观限制；欠发达地区工业区进一步向资源性工业区位的转化，不利于推进整个欠发达地区的工业化进程。

欠发达地区要在较低的起点上以全新的方式尽快实现工业化，应

① 郑雪龙：《欠发达地区要注重发展三大形态经济》，《当代经济》1999年第10期，第13—14页。

② 郑雪龙：《工业化：欠发达地区发展经济的突破口》，《当代经济》2000年第8期，第36—37页。

③ 张明龙：《欠发达地区提升工业化水平的思考》，《理论导刊》2002年第9期，第13—15页。

该选择一条跨越式工业化道路，这就使得欠发达地区的新型工业化道路面临更为严格的内在约束。欠发达地区走新型工业化道路的内在约束包括：必须把可持续发展作为新型工业化道路的价值目标；必须以信息化作为新型工业化道路的核心，以信息化带动工业化；必须把科技进步作为新型工业化的根本动力。

根据欠发达地区工业化的背景，充分考虑欠发达地区走新型工业化道路所面临的内在约束，学者们认为欠发达地区推进新型工业化进程应采取如下策略：积极发展以信息产业为代表的高新技术产业；依靠科技进步和信息化来改造提升传统工业，包括资源工业和传统制造业；大力发展服务业，特别是重点发展知识型的现代服务业；优化城市区位环境，提高城市集聚力；努力启动民间投资，用信息化和农业高新技术改造传统农业，大力推进农村工业化进程。

欠发达地区工业化发展面临的新情况，在不断发展变化的国际国内大环境下，欠发达地区发展工业面临着许多新的机遇和挑战。这些机遇包括硬环境日趋成熟与完善、政策支持、资金与人才问题得到缓解、市场在不断拓展等；同时面临的挑战包括竞争加剧、市场问题、法制规范问题等。欠发达地区要在经济总量、发展水平、发展速度等方面搞上去，缩短与全国乃至发达地区之间的差距，首选的目标和突破口是加大产业结构调整力度，加快工业化进程①。而加快工业化进程，在发展战略上可选择名牌战略和外向型战略，在发展模式上可以选择市场导入型模式、引资开放型模式和特殊政策模式。

第四节　文献评述

一　理论观点

随着人类社会逐渐迈向生态文明，工业化与生态环境的相互关系

① 李春才：《欠发达地区工业化道路选择》，《求索》2004年第5期，第20—23页。

也引起了广泛的关注和高度的重视。国内外学者从不同的角度进行研究，通过采用各种分析方法，致力于在恢复良好生态环境的同时，不断推动工业化进程，以期实现经济的可持续增长。然而，现有的国内外研究大多是针对发达地区“先污染、后治理”的工业化实现途径来探索工业化与生态环境的相互关系的。事实上，绝大多数欠发达地区目前仍处于工业化的起步阶段，生态环境尚未受到较大的影响，因而更应在保持良好生态环境的前提下，加速推动工业化进程，以避免事后实施生态补偿和环境修复。由此看来，国内外学者未能针对欠发达地区的一般特征进行理论抽象，来对工业化与生态环境的相互关系展开更为深入的探讨。再者，现有的国内外研究在探索工业化与生态环境的相互关系时，普遍采取将两者相对立的观点，认为工业化与生态环境是一对矛盾体，要推动经济实现可持续增长，应在工业化与生态环境之间进行合理的权衡，以保持两者在发展中的相互协调。但是在生态文明建设的整体框架下，工业化和生态环境却都是不可或缺的部分，两者理应相互契合，共同推进生态文明的建设和完善。现有的国内外研究之所以将工业化与生态环境相对立，根本原因在于把“先污染、后治理”的工业化实现途径当作了工业化本身。既然对工业化的本质存在认识上的偏差，也就不能有效寻求促进生态环境良性发展的工业化实现途径。

二　实证方法

因为我国处于经济发展初期阶段，所以对与经济—环境的研究起步较晚，主要是不具备完整的经济与环境发展方面的时间系列数据，尤其是环境数据①。现有的环境监测和统计始于 20 世纪 70 年代末期甚至更晚，缺乏比较完整的污染发生演化的历史过程数据。而多个地区的截面数据由于统计口径、地理差异等问题，不具备可比性。在使用数据之前，应该先对数据本身的时间和空间差异性进行分析处理。

① 韩瑞玲、佟连军、佟伟铭等：《经济与环境发展关系研究进展与述评》，《中国人口、资源与环境》2012 年第 22 卷第 2 期，第 119—124 页。

环境数据不全或者质量差，对经济—环境相互协调造成了一定限制。由于数据不全，近年来研究中的数据类型大部分是截面数据或典型调查数据。使用这些数据就意味着把所有国家或地区看成是同质的，这与实际情况不相符合。虽然用随机效果模型可减少这方面的误差，但还是会对研究造成限制①。未来的研究在模型使用方面，应采用截面数据和时间序列数据相结合的方法，即非经典数据类型的平行数据模型。该模型既可以比较在同一时间段上区域之间存在的差异，又可以反映经济发展和环境质量在时间上的演化。

工业系统与生态系统协调度的测量是工业系统与生态系统协调状态分析中的重要内容，是工业系统与生态系统协调发展问题由定性分析转向定量分析的基础，更是全国生态文明建设框架下的欠发达地区工业化的基本指针。以往工业系统与生态系统协调度计量研究文献至少存在三个方面问题：一是对于工业系统与生态系统之间协调与不协调及其程度的估计过度关注时段增量指标，而基本没有涉及累积总量指标。一个区域基于生态系统的可持续发展能力，并非仅仅决定于该区域经济系统增量升降变动和生态系统增量升降变动，而更重要的是决定于该区域整个生态系统对经济系统发展的承载能力。同时，一个区域生态系统的优劣程度并非仅仅决定于其生态系统增量的升降变动，而在很大程度上取决于其生态系统的自然禀赋及其以往人力改良或破坏的累积程度。二是只注重省域个体从纵向维度考察估计经济系统与生态系统发展关系的协调性，而基本没有把省域个体放到由众多省域组成的省域群体之中考察估计经济系统与生态系统发展关系的协调性。三是只重视经济系统与生态系统发展关系的形式协调性，而基本没有涉及其实质协调性。经济系统与生态系统之间发展协调性的估计方法研究中，有一种比较流行的观点，即完全协调性状态的多种性并均优于一切不完全协调状态，也就是说，经济系统指数与生态系统指数相等，则经济系统与生态系统之间发展完全协调，而处于具有这

① 李玉文、徐中民、王勇等：《环境库兹涅茨曲线研究进展》，《中国人口、资源与环境》2005 年第 15 卷第 2 期，第 7—14 页。

种完全协调特征的状态有无数种；这些完全协调状态均优于一切不完全协调状态（譬如，经济系统指数0.01与生态系统指数0.01的协调性显著优于经济系统指数0.9与生态系统指数0.8的协调性）。然而，该估计方法明显存在着片面追求形式和表象的合理性而忽视了内容和本质的合理性的严重问题。若将其应用于实践，则将会对经济系统与生态系统协调发展的调控运作活动产生较大的误导作用。

三 政策选择

现有文献有关政策选择的研究，开拓出了有关工业化问题的广阔视野，为欠发达地区探索工业化发展道路提供了良好的理论基础。但国外学者的研究较少从加快经济发展方式转变的视角讨论欠发达地区工业化模式和路径的相关问题。国内学者的研究在欠发达地区走工业化道路的必要性问题上没有形成一个系统的认识，特别是没有从农业、服务业和工业对促进地方经济发展的作用出发，提出欠发达地区工业化的必要性。事实上，由于欠发达地区农业和服务业发展的障碍因素以及发展过程中不可避免存在的一些问题，特别是由于农业与服务业的提升需要大量的人才、技术和资金的支持，而对欠发达地区而言这些要素极为短缺，使得欠发达地区的经济社会发展面临着困境，迫切需要加快经济发展方式的转变，因而走工业化道路正是响应了这个迫切的要求。工业化是现代化不可逾越的阶段，欠发达地区选择工业化作为强区富民的重要途径，有利于不断缓解与消除贫困，从根本上解决贫困问题，既能拉动经济的绝对增长，又可避免或缩小与发达地区的相对衰落程度。针对欠发达地区的工业化模式，从现有的国内研究中大致可归纳为三类，即市场推动型模式、政策引导型模式、科技支撑型模式。这些工业化模式充分发挥了各自的特点和优势，以适应不同类型欠发达地区的实际情况，在一定程度上有效提升了一些欠发达地区的经济社会发展水平，也提供了一些宝贵的借鉴和经验。然而，欠发达地区现有的工业化模式在实践中没有从宏观层面进一步揭示工业化的有效路径，并据此做出政策与制度的合理安排。这也正是本书的一个重要研究内容。

本书基于国内外已有的研究成果，探讨欠发达地区应如何自觉地将其工业化嵌入全国生态文明建设的整体框架中去。以下内容将先以横截面数据和时间序列数据对工业化水平和生态环境水平进行评价；然后从工业化与生态环境的协调性、工业化与生态环境的同优性两个维度的有机耦合的意义上构造数学计量模型，用以测量工业化与生态环境协调发展优度，探讨并揭示欠发达地区工业化嵌入生态文明的内在机理；最后建立欠发达地区工业化嵌入生态文明的政策体系。

第二章

生态文明视域下欠发达地区工业化的实践探索回顾

中国欠发达地区的工业化实践始于20世纪80年代初期实施的历史上规模最大、投资最多、扶持时间最长的，以满足人类基本需求战略为主要特点的反贫困战略。30多年来，中国欠发达地区工业化实践在取得了巨大成就的同时，也存在着不容忽视的问题。回顾欠发达地区工业化的实践历程，对于在全国生态文明建设中进一步探索欠发达地区工业化可行的模式和路径，具有非常重要的现实参照意义。

第一节 欠发达地区工业化基本历程

我国欠发达地区的工业化问题虽然已经引起了广泛的重视，但迄今为止的政策体系仍然很不完善，特别是没有严格区分政策与战略，通常将两者混为一谈。由于战略是政策的主要依据，在分析欠发达地区的工业化政策之前，有必要对其工业化战略的演变进行深入研究。

1949年以来，我国欠发达地区工业化战略的演变受到许多因素的影响，其中体制因素起了关键作用；在不同经济体制时间，欠发达地区工业化战略重点有所不同。不同的工业化战略所运用的工业化政策工具也不尽相同。

从新中国成立至今，我国欠发达地区工业化战略的变化明显分为五个阶段，其中改革开放前可分为三个阶段，改革开放后可分为两个阶段。改革开放前30年，在传统计划经济体制下，我国欠发达地区工业化战略总体上强调区域均衡发展，同时优先考虑国防与国家安全。改革开放后，随着经济体制不断改革，欠发达地区工业化战略越来越强调区域经济协调发展。

内地建设战略阶段（1949—1964年）：

第一阶段从三年经济恢复时期（1949—1952年）到经济调整时期（1963—1965年）结束之前。为了平衡生产力的区域分布，我国在新中国成立初期将内地建设作为欠发达地区工业化战略的重点，期望通过有目的地布局工业来平衡全国的生产力布局，协调沿海与内地的关系。

在三年经济恢复时期，中央政府明确提出，要通过工业布局改变旧中国遗留下来的生产力分布不平衡状况，在工业布局时突出强调了原料地指向。“一五”计划要求，“为了改变原来地区分布不合理状况，必须建立新的工业基地，而首先利用、改造和扩建原来工业基地是创造新的工业基地的一种必要条件”。按照这种要求，三年恢复时期，国家工业建设的重点是老重工业基地的东北地区。在这个时期，为了国防安全的需要，开始考虑将战略重点向内地转移，同时将沿海地区的少数工厂搬迁至内地。

“一五”（1953—1957年）计划时期进行的156项重点建设工程有80%布局在中西部地区，694个限额以上重点工程（投资在1000万元以上的项目）有68%布局于内地。“二五”（1958—1962年）计划明确规定的工业布局原则是“在全国各个地区适当分布工业的生产力，使工业接近原料、燃料的产区和消费地区，适合于巩固国防的条件，并逐步地改变这种不合理的状态，提高落后地区的水平”。但当时实际上强调的仍然是国防原则。

三线建设战略阶段（1965—1972年）：

“三五”（1966—1970年）时期与“四五”（1971—1975年）前期，我国的生产力布局进行了“战略转移”，即集中力量于大规模的“三线建设”，生产力布局跳跃式西移。基于国际环境的恶化和备战的考虑，从20世纪60年代中期开始，中央政府决定按一、二、三线布局工业，集中力量建设“三线”地区，即实施欠发达地区工业化战略转移，将经济活动迁移至“大三线”地区，各地区建立相对独立的工业体系。“三线”或“三线地区”最早在1962年作为一个军事战略概念提出，根据《第四个五年国民经济纲要》的规定，“三线地区”包括四川、贵州、云南、陕西、甘肃、青海，以及河南、湖北和湖南三省的西部、广东北部、广西西北部和山西与河北的西部。1983年成立的“三线建设调整改造规划办公室”明确三线建设调整改造规划的范围为四川、贵州、云南、陕西、甘肃、重庆和河南、湖北与湖南三省的西部。这一地域也称“大三线地区”，重点是四川、贵州两省与豫西、鄂西和湘西。1965年8月召开的全国计划会议按照“把国防建设放在第一位，加快三线建设，逐步改变工业布局”的方针，确定国家投资重点是处于内地的“大三线”地区，且每个省区的建设重点又要放在各自区域内的小三线地区。所谓小三线地区，即各地区的战略后方。

“三五”期间，内地基本建设投资已占全国总投资的66.8%，其中用于“三线”地区的投资占到52.7%。国家在西北和西南的投资所占比例，由“一五”时期的16.9%上升到“三五”时期的35.1%。

这一时期内地投资额为沿海投资额的2.4倍。在集中向“三线”地区投资的同时，国家还有计划地将一批工厂和研究机构逐步从沿海地区搬迁到“大三线”地区，主要迁出地为北京、上海、江苏、辽宁等省域。国家对“三线”建设先后投入2000多亿元，而工业投资占70%以上。这也是国家对中西部地区援助力度最大的时期，使中西部地区工业落后的状况有了比较大的改观。但由于在企业布局时强调“山、散、洞”，即靠山、分散、进洞，三线地区新建或迁入的企业效益不高，影响了全国的发展速度。全民所有制工业企业的资金利税率“一五”时期为29.4%，“三五”时期下降为18.9%，“四五”时期进一步降为18.7%。工业年均增长速度“三五”时期为11.7%，“四五”时期下降为9.1%。

战略调整阶段（1973—1978年）：

1973—1978年，我国的欠发达地区工业化战略进行了大规模调整。在这一个阶段，我国所处的国际环境发生了较大变化；另外，三线建设中的问题已充分暴露；同时，“文化大革命”运动也使整个国民经济处在了崩溃的边缘。在这种情况下，工业布局只有遵循经济规律，促进经济发展，改善人民生活水平，才能进一步促进社会稳定和发展。1973 年 1 月，国家制定了“关于增加进口，扩大经济交流”的计划，展开了以引进项目为中心的经济建设。

在从 1973 年起分两批引进的 47 个重要成套项目中，24 个布局东部沿海地区，12 个布局中部地区，11 个布局西部地区。而在东部地区又集中于辽宁中部地区、京津唐地区、长江三角洲及长江中下游沿岸地区和胶东地区，在西部地区又主要集中在四川盆地的南部地区。由于项目相对集中，前后配套协作条件较好，企业的投资效率和运营状况都较好。这表明国家的产业布局开始由内地向东部发达区域逐渐转移。但是，这一阶段的调整还只是局部的，虽然同“三五”时期相比“四五”时期基本建设投资总额所占比重内地下降了 13.3 个百分点，东部沿海地区上升了 8.5 个百分点，但内地的投资总额仍远远超过沿海地区。在继续进行大西南建设的同时，“三线”建设的中心转向中南的湘西、鄂西、豫西地区。“五五”时期安排了较大规模的后续投入，以保证“三线”地区建成的生产能力充分发挥作用。

沿海发展战略阶段（1979—1991 年）：

沿海发展战略是“沿海地区经济发展战略”的简称，其基本要点是：充分利用沿海地区的优势，面向国际市场，参与国际交换和国际竞争，大力发展开放型经济。1979—1991 年，为加快全国经济整体发展并为整体起飞创造“宏增长极”，我国实施了向东部沿海区域倾斜的区域发展战略。“六五”（1981—1985 年）计划确定，积极利用沿海地区的现有基础，充分发挥其特长，带动内地经济的进一步发展。这一期间，一大批重点建设项目布局在东部地区，东部地区建设投资比重超过了中西部地区，达到 47.7%，中西部地区占 46.5%。“七五”计划根据经济技术水平和地理位置，将全国划分为东、中、西三大经济地带。1987 年 12 月，中共中央提出了沿海地区经济发展战略，进而实施了向沿海地带倾斜的空间政策，使得在全国经济在连续十多年快速增长的同时，区域间经济增长差距迅速扩大。由于这一时期国家对中西部地区的援助相对减弱，而且各类政策也向东部地区倾斜，使中西部地区经济发展受到严重的影响，因而成为区域发展差距扩大的重要原因。

协调发展战略阶段（1992 年至今）：

1992 年，我国确定了建立社会主义市场经济的体制改革目标模式，中央政府开始重视区域协调发展。

“八五”时期，在继续考虑沿海发展需要的同时，较多的项目被安排在了中西部地区，在国家的预算投资中，中西部地区所占比重明显高于东部地区。但“八五”时期东部地区的基本建设投资仍远远超过中西部地区。“八五”中后期，中西部与东部地区之间的经济差距开始进一步扩大。

1995 年 9 月通过的《中共中央关于制定国民经济和社会发展“九五”计划和 2010 年远景目标的建议》明确提出了“坚持区域经济协调发展，逐步缩小地区发展差距”。1996 年 3 月，八届人大四次会议批准的《中华人民共和国国民经济和社会发展“九五”计划和 2010 年远景目标纲要》，确认了这一指导方针，提出从“九五”时期开始，“要更加重视支持内地的发展，实施有利于缓解差距扩大去世的政策，并逐步加大工作力度，积极朝着缩小差距的方向努力”。“九五”计划第六部分为“促进区域经济协调发展”，这部分所确定的区域经济协调发展的方向是：按照市场经济规律和经济内在联系以及地理自然特点，突破行政区划界限，在已有经济布局的基础上，以中心城市和交通要道为依托，逐步形成 7 个跨省区市的经济区域。这 7 个区域是长江三角洲及沿江地区、环渤海地区、东南沿海地区、西南和华南部分省区、东北地区、中部五省地区、西北地区。而且，“九五”计划明确提出了协调区域经济发展的主要政策措施，包括六个方面：优先在中西部地区安排资源开发和基础设施建设项目；理顺资源性产品价格，增强中西部地区自我发展能力，加大中西部地区矿产资源勘探力度；实行规范的中央财政转移支付制度，逐步增加对中西部地区的财政支持；加快中西部地区改革开放的步伐，引导外资更多地投向中西部地区；加大对贫困地区的支持力度，扶持民族地区经济发展；加强东部沿海地区与中西部地区的经济联合与技术合作。“九五”期间，国家对中西部援助力度明显加大，对地区差距问题也越来越重视。1999年底召开的中央经济工作会议正式提出西部大开发战略，中央政府决定要集中援助中西部地区。从此，区域协调发展战略的目标更为明确。

“十五”（2001—2005年）计划第八章为“实施西部大开发战略，促进地区协调发展”，进一步强调了促进地区经济协调发展；要求西部大开发要从实际出发，积极进取、量力而行、统筹规划、科学论证，突出重点、分步实施，力争用5—10年时间，使西部地区基础设施和生态环境建设有突破性进展，科技、教育有较大发展。“国家实行重点支持西部大开发的政策措施，增加对西部地区的财政转移支付和建设资金投入，并在对外开放、税收、土地、资源、人才等方面采取优惠政策。”中部地区要充分发挥其承东启西、纵贯南北的区位优势和综合资源优势，提高工业化和城镇化水平。

在西部大开发战略提出后，2002年11月召开的“十六大”正式提出“支持东北地区等老工业基地加快调整和改造”。之后在“十一五”（2006—2010年）计划和“十二五”（2011—2015年）计划中，也提出要积极推进西部大开发，有效发挥中部地区综合优势，支持中西部地区加快改革发展，振兴东北地区等老工业基地等。

第二节　欠发达地区工业化现状的评价：成就与不足

一　取得的成就

（一）西部地区

“十五”至“十二五”期间，国家坚持把深入实施西部大开发战略放在区域发展总体战略优先位置，给予特殊政策支持。在产业发展上，发挥资源优势，实施以市场为导向的优势资源转化战略，在资源富集地区布局一批资源开发及深加工项目，大力发展特色产业，加强清洁能源、优势矿产资源开发及加工，支持发展先进制造业、高技术产业及其他有优势的产业，建设国家重要能源、战略资源接续地和产业集聚区，发展特色农业、旅游等优势产业。与此同时，加强生态建设和环境保护，强化地质灾害防治，推进重点生态功能区建设，继续实施退牧还草、天然林保护等重点生态工程，加强植被保护，加大荒漠化和石漠化治理力度，加强重点区域水污染防治，构筑国家生态安全屏障。国家落实和深化西部大开发政策，加大政策扶持和财政转移支付力度，推动建立长期稳定的西部开发资金渠道。

（二）中部地区

“十五”至“十二五”期间，国家充分发挥中部地区承东启西、纵贯南北的区位优势和综合资源优势，依托现有基础，提升产业层次，壮大优势产业，发展现代产业体系，加快发展步伐，提高工业化和城镇化水平，巩固提升全国重要粮食生产基地、能源原材料基地、现代装备制造及高技术产业基地和综合交通运输枢纽地位。一方面，加快调整工业结构，改造传统产业，建设能源基地，发展有竞争力的制造业和高新技术产业，大力发展服务业，同时改善投资环境，有序承接东部地区和国际产业转移。支持山西、河南、安徽加强大型煤炭基地建设，发展坑口电站和煤电联营。加快钢铁、化工、有色、建材等优势产业的结构调整，形成精品原材料基地。支持发展矿山机械、汽车、农业机械、机车车辆、输变电设备等装备制造业以及软件、光电子、新材料、生物工程等高技术产业。另一方面，加强交通、通信、仓储等基础设施建设和大江大河大湖综合治理等生态环境建设，提高资源利用效率和循环经济发展水平。

（三）东北地区等老工业基地

“十五”至“十二五”期间，国家提出东北地区要加快产业结构调整和国有企业改革改组改造，在改革开放中实现振兴。在产业发展上，建设先进装备、精品钢材、石化、汽车、船舶和农副产品深加工基地，发展高技术产业。发挥产业和科技基础较强的优势，完善现代产业体系，推动装备制造、原材料、汽车、农产品深加工等优势产业升级，大力发展金融、物流、旅游以及软件和服务外包等服务业。深化国有企业改革，加快厂办大集体改革和“债转股”资产处置，大力发展非公有制经济和中小企业。同时，结合生态建设与环境保护，着力保护好黑土地、湿地、森林和草原，加强黑土地水土流失和东北西部荒漠化综合治理，推进大小兴安岭和长白山林区生态保护和经济转型。建立资源开发补偿机制和衰退产业援助机制，抓好阜新、大庆、伊春和辽源等资源枯竭型城市经济转型试点，搞好棚户区改造和采煤沉陷区治理，增强资源型城市可持续发展能力。此外，加强东北东部铁路通道和跨省区公路运输通道等基础设施建设，加快市场体系建设，促进区域经济一体化，扩大与毗邻国家的经济技术合作。统筹推进全国老工业基地调整改造，重点推进辽宁沿海经济带和沈阳经济区、长吉图经济区、哈大齐和牡绥地区等区域发展。

二　工业化政策存在的问题

从20世纪中期至今，我国的欠发达地区工业化战略演变的路径是十分清晰的，但支撑欠发达地区工业化战略实施的工业化政策尚不完善，这在很大程度上制约了工业化战略目标的实现。

六十多年来，五个阶段的欠发达地区工业化战略演变的基本原因有两个：一是整个国民经济发展所处的阶段性特点和社会经济发展所面临的环境；二是不同时期所面临的主要区域问题。不同阶段的欠发达地区工业化战略都是特定时期基于这两方面的基本因素所做出的战略性谋划，都有其必然性。改革开放前，无论是“内地建设”战略还是“三线建设”战略，从战略决策角度来分析，将西部地区和中部地区作为战略重点是当时客观形势下的一种必然选择；之后的“战略调整”也有其必然性。改革开放以来，“沿海发展战略”与“协调发展战略”同样也有其必然性。那么为什么一些战略的目标没有完全实现呢？其原因是多方面的，其中支撑欠发达地区工业化战略的工业化政策不完善是一个重要原因。

总体而言，改革开放前的欠发达地区工业化战略缺乏明确的工业化政策支持。在当时的制度背景下，中央是唯一的利益与决策主体，各种政策，包括欠发达地区工业化政策，都包含在行政命令与各种计划之中。在集中的计划控制下，国家把投资重点放在社会经济落后的内地，直接援助中西部地区社会经济发展，并将大批企业和科研机构迁移至内地，使中西部地区在较短时间内奠定了工业化基础，内陆地区经济在国民经济中所占份额逐步提高。然而，“内地建设”、“三线建设”和“战略调整”这三个阶段始终没有明确的工业化政策支持。改革开放后，在实施新的欠发达地区工业化战略时，提出来东、中、西三大经济地带的划分和跨省区的经济区域框架，欠发达地区工业化政策支持的对象主要是贫困地区和西部地区，对东北地区的老化与中部地区的地位下滑注意不够。在进入“协调发展战略”阶段后，才逐步注意到了东北地区与中部地区存在的工业化问题。然而迄今为止，我国也尚无真正意义上的欠发达地区工业化政策。主要政策缺陷表现为以下四点：

第一，没有科学的欠发达地区划分框架。内地与沿海地区的划分不能适应欠发达地区工业化政策的要求，一、二、三线的划分也只具有战略意义而没有政策意义，六大区和七大区的划分是行政需要的产物，只有经济地理研究价值。1996 年 3 月 17 日，第八届全国人民代表大会第四次会议提出在全国建立 7 个跨省市区经济区域，虽然有立法基础，但遭众多非议。在提出西部大开发战略时，有关西部的范围更是争论颇大。撇开对这些欠发达地区划分框架的范围合理与否不论，单就区域面积来说，就比西欧好几个大国的总和还要大，在如此大的范围内实施援助或控制根本就不可能，因此并不适合作为欠发达地区工业化政策的区域框架。

第二，产业发展定位不合理。丰富的资源往往会束缚一个地区产业发展的思路。在以往工业化过程中，欠发达地区大多将产业发展定位为资源加工型。资源开发处于全球产业链中价值链的最低端，无法抓住价值链的关键环节，在整个利润链条中只能分享到很少的稍稍高于成本的微薄利润。以对资源的简单粗加工为利用资源的主要方式，将长期使欠发达地区沦为发达地区的原料仓库，难以将欠发达地区的比较优势转化为竞争优势，既不利于优化本地的产业结构，也难以带动人民增收。

第三，产业链体系建设严重滞后。如何抓住经济全球化的各种机遇，将全球化带来的有利条件转化为实实在在的经济利益和区域经济发展，对于欠发达地区来说，最直接和有效的方法就是融入全球产业链体系，成为若干产业链中的某个环节或者是某几个环节。欠发达地区只有通过以多样化的形式融入全球产业链，最终推动区域产业承载地全面融入全球产业链，实现区域经济国际化，才能更大地超越发达地区的发展速度，进而更快地缩小与发达地区之间的经济差距。可是，在以往的工业化进程中，有些欠发达地区却以为经济不发达、交通不便利、工业基础薄弱地区的企业难以做大做强，更难以融入全球产业链，以致产业链体系建设严重滞后，制约了欠发达地区的工业化进程。

第四，政策工具单一。改革开放前支持欠发达地区工业化的主要手段是拨款（主要表现为中央政府直接投资）和贷款，而且这些拨款项目的微观布局没有经过严格的科学论证，导致政策项目收益较差。特别是在一段时期内，以政治口号代替工业化政策，导致工业化战略目标落空。改革开放后，我国除了贫困地区扶持工具比较完善外，其他欠发达地区工业化政策工具十分缺乏。此外，对欠发达地区的援助绝大多数采取的是自主方式而非自动方式，这给地方政府甚至是个人"寻租"留下了很大空间，也是滋生腐败的一个温床。在缺乏透明度时，资金划拨权是寻租与搞权钱交易的工具或媒介。在这种情况下，欠发达地区工业化政策效率不高是不可避免的。除了扶贫政策外，我国尚没有针对其他欠发达地区工业化的政策，这也是工具残缺不全的一个表现。现有的财政金融资源为许多部门所掌握，各部门缺乏统一与协调，这是工具的另一问题。

除了支撑欠发达地区工业化战略实施的工业化政策尚不完善外，工业化政策仍存在执行性不足的状况，主要体现在没有明确的工业化政策机构与决策程序上。虽然为了实施战略成立了"三线建设调整改造规划办公室"之类的机构，但这种机构并不是真正意义上的工业化政策管理机构，因为其缺乏统筹解决欠发达地区工业化问题的权力。同时，政策决策程序缺位，长官意志替代决策程序，弱化了中央政府援助的效果。

欠发达地区工业化政策的制定、实施与评价，都需要一定的政策机构来负责，这类机构不论采取何种模式设置，都是立法的产物。而且必须有专门的职能部门对欠发达地区工业化政策负责。我国有许多部门（中央政府部门）涉及对地方的援助，但几乎无一部门具有立法意义上的欠发达地区工业化政策资源。根据 1998 年“国务院关于机构设置的通知”，国务院组成部委共 29 个，直属机构共 17 个，办事机构共 6 个，直属事业单位共 9 个。其中有许多涉及地方发展援助，各有一定的资源，但无一协调区域行动的机构。形成的结果是“事事有人管（有好处的）、事事无人管（有麻烦的）”，中央部门间冲突不断且将其延伸至地方而且冲突解决无规可依。改革开放以来，随着利益格局的调整，部门与区域冲突有加剧之势。欠发达地区工业化问题增多要求设置统一的区域管理机构。

三　工业环境防治存在的问题

从工业化维度看，工业化会对生态系统造成负面影响，但其负面影响的大小程度与工业化模式高度相关。发展高污染工业必然会对生态环境带来巨大的负面影响，发展生态工业将会对生态环境带来低微的负面影响；先发展后治理必将对生态环境带来巨大的负面影响，边发展边预防边治理则会将负面影响降到较低限度。同时，尽管不发展工业，就不存在工业其对生态系统的负面影响问题，但是不发展工业必将导致失却对生态系统自然耗损和生活污染破坏进行修复的经济基础。

（一）生态补偿制度

目前我国仍缺乏科学、合理的生态补偿机制，在实践中也产生了不少问题，实施生态建设后，地方财政收入下降，人民收入减少，甚至带来了一定程度的贫困。一系列现象反映出生态保护者、破坏者、受益者和受害者之间存在着不公平分配。具体而言，我国的生态补贴存在的问题主要是：

1. 环境保护财政支出存在问题

一是环境保护财政支出总额不足，支出结构不合理。根据国际经验，当治理环境污染的投资占GDP的比例达到1%—1.5%时，可以控制环境污染恶化的趋势，当该比例达到2%—3%时，环境质量可有所改善。可见，为了控制环境污染和生态破坏，改善环境质量就必须有充足的资金投入，环境保护资金投入的不足制约着我国环境质量的改善。二是资金使用效率低下。近年来，我国政府财政能力不断增强，各级政府对环境保护工作的重视程度也逐渐提高，但效果却不尽如人意，很多资金投入以后并没有达到预期的目标。三是财政补贴政策存在体制性缺陷，造成不必要的污染和浪费。

2. 只有中央和当地政府的纵向补偿，而无跨区域、流域的横向利益平衡协调和补偿机制

在生态功能分区发展情况下，越是贫困的地区越不能发展，只能为发达地区免费提供生态服务；而越是发达的地区越可以加快发展和过度享受来自源头的生态服务。欠发达地区和发达地区在生态资源使用上具有不平等的权利，这种不平等仅靠国家和当地政府的纵向财政投入补偿是难以消除的，对全国而言，欠发达地区的生态效益大于经济效益，但对欠发达地区的人民而言，则更注重经济效益，因此需要建立生态补偿来实现欠发达地区生态资本和发达地区经济资本的平衡，实现各功能区的协调平衡发展。

3. 补偿范围偏窄

现有生态补偿主要集中在森林、草原、矿产资源开发等领域，流域、湿地、海洋等生态补偿尚处于起步阶段，耕地及土壤生态补偿尚未纳入工作范畴。

4. 补偿标准偏低

欠发达地区的生态补偿较为复杂，有流域生态补偿、湿地生态补偿等众多问题，可能还涉及保护区难以生存的少数民族“移民”补偿，需要持续稳定的资金投入。目前中央财政是补偿资金投入的主要来源，由于欠发达地区面积大，生态环境脆弱，生态建设与管护成本高，中央财政的投入规模和领域远无法满足欠发达地区生态环境建设与保护的需要，当地地方政府也缺乏足够的资金配套能力。在许多补偿措施中，如公益性生态林补偿费，退耕还林（草）补助费，生态保

护和建设项目移民补偿费等补偿标准的制定和应补偿的价值有一定的差距，生态补偿标准过低现象普遍存在。

5. 保护者和受益者的权责落实不到位

对生态保护者合理补偿和责任都存在不到位的问题，生态受益者履行补偿义务的意识不强，开发者生态保护义务履行不到位。

6. 补偿以“输血式”为主，缺乏自我“造血”功能

迄今为止欠发达地区的生态补偿形式主要是以国家的财政支付为主的输血式补偿形式。由于国家的财政投入与欠发达地区生态补偿资金需求相比，杯水车薪，因此存在着巨大的资金缺口；又由于输血型生态补偿无法解决发展权补偿的问题，因而无法解决欠发达地区生态保护和建设投入上自我积累、自我发展的问题。

（二）排污权交易制度

1. 政府部门对企业采取行政手段核定排污权，存在着大量的寻租空间

同时，目前在政府环境管理部门初始分配的过程中存在着新老污染源分配不公平的现象使得企业间排污权交易制度的推广缺乏厚实的源头制度基础。

2. 企业通过让渡排污权获取高额回报有失公平性

高污染企业从政府取得大量的排污权通过排污权交易可以从中取得巨额利润，低污染企业从政府取得小量的排污权通过排污权交易可以从中取得微量利润，无污染企业不能从政府取得排污权而不能从中获取该项利润，这是一种极不公平的制度安排，并且并不能促使区域内的减排。

3. 企业间排污权交易有可能怂恿高污染或超污染企业扩大污染

企业间排污权交易的初衷促使企业改进技术，激发企业减排动力，在总量控制的前提下缓解经济发展与环境容量之间的矛盾。但在具体实施过程中可能会出现环境保护主义者和欧盟在环境外交中反映的另外一个问题，即企业间排污权交易会削弱污染者控制污染的动力，用钱来履行自己的义务而不是通过艰难的努力来减少污染，进而用提高生产效益来填补因购买排污指标而付出的经济代价并从中获取

更大的盈利。

4. 政府部门对企业排污监测和排污交易监管不足

一是环境容量测定及确定存在困难。对于一个区域而言，确定环境所能承受的最大负荷量对实行排污权交易至关重要，只有在可承受总量确定后，才能对当前环境的质量进行评估，进而确定排污权交易的价格。然而目前测定方法在准确性和客观性上存在局限，缺乏测定排污总量可信赖的指标对于总量控制及测算的具体方法与实施，我国现行环境法律体系中并没有明确规定，进而导致环境容量测定无法统一，环境质量评估存在困难。二是排污权交易过程难以实现准确监测。排污权交易实施的前提是对企业排污量的准确监测。当前在我国，企业拥有的排污指标以及实际的排污数量还难以实现准确的科学监测，配套的监测设备及机制亦尚不成熟；监测不公平现象还大量存在。

5. 排污权交易以市场代替监管，可能会导致局部环境恶化

排污权交易客观上意味着政府一定程度上放松对各排污主体的实质性监管。排污指标的可交易性使得各排污企业的排污浓度与总量没有实施统一的标准，进而导致排污源分布的不均匀性，加剧了污染企业集中在落后地区的倾向。虽然出于控制劳动力成本的考虑，一些污染企业可能会逐渐迁入落后地区，但统一的排污标准与浓度控制机制作为行政干预手段，客观上限制了此类企业的数量，维护了落后地区的环境质量。然而，以放松监管为代价的排污权交易使得排污企业有机会通过在落后地区购买排污权将污染企业迁至这些地区。

第三节　欠发达地区工业化政策案例分析

一　国家扶贫开发战略

迄今为止，我国的欠发达地区工业化政策制度基础十分不完善，因而，不同时期的欠发达地区工业化政策有一个共性，即没有得到立法机构的高度关注，目标不明确，政策工具的选择任意性大，而且欠

发达地区工业化政策本身没有形成完整的体系。

改革开放前，欠发达地区工业化政策的理论与实践都十分不成熟。在高度集中的计划经济体制下，没有明确的欠发达地区工业化政策，带有欠发达地区工业化政策性质的内容包含在国民经济计划、社会政策和各种政府行政指令之中。贫困落后问题与生产力地区布局不平衡问题虽然受到特别的重视，而且，这些问题都被纳入生产力布局调整战略所要实现的目标之中，但在理论上没有认识到制定独立的欠发达地区工业化政策的重要性，在战略实施过程中缺乏有效的欠发达地区工业化政策工具。

改革开放以来，我国的欠发达地区工业化政策重点放在解决贫困落后问题上，贫困地区开发政策比较系统，通过重点分析贫困地区开发政策的演变，总结出可供参考的经验与教训。

20 世纪中期，我国存在大面积贫困地区，广大农村地区贫困病十分严重。在新中国成立后相当长一段时期内，农民的生活与生产水平几乎没有改善。例如，1952—1978 年，农民人均粮食消费几乎没有增长，1952 年为 191.5 公斤，而 1978 年也仅为 195.5 公斤，二十多年间仅增加了 4 公斤。改革开放前，农村人口中的基本消费水平极其低下，相当一部分农村人口的温饱问题一直没有得到解决。

新中国成立以来，我国政府一直对贫困问题十分关注。但改革开放前扶贫方式主要以救济为主，没有严格意义上的贫困地区开发政策，扶贫救济属于社会政策问题。改革开放后，我国才开始大规模实施针对贫困地区的政策，我国政府在致力于经济和社会全面发展的进程中，在全国范围内实施了以解决贫困人口温饱问题为主要目标的有计划、有组织的大规模扶贫开发，贫困地区政策强度不断增大。1978—2000 年，我国农村没有解决温饱的贫困人口由 2.5 亿人减少到 3000 万人，贫困人口占农村总人口的比例由 30.7% 下降到 3% 左右。

（一）扶贫开发的三个阶段

根据国务院新闻办公室 2001 年发布的《中国的农村扶贫开发》白皮书，从 1978—2000 年，我国的扶贫开发战略大致经历了三个阶段。

1. 体制改革推动阶段（1978—1985 年）①

1978 年，按当时国家确定的贫困标准统计，全国贫困人口为 2.5 亿人，占农村总人口的 30.7%。这一时期导致大面积贫困的原因主要是农业经营体制不适应生产力进步的需要，降低了农民的生产积极性。因此，制度变革就成了缓解贫困的主要途径。

自 1978 年始，首先是变革土地经营制度，即以家庭承包经营制度代替人民公社经营制度。这种土地制度的变革极大地解放了生产力，提高了土地生产率。与此同时，国家在农村逐步放开农产品价格、大力发展乡镇企业等改革措施，也为解决农村贫困人口创造了条件。

据统计，1978—1985 年，农村人均粮食产量增长 14%，肉类增长 87.8%；农民人均纯收入增长了 2.6 倍；没有解决温饱的贫困人口从 2.5 亿人减少到 1.25 亿人，贫困人口平均每年减少 1786 万人，占农村人口的比例由 30.7% 下降到 14.8%。

2. 大规模开发阶段（1986—1993 年）

1986 年农民收入出现自改革开放以来的首次下降，此后农民收入增长缓慢，城乡差距进一步扩大，而且贫困地区与其他地区，特别是与东部沿海发达地区在经济、社会、文化等方面的差距逐步扩大。

为了规范扶贫政策，我国政府自 1986 年起在完善贫困地区政策方面采取了一系列重大措施：成立专门扶贫工作机构；调整贫困线；安排专项资金；制定专门的优惠政策；改革传统的救济式扶贫，确定了开发式扶贫方针。1986—1993 年，国家重点扶持的贫困县农民人均纯收入从 1986 年的 206 元增加到 1993 年的 483.7 元；农村贫困人口由 1.25 亿人减少到 8000 万人，平均每年减少 640 万人，年均递减 6.2%；贫困人口占农村总人口的比重从 14.8% 下降到 8.7%。

3. 扶贫攻坚阶段（1994—2000 年）

随着贫困人口逐年减少，贫困特征也随之发生较大变化，贫困人口分布呈现明显的区域特征。贫困发生率高的地区主要分布在中西

① 国务院贫困地区经济开发领导小组办公室：《中国贫困地区经济开发概要》，农业出版社 1989 年版。

部，贫困人口集中分布在一些自然条件差的地区，如西南大石山区（缺土）、西北黄土高原区（严重缺水）、秦巴贫困山区（土地落差大、耕地少、交通落后、水土流失严重）以及青藏高寒区（积温严重不足）等几类地区。贫困的主要原因是自然条件恶劣、基础设施薄弱和社会发育程度低等。

1994 年 3 月，《国家八七扶贫攻坚计划（1994—2000 年）》公布实施，这标志着我国的扶贫开发进入了攻坚阶段。所谓“八七扶贫攻坚”，是指从 1994 年到 2000 年，集中人力、物力、财力，动员社会各界力量，力争用 7 年左右的时间，到 2000 年底基本解决当时全国农村 8000 万贫困人口的温饱问题。这是新中国历史上第一个有明确目标、明确对象、明确措施和明确期限的扶贫开发行动纲领。

（二）扶贫地区开发政策

1. 管理机构与程序

20 世纪 80 年代中期以前，贫困地区政策机构设置采取了分立的模式，扶贫工作由多个部门分别负责。1986 年 6 月，中央政府成立了国务院贫困地区经济开发领导小组（1993 年更名为国务院扶贫开发领导小组），负责组织、领导、协调、监督、检查贫困地区的经济开发工作。各级地方政府也相应成立了扶贫开发领导小组，而且都设有一个办事机构，即扶贫办，贫困地区政策机构设置如图 2－1 所示。国务院扶贫开发领导小组下设的机构除了扶贫办以外，还有中国扶贫基金会（正式成立于 1989 年 3 月，原名“中国贫困地区发展基金会”，1990 年更改名称并延续至今）和中国贫困地区干部培训中心。贫困地区政策机构的设置，是全国范围有计划、有组织、大规模的扶贫开发工作的制度基础，标志着我国的扶贫开发进入了一个新的历史时期。

1997 年出台的《国家扶贫资金管理办法》对贫困地区政策程序做出了较明确的规定。扶贫资金分配、使用与监督方面的程序主要包括：第一，国家下达的各项扶贫资金，全部由省市区政府统一安排使用，由同级扶贫开发工作领导机构具体负责，组织各有关部门规划和实施项目，并督促各项资金及时、足额到位。第二，省市区本年度贫困人口数量和贫困程度、扶贫资金使用效益、地方配套资金落实比

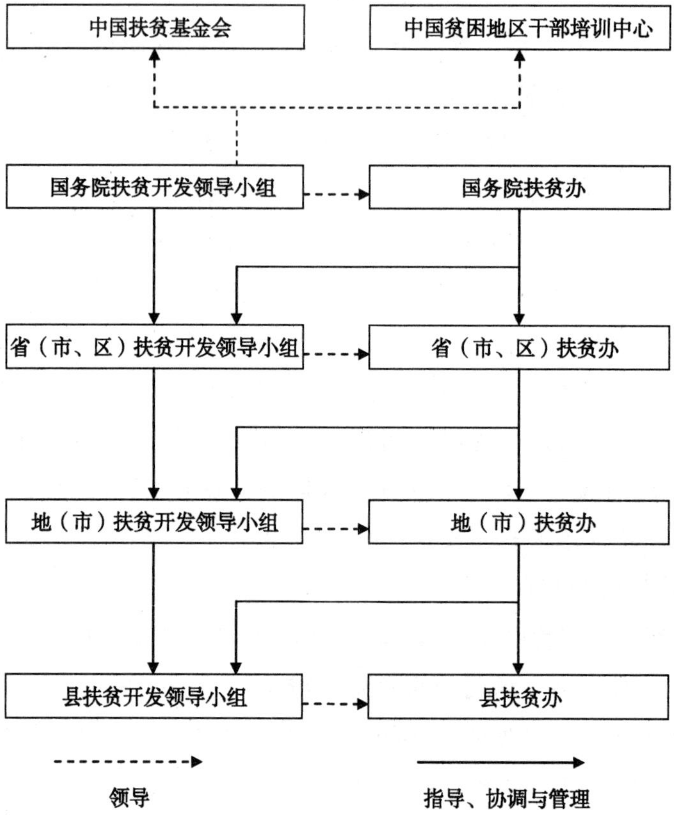

图 2－1 贫困地区政策机构设置

资料来源：根据贫困地区政策机构设置的历史进程进行整理。

例、下一年度各项扶贫资金的安排，由财政部、国家计委（后为国家发展和改革委员会）、中国农业发展银行分别提出初步意见，经国务院扶贫开发领导小组审定并于年底一次通知到各省市区政府。有关扶贫资金管理部门根据统一的分配方案，分别按照程序及时下达具体计划，拨付资金。第三，县级扶贫开发办事机构应当在每年 10 月底前，按照当年扶贫贷款计划的 150% 提出下一年度扶贫贷款意向项目计划，提前为择优选项做好准备。第四，各级审计部门应当依照有关法律、法规，对扶贫资金的使用情况进行专门审计，并把对扶贫资金的审计作为一项重要内容，纳入日常工作，形成制度。凡转移、挪用、拖欠、挤占扶贫资金的，必须如数追回，并依法追究法律责任；凡贪污扶贫资金的，依法追究刑事责任。各级扶贫开发办和扶贫资金管理部门应当积极配合审计部门对扶贫资金使用情况的审计工作。

2. 贫困地区政策的作用对象

为了集中使用扶贫资金，有效地扶持贫困人口，我国政府制定了国家重点扶持贫困县的标准，确定了一批国家重点扶持贫困县。

随着社会经济的发展，我国的贫困地区标准作了几次重大调整。

1981 年，农业部原人民公社管理局公布了《一九七七年至一九七九年全国穷县情况》的统计分析报告，首次把人均集体收入 50 元和 40 元作为划分农村贫困县和贫困队的标准。

1986 年，新成立的国务院贫困地区经济开发领导小组第一次确定了国家重点扶持贫困县标准。以县为单位，1985 年农民年人均纯收入低于 150 元的县被确定为国家重点扶持贫困县；对少数民族自治县和老革命根据地放宽到 200 元；个别有重大影响和老革命根据地则放宽到 300 元。其中，150 元成为贫困的“基准线”，200 元是“照顾线”，300 元是特殊的“优惠线”。在这一年召开的国务院贫困地区经济开发领导小组第三次会议上，首次公布了国家重点扶持贫困县的名单，共计 258 个县，其中符合“基准线”的共 83 个县，占 32.17%；符合“照顾线”的共 82 个县，占 31.78%；符合“优惠线”的共 93 个县，占 36.05%。

除国家重点扶持的贫困县外，还确定了地方政府扶持的贫困县，各类贫困县共 644 个，其中 430 个集中分布于 18 片集中连片的贫困地区，占 64.8%。18 片贫困地区主要分布在中西部地区，见表 2－1。这些贫困地区的主要自然特征是：地形、地貌及地质条件复杂，自然灾害频繁；生产条件差，生产力水平低下；降雨时空变化大，水资源严重短缺；自然条件恶劣，水资源利用难度大；自然生态环境脆弱，呈恶化趋势。此外，这些地区还有一个突出的问题，即基础设施落后。

此后，随着贫困地区经济状况呈现不断改善，国家对贫困县的标准做出了相应的调整。1994 年的具体标准是：以县为单位，凡是 1992 年农民人均纯收入低于 400 元的县全部纳入国家重点扶持贫困县扶持范围；凡是1992年人均纯收入高于700元的原国家重点扶持贫困县，一律退出国家扶持范围（根据当时的典型测算，凡是超过700元的县，90%以上的贫困人口基本上解决温饱问题）。依据该标准，列入《国家八七扶贫攻坚计划》的国家重点扶持的贫困县共有592个，分布在27个省、自治区、直辖市（含重庆），涵盖了全国72%以上的农村贫困人口，见表2-1。

列入“八七扶贫攻坚计划”的592个国家重点扶贫县几乎都是自然环境较差的地区，特别是一些长期贫困的县，其中有307个集中在西北、西南地区，中部地区的山区部分等，这些地区贫困人口大约占全国的60%，西南与西北组成的传统西部地区加上内蒙古与广西共366个贫困县，占总贫困县数量的61.82%；少数民族聚居地区人口占全国总人口不到10%，而少数民族贫困人口占全国农村贫困人口的40%。

继《国家八七扶贫攻坚计划（1994—2000年）》实施之后，中央政府又制定了《中国农村扶贫开发纲要（2001—2010年）》。纲要对国家级贫困县的范围进行了调整，贫困县依然是592个，但分布作了小幅度调整，原来27个省份减少为21个省份，东部地区的辽宁、山东、浙江、福建、广东和西部地区的西藏（对西藏实施单独的援助措施）的国家级贫困县取消，新的国家级贫困县称为“国家扶贫开发工作重点县”，2012年国务院扶贫开发领导小组办公室又重新发布了《国家扶贫开发工作重点县名单》，这些县的分布见表2-2。

由表2-2不难发现，新的国家扶贫开发工作重点县仍然是自然条件较差的县。这些县基本上都位于所在省市区的边缘，自然环境比较恶劣或受到严重破坏。

表2-1　　我国18片贫困地区

经济地带	贫困地区名称	涉及省区	涉及贫困县数（个）
东部	沂蒙山区	鲁	9
	闽西南、闽东北地区	闽、粤、浙	23

续表

经济地带	贫困地区名称	涉及省区	涉及贫困县数（个）
中部	奴鲁儿虎山区	辽、蒙、冀	18
	太行山区	晋、冀	23
	吕梁山区	晋	21
	秦岭大巴山区	川、陕、鄂、豫	68
	武陵山区	川、湘、鄂、黔	40
	大别山区	鄂、豫、皖	27
	井冈山和赣南山区	赣、湘	34
西部	定西干旱地区	甘	27
	西海固地区	宁	8
	陕北地区	甘、陕	27
	西藏地区	藏	—
	滇东南地区	滇	19
	横断山区	滇	13
	九万大山地区	桂、黔	17
	乌蒙山区	川、滇、黔	32
	桂西北地区	桂	29

资料来源：国务院贫困地区经济开发领导小组办公室：《中国贫困地区经济开发概要》，农业出版社 1989 年版。

表 2－2　　列入《国家八七扶贫攻坚计划》的贫困县清单

地区	贫困县数（个）	贫困县
河北	39	青龙、魏县、献县、广宗、武强、涉县、涞源、蔚县、崇礼、万全、康保、尚义、张北、沽源、赞皇、临城、巨鹿、广平、灵寿、顺平、平山、阜平、丰宁、围场、平泉、隆化、滦平、宽城、赤城、怀安、阳原、东光、南皮、孟村、易县、大名、海兴、盐山、武邑、（涿鹿县赵家蓬区）
山西	35	右玉、岢岚、静乐、河曲、五寨、保德、岚县、榆社、柳林、方山、广灵、天镇、平陆、偏关、娄烦、中阳、沁源、五台、石楼、神池、临县、沁县、平顺、兴县、武乡、大宁、永和、灵丘、万荣、阳高、夏县、闻喜、离石、垣曲、繁峙
内蒙古	31	托克托、清水河、准格尔、奈曼、敖汉、乌审、武川、化德、商都、达茂、固阳、宁城、察右中、多伦、林西、伊金霍洛、杭锦、鄂托克前、巴林左、巴林右、克什克腾、察右前、和林、太仆寺、扎赉特、喀喇沁、库伦、察右后、四子王、科右中、翁牛特
辽宁	9	朝阳、建昌、建平、新宾、义县、喀左、康平、岫岩、桓仁

续表

地区	贫困县数（个）	贫困县
吉林	5	汪清、镇赉、大安、通榆、靖宇
黑龙江	11	明水、林甸、青冈、延寿、泰来、甘南、克东、抚远、同江、杜尔伯特、桦南
浙江	3	文成、泰顺、景宁
安徽	17	金寨、霍山、岳西、颍上、潜山、太湖、寿县、临泉、阜南、宿松、枞阳、舒城、利辛、无为、长丰、霍邱、六安
福建	8	寿宁、屏南、柘荣、长汀、周宁、武平、连城、上杭
江西	18	修水、宁都、上犹、赣县、上饶、波阳、永新、莲花、安远、兴国、寻乌、会昌、于都、广昌、余干、宁冈、横峰、遂川
山东	10	莘县、沂南、平邑、沂水、蒙阴、费县、泗水、沾化、庆云、冠县
河南	28	平舆、台前、新蔡、新县、商城、信阳、罗山、淮滨、宁陵、鲁山、睢县、虞城、伊川、上蔡、南召、确山、宜阳、洛宁、固始、卢氏、栾川、嵩县、淅川、光山、桐柏、汝阳、新安、渑池
湖北	25	英山、红安、麻城、罗田、大悟、郧县、郧西、竹山、竹溪、来凤、恩施、阳新、秭归、蕲春、孝昌、长阳、建始、鹤峰、利川、咸丰、宣恩、巴东、房县、神农架林区、丹江口市
湖南	10	永顺、保靖、平江、桑植、新化、沅陵、花垣、安化、隆回、新田
广东	3	陆河、乳源、阳山
广西	28	乐业、德保、那坡、凌云、巴马、龙州、平果、大化、马山、田林、忻城、隆安、田东、融水、南丹、三江、金秀、环江、东兰、西林、天等、都安、隆林、天峨、龙胜、罗城、靖西、凤山
海南	5	通什、陵水、保亭、琼中、屯昌
四川（含重庆）	43	酉阳、石柱、黔江、彭水、仪陇、阆中、渠县、雷波、普格、木里、喜德、古蔺、忠县、盐源、叙永、巫溪、黑水、苍溪、南部、广安、城口、旺苍、通江、南江、秀山、云阳、兴文、得荣、壤塘、武隆、巴塘、乡城、越西、宣汉、白玉、布拖、金阳、昭觉、美姑、朝天区、天城区、五桥区、嘉陵区
贵州	48	从江、纳雍、沿河、织金、六枝、大方、务川、赫章、盘县、雷山、台江、丹寨、荔波、独山、息烽、天柱、习水、正安、普安、水城、兴仁、威宁、黄平、关岭、三都、印江、普定、德江、册亨、晴隆、贞丰、麻江、榕江、石阡、三穗、岑巩、罗甸、紫云、剑河、望谟、松桃、长顺、镇宁、施秉、平塘、凤冈、安龙、黎平
云南	73	镇雄、彝良、巧家、禄劝、红河、西盟、墨江、鲁甸、永善、会泽、寻甸、龙陵、云龙、剑川、镇沅、孟连、中甸、泸水、绿春、元阳、福贡、西畴、富宁、武定、贡山、双柏、云县、镇康、马关、永仁、盐津、金平、富源、腾冲、泸西、临沧、德钦、维西、宁蒗、江城、屏边、漾濞、南涧、大关、丘北、绥江、南华、砚山、大姚、弥渡、昭通、施甸、东川市辖区、广南、澜沧、双江、沧源、麻栗坡、巍山、祥云、永平、牟定、永德、凤庆、姚安、石屏、威信、景东、宾川、洱源、文山、昌宁、兰坪

续表

地区	贫困县数（个）	贫困县
西藏	5	察雅、嘉黎、索县、南木林、定日
陕西	50	清涧、府谷、紫阳、吴堡、丹凤、镇安、蓝田、宁强、西乡、绥德、镇坪、延川、洛南、宜君、长武、合阳、略阳、延安、延长、神木、安塞、子长、白河、岚皋、耀县、蒲城、旬邑、永寿、安康、铜川市郊区、宁陕、山阳、镇巴、榆林、商南、麟游、佳县、定边、汉阴、柞水、淳化、米脂、彬县、志丹、横山、商州、子洲、吴旗、靖边、宜川
甘肃	41	宕昌、武都、舟曲、岷县、礼县、庆阳、陇西、渭源、西和、文县、甘谷、武山、清水、和政、静宁、平川区、东乡、积石山、张家川、卓尼、漳县、靖远、永登、临夏、临潭、康乐、天祝、广河、康县、景泰、榆中、定西、临洮、庄浪、秦安、通渭、永靖、会宁、华池、环县、古浪
青海	14	化隆、循化、同仁、班玛、囊谦、民和、大通、达日、治多、平安、湟源、泽库、玉树、杂多
宁夏	8	西吉、固原、海原、同心、隆德、泾源、盐池、彭阳
新疆	25	柯坪、疏附、皮山、墨玉、托里、木垒、策勒、于田、巴里坤、疏勒、岳普湖、阿克陶、洛浦、塔什库尔干、阿图什市、英吉沙、尼勒克、福海、阿合奇、乌恰、民丰、和田县、和田市、叶城、乌什

资料来源：国家“八七扶贫攻坚计划（1994—2000年）”。

表2-3　　2012年国家扶贫开发工作重点县名单

省份	数量（个）	国家扶贫开发工作重点县名单
全国	592	
中部	217	
西部	375	
民族八省区	232	
河北	39	行唐县、灵寿县、赞皇县、平山县、青龙县、大名县、魏县、临城县、巨鹿县、新河县、广宗县、平乡县、威县、**阜平县**、**唐县**、**涞源县**、**顺平县**、**张北县**、**康保县**、**沽源县**、**尚义县**、**蔚县**、**阳原县**、**怀安县**、**万全县**、赤城县、崇礼县、**平泉县**、滦平县、**隆化县**、**丰宁县**、**围场县**、海兴县、盐山县、南皮县、武邑县、武强县、饶阳县、阜城县、（涿鹿县赵家蓬区）
山西	35	娄烦县、**阳高县**、**天镇县**、**广灵县**、**灵丘县**、**浑源县**、平顺县、壶关县、武乡县、右玉县、左权县、和顺县、平陆县、**五台县**、代县、**繁峙县**、宁武县、**静乐县**、**神池县**、**五寨县**、**岢岚县**、河曲县、保德县、偏关县、**吉县**、**大宁县**、**隰县**、**永和县**、**汾西县**、**兴县**、**临县**、**石楼县**、**岚县**、方山县、中阳县

续表

省份	数量(个)	国家扶贫开发工作重点县名单
内蒙古	31	武川县、阿鲁科尔沁旗、巴林左旗、巴林右旗、林西县、翁牛特旗、喀喇沁旗、宁城县、敖汉旗、科尔沁左翼中旗、科尔沁左翼后旗、库伦旗、奈曼旗、莫力达瓦达斡尔族自治旗、鄂伦春自治旗、卓资县、**化德县**、**商都县**、**兴和县**、察哈尔右翼前旗、察哈尔右翼中旗、察哈尔右翼后旗、四子王旗、**阿尔山市**、**科尔沁右翼前旗**、**科尔沁右翼中旗**、**扎赉特旗**、**突泉县**、苏尼特右旗、太仆寺旗、正镶白旗
吉林	8	靖宇县、**镇赉县**、**通榆县**、**大安市**、龙井市、和龙市、汪清县、安图县
黑龙江	14	延寿县、**泰来县**、**甘南县**、**拜泉县**、绥滨县、饶河县、**林甸县**、桦南县、桦川县、汤原县、抚远县、同江市、**兰西县**、海伦市
安徽	19	**潜山县**、**太湖县**、**宿松县**、**岳西县**、颍东区、**临泉县**、**阜南县**、**颍上县**、砀山县、萧县、灵璧县、泗县、裕安区、**寿县**、**霍邱县**、舒城县、**金寨县**、**利辛县**、石台县
江西	21	**莲花县**、修水县、**赣县**、**上犹县**、**安远县**、**宁都县**、**于都县**、**兴国县**、**会昌县**、**寻乌县**、吉安县、**遂川县**、**万安县**、**永新县**、**井冈山市**、**乐安县**、广昌县、上饶县、横峰县、余干县、鄱阳县
河南	31	**兰考县**、**栾川县**、**嵩县**、**汝阳县**、宜阳县、**洛宁县**、**鲁山县**、滑县、封丘县、范县、台前县、**卢氏县**、**南召县**、**淅川县**、社旗县、桐柏县、**民权县**、睢县、**宁陵县**、虞城县、**光山县**、**新县**、**商城县**、**固始县**、**淮滨县**、**沈丘县**、**淮阳县**、上蔡县、平舆县、确山县、**新蔡县**
湖北	25	阳新县、**郧县**、**郧西县**、**竹山县**、**竹溪县**、**房县**、**丹江口市**、**秭归县**、**长阳县**、**孝昌县**、**大悟县**、**红安县**、**罗田县**、**英山县**、**蕲春县**、**麻城市**、**恩施市**、**利川市**、**建始县**、**巴东县**、**宣恩县**、**咸丰县**、**来凤县**、**鹤峰县**、神农架林区
湖南	20	**邵阳县**、**隆回县**、**城步县**、平江县、**桑植县**、**安化县**、**汝城县**、**桂东县**、**新田县**、江华县、**沅陵县**、**通道县**、**新化县**、**泸溪县**、**凤凰县**、**花垣县**、**保靖县**、**古丈县**、**永顺县**、**龙山县**
广西	28	**隆安县**、**马山县**、**上林县**、**融水县**、**三江县**、**龙胜县**、田东县、**德保县**、**靖西县**、**那坡县**、**凌云县**、**乐业县**、**田林县**、**西林县**、**隆林县**、昭平县、富川县、**凤山县**、**东兰县**、**罗城县**、**环江县**、**巴马县**、**都安县**、**大化县**、**忻城县**、金秀县、**龙州县**、**天等县**
海南	5	五指山市、临高县、白沙县、保亭县、琼中县
重庆	14	万州区、**黔江区**、**城口县**、**丰都县**、**武隆县**、开县、**云阳县**、**奉节县**、**巫山县**、**巫溪县**、**石柱县**、**秀山县**、**酉阳县**、**彭水县**
四川	36	**叙永县**、**古蔺县**、**朝天区**、**旺苍县**、**苍溪县**、**马边县**、嘉陵区、南部县、**仪陇县**、阆中市、**屏山县**、广安区、**宣汉县**、**万源市**、**通江县**、**南江县**、**平昌县**、**小金县**、**黑水县**、**壤塘县**、**甘孜县**、**德格县**、**石渠县**、**色达县**、**理塘县**、**木里县**、盐源县、**普格县**、**布拖县**、**金阳县**、**昭觉县**、**喜德县**、**越西县**、甘洛县、**美姑县**、**雷波县**

续表

省份	数量（个）	国家扶贫开发工作重点县名单
贵州	50	**六枝特区、水城县**、盘县、**正安县、道真县、务川县、习水县、普定县、镇宁县、关岭县、紫云县、江口县、石阡县、思南县、印江县、德江县、沿河县、松桃县、兴仁县、普安县、晴隆县、贞丰县、望谟县、册亨县、安龙县、大方县、织金县、纳雍县、威宁县、赫章县、黄平县、施秉县、三穗县、岑巩县、天柱县、锦屏县、剑河县、台江县、黎平县、榕江县、从江县、雷山县、麻江县、丹寨县、荔波县、独山县、平塘县、罗甸县、长顺县、三都县**
云南	73	东川区、**禄劝县、寻甸县、富源县、会泽县、施甸县、龙陵县、昌宁县、昭阳区、鲁甸县、巧家县、盐津县、大关县、永善县、绥江县、镇雄县、彝良县、威信县、永胜县、宁蒗县、宁洱县、墨江县、景东县、镇沅县、江城县、孟连县、澜沧县、西盟县、临翔区、凤庆县、云县、永德县、镇康县、双江县、沧源县、双柏县、南华县、姚安县、大姚县、永仁县、武定县、屏边县、泸西县、元阳县、红河县、金平县、绿春县**、文山市、**砚山县、西畴县、麻栗坡县、马关县、丘北县、广南县、富宁县、勐腊县、漾濞县、弥渡县、南涧县、巍山县、永平县、云龙县、洱源县、剑川县、鹤庆县、梁河县、泸水县、福贡县、贡山县、兰坪县、香格里拉县、德钦县、维西县**
陕西	50	印台区、耀州区、宜君县、**陇县、麟游县、太白县、永寿县、长武县**、旬邑县、**淳化县**、合阳县、澄城县、蒲城县、白水县、富平县、延长县、延川县、宜川县、**洋县、西乡县、勉县、宁强县、略阳县、镇巴县、留坝县、佛坪县、横山县**、定边县、**绥德县、米脂县、佳县、吴堡县、清涧县、子洲县、汉滨区、汉阴县、石泉县、宁陕县、紫阳县、岚皋县、镇坪县、旬阳县、白河县、商州区、洛南县、丹凤县、商南县、山阳县、镇安县、柞水县**
甘肃	43	**榆中县、会宁县、麦积区、清水县、秦安县、甘谷县、武山县、张家川县、古浪县、天祝县、庄浪县、静宁县、环县、华池县、合水县、宁县、镇原县、安定区、通渭县、陇西县、渭源县、临洮县、漳县、岷县、武都区、文县、宕昌县、康县、西和县、礼县、两当县、临夏县、康乐县、永靖县、广河县、和政县、东乡县、积石山县、合作市、临潭县、卓尼县、舟曲县、夏河县**
青海	15	大通县、**湟中县**、平安县、**民和县、乐都县、化隆县、循化县、泽库县、甘德县、达日县、玛多县、杂多县、治多县、囊谦县**、曲麻莱县
宁夏	8	盐池县、**同心县、原州区、西吉县、隆德县、泾源县、彭阳县**、海原县
新疆	27	巴里坤哈萨克自治县、乌什县、柯坪县、**阿图什市、阿克陶县、阿合奇县、乌恰县、疏附县、疏勒县、英吉沙县、莎车县、叶城县、岳普湖县、伽师县、塔什库尔干塔吉克自治县、和田县、墨玉县、皮山县、洛浦县、策勒县、于田县**、民丰县、察布查尔锡伯自治县、尼勒克县、托里县、青河县、吉木乃县

注：加粗字为集中连片特殊困难地区范围内的国家扶贫开发工作重点县。

资料来源：国务院扶贫开发领导小组办公室：《国家扶贫开发工作重点县名单（2012）》。

3. 贫困地区政策目标

改革开放后，贫困地区政策经过了几次调整，不同时期的贫困地区政策目标都比较明确、具体。

在改革开放初期着手解决贫困地区问题时，当时重点解决的是“三西”地区。“三西”地区是指以甘肃定西为代表的中部干旱地区、河西地区和宁夏西海固地区，包括甘肃中部以定西为代表的干旱地区20个县（区）、甘肃河西地区19个县（市、区）和宁夏西海固地区8个县，共计47个县（市、区），总面积38万平方公里。针对“三西”地区生态破坏严重和农民极度贫困状况，国务院提出开发“三西”地区的目标是：3年停止破坏，5年解决温饱，10年脱贫致富。

1986年国务院贫困地区经济开发领导小组成立后，确定了贫困地区的近中期目标和长远发展目标。近中期目标是：努力争取在比较短的时间内先解决贫困地区的温饱问题，即于1990年之前贫困县在正常年景下解决90%以上贫困户的温饱问题（社会救济户和五保户除外）；长远发展目标是：在稳定解决人民温饱问题的基础上，工作重点从扶持千家万户解决温饱问题向区域经济开发转变，逐步扶持贫困县建设，立足本地资源，连片发展具有一定规模并与社会化服务相配套的商品生产基地，形成以开发当地资源的加工企业为核心的开发系列和骨干企业，尽快使各贫困地区贫困户的经济收入水平接近或达到本省区的平均水平，逐步摆脱贫穷落后状态。

4. 主要贫困地区政策工具

从20世纪80年代中期以来，我国实行了多种贫困地区政策工具，包括拨款、优惠贷款、减免税收等。

从1986年以来，中央政府对贫困地区的资金物质投入不断增加。20世纪80年代，主要扶贫资金有：国家扶贫专项贴息贷款（中国农业银行优惠贷款）、支援不发达地区发展资金（财政部拨款）、扶持老少边穷地区贷款（中国人民银行优惠贷款）、支援不发达地区发展经济贷款（中国农业银行优惠贷款）、“三西”农业建设专项资金（财政部拨款）、牧区扶贫专项贴息贷款（中国农业银行优惠贷款）、县办企业专项贷款（中国人民银行和中国商业银行优惠贷款）。除财政与信贷资金投入外，中央政府还以极优惠的价格向贫困地区投入了大量化肥、地膜、钢材、木材等物资。在资金物资投入的同时，为了改善贫困地区基础设施，中央政府于1984年开始实施以工代赈计划。最初，以工代赈计划的执行方式是直接以粮食、棉花、布匹、日用工业品等实物对劳动者进行补贴，而后以票券的形式支付，使参与者有一定的选择余地。从1996年开始，以工代赈列入中央财政预算，直接向劳动者支付货币，不再投入实物。目前，中央政府的扶贫投入主要有三类，即扶贫贷款、以工代赈和财政资金。由表2－4可知，中央政府资金投入的力度是不断增大的。2003年，中央扶贫资金达到288.65亿元，1986—2003年中央扶贫资金年均增长率为12%。

表2－4　　1986—2000年中央政府扶贫资金投入　　单位：亿元

年份	扶贫贷款	以工代赈	财政资金	合计
1986	23	9	10	42
1987	23	9	10	42
1988	29	0	10	39
1989	30	1	10	41
1990	30	6	10	46
1991	35	18	10	63
1992	41	16	10	67
1993	35	30	11	76
1994	45	40	12	97
1995	45	40	13	98
1996	55	40	13	108
1997	85	40	28	153
1998	100	50	33	183
1999	150	65	43	258
2000	148.5	69	47	264.5
合计	874.5	433	270	1577.5

资料来源：1986—1999年数据来自国家统计局农村社会经济调查总队《中国农村贫困监测报告（2000）》，中国统计出版社2000年版；2000年数据来自国务院扶贫办。

就各项扶贫资金的使用效率进行分析，以工代赈的扶贫措施是成效最大的。这是因扶贫贷款委托中国农业银行，这样在贷款发放中难免不受商业运作的影响；而财政扶贫的资金挪用问题严重，有些地方政府、部门、单位将扶贫资金用于发放工资，或用于弥补办公经费不足等，这种情况很普遍。而以工代赈落实到项目，其资金直接到执行机构，故扶贫成效最显著。

以工代赈是以救济为手段，以加强贫困地区的基础设施为内容，以缓解和最终消除贫困为目的，通过采取投入实物和资金的方式，使贫困地区的基础设施条件得以根本改善，为其经济发展创造一个相对优越的外部环境。我国的以工代赈属于救济范畴，但它不同于一般的单纯救济，其特殊性在于救济与建设的结合统一。它是救济对象通过参加必要的社会公共工程的建设而获得赈灾物资和资金的一种特殊救济方式。以工代赈资金是无偿的，但要求贫困地区群众出工投劳来获得赈济。

以工代赈工作在扶贫工作中占有重要地位，其建设方向是贫困地区的基础设施建设，主要包括：公路交通中的县乡、乡村道路，人畜饮水工程，基本农田建设，小型、微型水利建设，小流域治理，异地移民开发等。

以工代赈政策是我国主要的扶贫政策措施之一，自 1984 年实施以工代赈政策以来，中央和各级地方政府投入了大量资金，贫困地区群众积极投工投劳，从而大大改善了贫困地区的基础设施条件和落后面貌。进入 90 年代以来，国家逐年增加以工代赈投入，特别是“九五”期间，按照党中央、国务院的总体部署，根据扶贫攻坚的形势和任务，国家更是加大了以工代赈的实施力度。五年内，国家共安排中央预算内资金 200 亿元，国债资金 50 亿元，连同地方配套资金和群众自筹资金等投资，以工代赈建设投资总规模达到了 500 亿元左右。其中 2000 年安排中央预算内资金 40 亿元、国债资金 20 亿元，以工代赈建设投资总规模为 110 亿元左右。

以工代赈政策实施范围主要集中在中西部地区的国家扶贫县，并且重点突出了西南、西北等扶贫攻坚主战场。但随着东北老工业基地的振兴，东北的以工代赈力度也逐渐加大。

此外，小额信贷也是我国的扶贫措施之一。小额信贷是为了解决在一般市场经济条件下，穷人进入正规金融市场困难而产生的。它通过融资中介，按照组织化、制度化、商业经营原则，为具有一定潜在负债能力的低收入阶层提供无须抵押担保的小额、短期、简便、连续的信贷服务。

小额信贷，投入的资金数额较小。为了确保资金有效使用和返还，在小额信贷的操作中，采取直接到户、小组联保、整贷零还、严格管理等一系列措施。国际上小额信贷的做法于 1976 年在孟加拉国首先推行，近年来得到国际组织认可，并向发展中国家推荐。我国从 1992 年开始引进这种模式，简称为“孟模”，先后在云南、陕西等十多个省区进行试点，都取得了比较好的社会效益和经济效益，是国家目前积极倡导和推行的一种扶贫到户的方式。小额信贷与现行的其他扶贫方式相比，投入资金少，覆盖面大、资金周转快、返贫率低、还贷率高、经济效益好、扶贫效果显著，非常适合妇女、残疾人就地就近参加生产劳动，解决温饱，进而脱贫。

云南省小额信贷扶贫工作从 1997 年开始试点，到目前为止共建立了 23 万多个信贷小组，覆盖了全省 16 个地州市 115 个县市区。获得贷款的农户充分发挥当地的资源和产业优势，通过参与公司 + 基地 + 农户的农业产业化经营，发展个体经济等多种方式改变贫困面貌。据不完全统计，在获得小额信贷支持的农户中，用于发展流通产业的赢利不低于 50%，农民年人均纯收入增加 100 元以上。

河南省济源市 100 个被调查的贷款农户，2002 年人均年纯收入 2852 元，较 1999 年增加 1147 元，增长 67.3%；户均年纯收入 5802.35 元，是贷款前的 2 倍。其中，纯收入在 2000 元以下的农户比重由贷款前的 90% 减少到 14%，下降 76 个百分点；2000—5000 元的农户比重由贷款前的 3% 上升到 5%，增加了 2 个百分点；5000—8000 元的农户比重由贷款前的 5% 上升到 78%，增加了 73 个百分点；8000 元以上的农户比重由贷款前的 2% 上升到 3%，增加了 1 个百分点，如表 2 - 5 所示。

表 2－5　河南省济源市 100 个农户贷款前后的收入变化（1999—2002 年）

户均年纯收入	按纯收入分组的户数比重变化情况		
	贷款前（个）	贷款后（个）	增减百分点（%）
2000 元以下	90	14	－76
2000—5000 元	3	5	2
5000—8000 元	5	78	73
8000 元以上	2	3	1

资料来源：中国统计信息网。

《国家八七扶贫攻坚计划（1994—2000 年）》明确规定了三类政策工具：（1）信贷优惠政策，主要对贫困户和扶贫经济实体提供信贷资金，贷款条件可以适当放宽；国有商业银行每年安排一定的信贷资金，在贫困地区有选择地扶持一些效益好、能还贷的项目；对广东、福建、浙江、江苏、山东、辽宁沿海 6 省的贫困县，以及各省、区刚摘掉贫困县帽子的县，要增加地方财政和商业信贷的投入，一般不低于中央政府原来对这些县的扶持规模。（2）财税优惠政策，包括对国家确定的老少边穷地区新办的企业，其所得税可在 3 年内予以征后返还或部分返还；各级政府要把扶贫资金列入财政预算，保证用于扶贫开发。（3）经济开发优惠政策，包括中央和地方安排开发项目时，向资源条件较好的贫困地区倾斜；国家制定和执行产业政策时，考虑贫苦地区的特殊性，给予支持和照顾；对贫困地区的进出口贸易，坚持同等优先的原则，列入计划，重点支持。

（三）贫困地区政策的效应分析和经验教训

经过二十多年的努力，我国的扶贫开发取得了显著成就，并积累了比较丰富的经验。扶贫开发使 2 亿多农村贫困人口的温饱问题基本得到解决，贫困地区的生产生活条件明显改善。特别是解决了一些集中连片贫困地区的温饱问题。沂蒙山区、井冈山区、大别山区、闽西南地区等山区群众的温饱问题已经基本解决。一些偏远山区和少数民族地区，面貌也有了很大的改变。历史上贫困问题十分突出的甘肃定西地区和宁夏西海固地区，经过多年的开发建设，基础设施和基本生产条件明显改善，贫困状况大为缓解。扶贫开发使经济发展速度明显加快。“八七”扶贫攻坚计划执行期间，国家重点扶持贫困县工业增加值增长99.3%，年均增长12.2%；地方财政收入增加近1倍，年均增长12.9%；农民人均纯收入从648元增加到1337元，年均增长12.8%。

贫困地区的状况之所以能发生上述变化，是由于贫困地区政策比较规范，在机构设置与程序安排、贫困地区识别、目标确定、扶贫政策工具选择和扶贫方式安排等方面都比较规范合理。在扶贫工具选择方面，中央政府不仅不断加大对贫困地区的援助力度，而且还重视科技教育扶贫，动员和组织社会各界参与扶贫，鼓励并组织贫困地区劳动力输出与移民，鼓励东西部协作扶贫，开展扶贫领域的国际交流与合作。这些都是宝贵的经验，值得在制定欠发达地区工业化政策时吸取与借鉴。

同时，在贫困地区发展政策制定与实施过程中，也存在一些问题，比较突出的有以下几个方面：

第一，没有处理好“地区繁荣”与“人民富裕”之间的关系。在一些贫困县，相当一部分扶贫资金给予了非贫困人口，不仅那些国家扶贫工作重点县以外的贫困户无法得到政策援助，而且那些居住在贫困县的贫困人口也不一定能享受到扶贫项目和资金所带来的利益。当然，政府不以贫困户为直接援助对象有一定的原因：一方面是为了避免出现“等靠要”的依赖心理，另一方面担心贫困户缺乏用好扶贫资金的技术和管理技能。其结果是贫困地区政策援助中很大一部分流向非贫困户，相对较富裕的农户、企业和乡成为这些政策工具的主要受益者。

第二，以县为“基本空间单元”的贫困地区识别方法有待改进。在国家确定的扶贫工作重点县中，有一部分县内部的一些乡镇发展水平较高，不宜作为国家重点扶持对象。

第三，扶持贫困地区的政策资金存在漏出，一些扶贫项目的区域乘数影响较小。由于贫困地区生产技术水平较低，一些扶贫项目的物质资本需要从发达地区购买，这导致不付利益漏出贫困地区。政府投资集中扶持贫困地区的劳动密集型产业发展，虽然能产生就业效应，但产业关联效应不大，而且对贫困地区技术水平的带动也有限。

第四，中央政府的贫困地区政策与其他部门的扶贫政策缺乏合理的协调机制。除了国务院扶贫领导小组负责的扶贫政策工具和与之配套的各省市区对贫困县的补助以外，中央、省、市、县各级的其他政府部门和机构还参与了扶贫开发，并掌握了不少政策资源。此外，一些非政府组织和志愿者组织在扶贫领域也发挥着越来越重要的作用。但是，目前尚没有一个规范的机制来整合这些扶贫资源。

第五，中央政府的贫困地区发展政策与地方政策不协调，地方政府争取援助资金的成本大，一些地方政府扶贫资金利用不当，甚至出现严重的腐败问题。一些贫困县的扶贫办将工作重点放在“跑部钱进”上。例如，某贫困县在网络上公布的“2003 年扶贫开发工作要点”中就明确提出：“认真研究国家扶贫开发政策，加大跑省、跑部力度，充分调动一切积极因素，特别是要积极争取省直帮扶单位协助我县争项目争资金，努力实现扶贫资金比 2002 年增长 20%。”这种倾向会增大政策成本，导致真正用于贫困地区发展的资金减少。另外，在扶贫资金的使用上也存在一些问题，如利用扶贫资金购买小汽车，修建“楼堂馆舍”等，有些地方政府官员甚至在争取扶贫资金时行贿受贿，中饱私囊。这些问题说明贫困地区发展政策仍有待完善。

二 西部大开发政策

1999 年底国家提出西部大开发战略以来，中央政府制定了许多相关政策。例如，国务院颁布了《关于实施西部大开发若干政策措施》(2000 年 12 月)、《关于西部大开发若干政策措施的实施意见》(2001 年 8 月)、《关于进一步完善退耕还林政策措施的若干意见》(2002 年 4 月)、《退耕还林条例》(2002 年 12 月)；国务院办公厅转发了国务院西部开发办《关于西部大开发若干政策措施实施意见》(2001 年 9 月)。另外，一些总体规划和专项规划也相继出台，其中有些规划中也含有政策性的内容，例如中央办公厅、国务院办公厅印发的《西部地区人才开发十年规划》(2002 年 3 月) 以及国家计委、国务院西部开发办制定的《“十五”西部开发总体规划》（2002 年 7 月）。

国务院颁布的《关于西部大开发若干政策措施的实施意见》（以下简称《实施意见》），是 1999 年提出“西部大开发战略”后制定的一个比较完整的政策规定。《实施意见》主要内容包括：政策措施的适用范围；加大建设资金投入力度；优先安排建设项目；加大财政转移支付力度；加大金融信贷支持；大力改善投资软环境；实行税收优惠政策；实行土地使用优惠政策；实行矿产资源优惠政策；运用价格和收费机制进行调节；扩大外商投资领域；拓宽利用外资渠道；放宽利用外资有关条件；大力发展对外经济贸易；推行地区协作与对口支援；吸引和用好人才；发挥科技主导作用；增加教育投入；加强文化卫生等社会事业建设；政策措施的解释和落实（以上共 20 条，包含细则 70 条）。这里结合《“十五”西部开发总体规划》，从西部大开发政策机构与程序、作用对象、目标以及工具四个方面对这项政策进行分析，最后综合分析《实施意见》的优缺点。

（一）西部大开发政策的管理机构与程序

为了统筹西部大开发，2000 年 1 月，国务院成立了西部地区开发领导小组，其主要任务是：组织贯彻落实中共中央、国务院关于西部地区开发的方针、政策和指示；审议西部地区的开发战略、发展规划、重大问题和有关法律；研究审议西部地区开发的重大政策建议，协调西部地区经济开发和科教文化事业的全面发展，推进两个文明建设。当时的国务院总理朱镕基任领导小组组长，领导小组的办事机构为“西部开发办”。“西部开发办”的主要职责是：研究提出西部地区开发战略、发展规划、重大问题和有关政策、法规的建议，推进西部地区经济持续快速健康发展；研究提出西部地区农村经济发展、重点基础设施建设、生态环境保护和建设、结构调整、资源开发以及重大项目布局的建议，组织和协商退耕还林（草）规划的实施和落实；研究提出西部地区深化改革、扩大开放和引进国内外资金、技术、人才的政策建议，协商经济开发和科教文化事业的全面发展；承办领导小组交办的其他事项。但是，西部开发办的办事机构设在国家发展和改革委员会（当时为国家发展计划委员会），其职能没有得到立法机构（全国人大）的明确界定，西部开发办没有独立的决策权，也没有独立掌握的欠发达地区工业化政策基金工具，其所规定的援助西部大开发措施需要在许多部门的预算框架内安排，这些部门包括铁道、交通、水利、农业、林业、信息产业等部门和国有银行。

在政策程序方面，《实施意见》没有任何规定。这同西部大开发政策决策权分散是有密切关系的。

（二）西部大开发政策的作用对象

《实施意见》规定了明确的适用范围："实施西部大开发若干政策措施和本实施意见的适用范围，包括重庆市、四川省、贵州省、云南省、西藏自治区、陕西省、甘肃省、宁夏回族自治区、青海省、新疆维吾尔自治区（新疆生产建设兵团单列）和内蒙古自治区、广西壮族自治区。（上述地区以下统称：西部地区）其他地区的民族自治州（湖南省湘西土家族苗族自治州、湖北省恩施土家族苗族自治州、吉林省延边朝鲜族自治州），在实际工作中比照有关政策措施予以照顾。"这就是所谓的"12+3"。这个框架虽然确定了明确的政策作用的欠发达地区，但存在明显的缺陷，主要有以下三个方面：

第一，作用范围太大，"12+3"比欧洲几个大国面积之和还要大，中央政府不可能全面扶持如此广大的区域。

第二，没有具体的欠发达地区问题区域框架。西部地区内部同样存在多种类型的欠发达地区，应该通过多级问题区域框架体系具体明确不同类型问题欠发达地区的支持重点，但《实施意见》没有具体到这种程度，建设资金难以用到刀刃上。从西部地区政策迄今为止的实施情况来看，很大一部分西部大开发资金用于援助一些城市地区，而对广大农村地区支持不够。

第三，虽然《"十五"西部开发总体规划》规定了西部大开发重点区域，但这些重点区域并不是西部地区问题最突出的地区。这个规划提出："要选择现有经济基础条件较好，区位优势明显，人口较为密集，沿交通干线和城市枢纽的一些地区，作为西部开发的重点区域。依托亚欧大陆桥、长江黄金水道、西南出海通道等交通干线，发挥中心城市的集聚功能和辐射作用，以线串点，以点带面，实行重点开发，促进西陇海兰新线经济带、长江上游经济带、南（宁）贵（阳）昆（明）经济区的形成，带动周围地区和农村发展。引导农村富余劳动力和人口合理转移，繁荣城镇经济，因地制宜地发展大中小城市，加快小城镇建设，提高城镇化水平。”西陇海兰新线经济带是沿亚欧大陆桥，以陇海兰新铁路、连云港至霍尔果斯公路等交通干线为依托，以西安、兰州、乌鲁木齐、呼和浩特、银川和西宁等中心城市为枢纽的经济带，其核心地区包括陕西关中地区、甘肃兰州白银经济区、新疆天山北坡经济区及库尔勒地区、宁夏沿黄地区、青海东部及格尔木地区、内蒙古河套地区、“三西”能源重化工基地；长江上游经济带是以长江航道、上海至成都公路、沿江铁路等交通干线为依托，以重庆、成都等中心城市为枢纽的经济带，其核心地区包括成渝地区、攀（枝花）成（都）绵（阳）地区以及长江三峡地区。南（宁）贵（阳）昆（明）经济区是沿西南出海通道，以南昆铁路、重庆至湛江公路等交通干线为依托，以南宁、贵阳、昆明等中心城市为枢纽的经济区，广西南（宁）北（海）钦（州）防（城）地区、贵州贵阳附近地区、云南昆明附近地区是这个区域的核心。这些重点区域是“以线串点，以点带面”开发模式确定的重点，是带动西部地区整体起飞的增长带，但并不完全是欠发达地区的问题区域；而且必须注意，在中近期内，这些欠发达地区的重点建设肯定会扩大西部地区内部的区域差距。

（三）西部大开发政策的目标

《实施意见》没有规定具体的西部大开发目标，但在之后的《“十五”西部开发总体规划》规定了“十五”时期西部开发的主要目标，包括七个方面：（1）水利、交通、能源、通信等领域一批重大基础设施项目建成投产或开工建设，基础设施落后的状况明显改善；（2）长江上游地区及三峡库区，黄河上中游地区，黑河、塔里木河流域的生态建设与环境治理全面展开，重点治理地区生态环境恶化的趋势初步得到遏制，污染防治有明显进展；（3）优势农副产品、矿产资源产品、旅游业的市场竞争力明显提高，传统工业改造取得明显进展，有优势的高新技术产业开始形成规模，产业结构调整取得明显进展，经济增长的质量显著改善，经济效益不断提高；（4）先进适用技术在重点开发领域普遍得到应用，科技创新能力得到加强，九年义务教育基本普及，人才队伍壮大，人才素质提高，城乡居民文化卫生等公共服务水平明显提高；（5）直辖市和省会、自治区首府城市基础设施状况显著改善，中小城市和小城镇建设取得较大进展，环境质量有所改善，城镇人口所占比重明显上升；（6）国有大中型企业现代企业制度基本建立，非公有制企业产值和资产占全部企业的比重较大幅度上升，利用外资和进出口贸易占全国的比重明显提高；（7）农村贫困人口温饱问题基本解决，居民生活达到小康水平，人口自然增长率明显降低，与中部、东部地区人均收入差距扩大的趋势初步得到控制。

上述七个方面的目标基本上是开放目标，没有具体的封闭目标，也就是说，目标没有量化，因而难以评价西部大开发政策的未来实际效应与效益。目标不具体是与政策的作用区域太大有关的。

（四）西部大开发政策的工具

《实施意见》在西部大开发政策工具方面作了比较明确的规定。

1. 直接援助

《实施意见》确定了许多直接援助工具，主要直接援助规定，见表2－6。其中，大部分政策工具有十分明确具体的规定，例如，在退耕还林还草补助方面规定："国家按长江上游地区每亩退耕地每年补助150公斤、黄河上中游地区每亩退耕地每年补助100公斤粮食（原粮）的标准，在一定时期内向退耕户无偿提供粮食，补助粮食的价款（每公斤原粮1.4元）由中央财政承担，调运费用由地方财政承担。同时，国家给予退耕户适当的现金补助，补助标准按退耕面积每亩每年20元计算，所需资金由中央财政负担；国家向退耕户提供种苗费补助，补助标准按退耕还林还草和宜林荒山荒地造林种草面积每亩50元计算，所需资金由中央基建投资安排。"再如，在降低或免征进入西部地区的内资与外资企业的企业所得税率方面，规定"对设在西部地区国家鼓励类的内资企业和外商投资企业，在2001年至2010年期间，减按15%的税率征收企业所得税"。应该说，直接援助的力度是相当大的。

但是，有些援助政策规定不够具体。在人才培训与人才流动政策方面，没有具体的规定，对农业与生态建设的优惠贷款措施也不详细。

表 2－6　西部大开发的主要直接援助工具

直接援助	具体工具
拨款	●重点扶贫资金 ●退耕还林还草补助 ◎艰苦边远地区津贴 ◎教育投入 ◎社会事业专项补助 ○中央对地方专项资金补助向西部地区倾斜 ○人才培训与人才流动
优惠贷款	●基础设施信贷投入 ●提高固定资产投资人民币贷款比例 ○农业、生态建设的信贷投入 ○支持产业结构调整贷款
减免税收	●降低或免征进入西部地区的内资与外资企业的企业所得税率 ●新办交通、电力、水利、邮政、广播电视企业，减免企业所得税 ●免征农业特产税 ●免征公路建设耕地占用税 ●进口自用设备免征关税和进口环节增值税

资料来源：根据《关于西部大开发若干政策措施的实施意见》整理。●表示有具体明确的规定；◎表示规定比较具体；○表示规定不具体。

2. 间接援助

西部大开发的间接援助工具主要集中在基础设施建设方面，见表2－7。其中大部分基础设施建设方面的工具比较详细具体。在《实施意见》中，没有专门的工业与科技园区措施，但对西部地区的科技企业发展与创新做出了一些比较具体的规定。

表 2－7　西部大开发的主要间接援助工具

间接援助	具体工具
基础设施建设	●投资于重大基础设施工程建设 ●公路主干线贷款 ●城市基础设施贷款 ◎以基础设施项目收益权或收费权为质押的贷款 ●新办交通企业减免企业所得税
工业与科技园区	缺

资料来源：根据《关于西部大开发若干政策措施的实施意见》整理。●表示有具体明确的规定；◎表示规定比较具体。

3. 控制工具与其他措施

在控制工具方面，主要是要放松控制程度，主要有以下措施：放宽进出口配额、放宽许可证管理限制、简化投资项目审批程序、减少建设用地审批环节以及减免探矿权和采矿权使用费等。

除上述工具外，《实施意见》还对地区协作和对口支援、外商投资和对外经济贸易等方面做出了规定，但在地区协作和对口支援方面没有具体的工具支持。

4. 西部大开发政策的总体评估[①]

总体而言，《实施意见》等一系列政策性规定的出台，为西部大开发战略的实施提供了强有力的支撑。纵向比较，最近几年出台的西部大开发政策比以往任何时期的政策都具体明确。但是，一方面由于全国欠发达地区的区域管理机构设置与程序安排没有引起足够重视，另一方面由于欠发达地区的标准区域和问题区域框架不存在，西部大开发政策同其他类型的欠发达地区工业化政策一样，缺乏规范的制度基础支持。受这一基本缺陷的影响，目前的西部大开发政策不可避免会存在以下不足：第一，政策决策主体与执行主体的职责范围缺乏规范的、具体立法意义的界定；第二，政策程序不清楚，这会造成西部各地区“跑部钱进”，即想方设法寻租，因而，会增大政策受益者的成本；第三，政策作用对象范围过大，有可能使中央财政不堪重负，大强度的政策援助在中长期内难以为继，如退耕还林还草政策等；第四，政策目标十分不明确，因而难以监督政策执行过程，也难以评价政策执行效应；第五，政策工具虽然有很大一部分相当具体，但由于作用对象不明确，这些政策会引发地区间矛盾，并诱发腐败等问题；第六，对西部地区的大强度援助有可能使中部面临同样问题的地区产生不满情绪。由此可见，西部大开发政策本身有许多待完善之处。在任何时期，将欠发达地区工业化战略的重点区域与工业化政策的作用对象等同起来都是不正确的。西部大开发政策亟须进一步完善。

① 韦苇：《中国西部经济发展报告（2005）》，社会科学文献出版社 2005 年版。

第三章

生态文明建设中欠发达地区工业化嵌入水平的估计分析

改革开放30多年来，欠发达地区工业经济全面高速发展，工业化水平大幅跃升，有力地推进了国民经济持续较快发展和广大人民生活的不断改善，然而，工业发展与环境保护的矛盾日益突出，并对人民生活质量的深度提升带来了较大的负面影响。中共十八大报告中提出："把生态文明建设放在突出地位，融入经济建设、政治建设、文化建设、社会建设各方面和全过程，努力建设美丽中国，实现中华民族永续发展。"这进一步强调了经济建设和生态文明都非常重要，不可偏废，必须协调发展。在此背景下通过研究工业系统与生态系统协调优度来估计分析欠发达地区工业化的嵌入水平，为探寻经济—生态"双优"发展路径提供新的研究视角，具有非常重要的现实意义。

第一节 协调优度的内涵和特征

所谓工业化与生态环境的协调优度，是指工业化与生态环境经过要素投入调节和相互作用、相互反馈、相互耦合等过程控制后所达到的结构有序性、功能有效性、运行稳定性、结果优良性的程度状态。

上述定义具有以下五大特征：

第一，形式与内容的有机统一。工业化与生态环境的协调优度所讲求的不仅是工业化与生态环境在形式上的协调性，而且在内容上追求同优性。只有工业化与生态环境"双优"的协调发展，才是优良的协调发展；工业化与生态环境"双不良"的协调发展，是低劣的协调发展，这样的“协调发展”终究会祸国殃民，还是不要为好。

第二，存量与增量的有机统一。工业化与生态环境的协调优度所讲求的不仅是工业化与生态环境在增量上的协调性，而且在存量上追求同优性。在这里，将增量的协调性放到总量的协调性来考察分析，增量的协调性不是机械的，并非越一致越好，而要具体情况具体分析。如果工业化与生态环境在存量上显著不协调，若工业化水平很高，但生态环境运行很差，则在这两大系统发展的增量上不宜强求一致性，而应当加快生态环境的改善速度，同时放慢工业化运行速度；若工业化水平很低，但生态环境运行很好，则在这两大系统发展的增量上也不宜强求一致性，而应当加快工业化运行速度。

第三，数量与质量的有机统一。工业化与生态环境的协调优度在考察分析工业化与生态环境的协调发展上不但有着数量规定性，而且更重要的是还有质量的规定性。其数量规定性，是指工业化与生态环境运行是否协调，这种协调处于何种状态，是高级协调，还是初级协调，都有量化规定。其质量规定性，是指由工业化运行质量和生态环境运行质量共同作用与决定的协调运行性态。数量协调是工业化与生态环境协调优化的基础，离开了数量协调，协调质量优化也就无从谈起；协调质量是工业化与生态环境协调发展的生命，离开了协调质量，协调发展也就没有多大的实践意义。

第四，过程与结果的有机统一。工业化与生态环境在某一时期所达到的协调优度状态是要素投入调节和相互作用、相互反馈、相互耦合等过程控制的结果，不同的控制方式、控制手段和控制力度，会产生不同的结果。于是，工业化与生态环境协调优度的提升工作着重点并非结果评价环节，而在于过程控制；结果评价在于揭示控制目标的偏离问题，引导过程控制的调整方向、力点和力度。

第五，现在和将来的有机统一。工业化与生态环境协调优度是持续运动变化的，从时间序列考察分析，工业化与生态环境协调优度的运动规律表现为低级协调——中级协调——高级协调的螺旋式升级运动过程。过去的协调优化过程是现在协调优化升级的前置推动力，现在的协调优化过程则是将来协调优化升级的重要基础和动力。工业化与生态环境的高级协调不可能立竿见影，一蹴而就，而需要历经长期持续的不懈努力才能达到目标。

第二节　协调优度的计算方法

以 G 表示工业化与生态环境的协调优度，根据以横截面数据形式（$i=1,2,\cdots,31$）计算的工业化指数（E_i^s,i 为省域序数）与生态环境指数（F_i^s,i 为省域序数）的测算结果，和以时间序列数据形式（$i=1,2,\cdots,8$）计算的工业化指数（E_i^t,i 为年度序数）与生态环境指数（F_i^t,i 为年度序数）的测算结果，构造以下测量模型：

$$G=\sqrt{(1-|E_i^t-F_i^t|)\times(1-|E_i^s-F_i^s|)} \qquad (3.1)$$

上式中，$1-|E_i^s-F_i^s|$ 为基于横截面数据形式（$i=1,2,\cdots,31$）计算的工业化与生态环境运行的静态协调度，其值域为 $0\leqslant 1-|E_i^s-F_i^s|\leqslant 1$；$1-|E_i^t-F_i^t|$ 为基于时间序列数据形式（$i=1,2,\cdots,8$）计算的工业化与生态环境运行的动态协调度，其值域为 $0\leqslant 1-|E_i^t-F_i^t|\leqslant 1$。

式3.1的经济意义在于：G 的数值越大，表示工业化与生态环境运行的综合协调优度就越高，工业化与生态环境相互协调的质量就越好；G 的数值越小，表示工业化与生态环境运行的综合协调优度就越低，工业化与生态环境相互协调的质量就越差。G 的值域为 $0\leqslant G\leqslant 1$。

第三节　指标选择

省域工业系统与生态系统运行结果测评指标所涉及的原始数据都来源于2004—2011年的《中国统计年鉴》。

一　工业系统运行指数

工业系统运行结果指数 E 的内涵是工业系统运行所达到的相对优

良程度，它既包括经济发展水平的领先程度或进步程度，又包含工业系统内部协调程度；既包括经济发展的总体水平、工业系统内部结构的既有水平，也包含经济发展的增长水平、工业系统内部结构的改善水平。本研究选取省域单位面积国内生产总值、省域工业增加值占工农增加值的比重、省域产业非农化率、省域规模以上工业企业总资产贡献率、省域规模以上工业企业全员劳动生产率五个典型指标。

二 生态系统运行指数

生态系统运行结果指数 F 的内涵是生态系统运行所达到的相对优良程度，它既包括生态系统发展水平的领先程度或进步程度，又包含生态系统内部协调程度；既包括生态系统发展的总体优化水平、生态系统内部结构的既有优化水平，也包含生态系统发展的改良水平、系统内部结构的改善水平。本研究选取省域自然保护区面积占辖区面积比重、省域森林覆盖率、省域单位面积工业废水排放总量、省域单位面积工业废气排放总量、省域单位面积工业固体废物排放量五个典型指标，生态环境测评指标的选取尽可能体现其与工业化之间的相关性。

三 指标选取说明

以往工业系统与生态系统协调度计量研究文献①至少存在某些问

① 杨士弘、廖重斌：《关于环境与经济协调发展研究方法的探讨》，《广东环境监测》1992 年第 4 期，第 197—198 页；杨士弘：《广州城市环境与经济协调发展预测及调控研究》，《地理科学》1994 年第 5 期，第 136—137 页；叶文虎、栾胜基：《环境质量评价学》，高等教育出版社 1994 年版；彭补拙、窦贻俭、张燕：《用动态的观点进行环境综合质量评价》，《中国环境科学》1996 年第 2 期，第 16—19 页；夏军：《区域水环境及生态质量评价》，武汉水利电力大学出版社 1999 年版；严艳：《西部地区经济可持续发展指标体系探讨》，《西北大学学报》（自然科学版）2000 年第 30 卷第 3 期，第 261—264 页；王维国：《协调发展的理论与方法研究》，中国财政经济出版社 2000 年版，第 209 页；周华荣：《新疆生态环境质量评价指标体系研究》，《中国环境科学》2000 年第 2 期，第 150—153 页；郑新奇、王爱萍：《基于 RS 与 GIS 的区域生态环境质量综合评价研究——以山东省为例》，《环境科学学报》2000 年第 4 期，第 489—493 页；史德明、梁音：《我国脆弱生态环境的评估与保护》，《水土保持学报》2002 年第 1 期，第 6—10 页；朱晓华、杨秀春、谢志仁：

题，其一就是对于工业系统与生态系统之间协调与不协调及其程度的估计过度关注时段增量指标，而基本没有涉及累积总量指标。一个区域基于生态系统的可持续发展能力，并非仅仅决定于该区域经济系统增量升降变动和生态系统增量升降变动，而更重要的是决定于该区域整个生态系统对经济系统发展的承载能力。同时，在研究过程中致力于解决这一方面问题，然而，基于以下三个方面原因，本书的实证分析在生态系统维度选取了省域自然保护区面积占辖区面积比重、省域森林覆盖率、省域单位面积工业废水排放总量、省域单位面积工业废气排放总量、省域单位面积工业固体废物排放量等五个指标。

一是基于本书研究的侧重点，本书所研究的是生态文明建设与欠发达地区工业化战略问题，其应当凸显的是侧重点在于通过厘清工业化对生态环境变迁的效应规律，揭示工业系统与因之引起的生态系统演化关系，选择这五个指标有利于紧扣主题。

二是生态环境总体质量由诸多方面因素共同影响和综合作用所决定，其中既有自然禀赋方面的因素，也有工业方面的因素，还有农业方面的因素，更有生活方面的因素，比如空气质量，目前不少区域的大气污染主要来自汽车尾气、燃气等生活性污染，况且还有些地区来源于周边地区环境污染的跨界转移，如果以生态环境总体质量与工业发展进行关联分析，则往往会造成错看病情、错断病因、错取药方的不良后果，为此选择这五个指标有利于找准问题病根和解决问题路径。

三是统计分析的指标选用决定于数据的可取得性，比如研究空气质量及其变化中工业发展因素在其中的作用贡献程度有多大，就需要取得所研究年份序列的空气质量数据、工业发展所派生的污染空气质量的一系列因素的基础数据、人民生活所派生的污染空气质量的一系列因素的基础数据，而在中国现实生活中却非常缺乏这些方面的统计积累。

《江苏省生态环境质量动态评价研究》，《经济地理》2002 年第 1 期，第 97—100 页；乔标、方创琳：《城市化与生态环境协调发展的动态耦合模型及其在干旱区的应用》，《生态学报》2005 年第 25 卷第 11 期，第 3003—3009 页。

若在统计分析中出现了研究结论与感性判断严重偏离的问题，这并非源于指标选择的偏差，而是在于以下四个方面原因：第一，判断问题的实质性客体不同。人们的感性判断是以个体自身比较是否协调为判断问题的实质性客体，但本书则是以个体之间横向比较是否协调为判断问题的实质性客体，并且这是本书的一大创新点和亮点。将两种不同比较对象比较所取得的比较结果之间进行比较，其本身就不存在比较意义。第二，研究问题的所要揭示和反映的主题思想不同。人们的感性判断是以经济发展与生态环境整体是否相协调问题为主题思想，而本书则是以工业系统与因之引起的生态系统演化是否协调问题为主题思想。将两种不同主题思想比较所得的比较结果之间进行比较，其本身就缺乏可比性。第三，研究问题所存在的因素构成不同。人们的感性判断中的空气质量是诸多因素综合作用的结果，既有工业方面的因素，还有农业方面的因素，更有生活方面的因素，比如空气质量，目前不少区域的大气污染主要来自于汽车尾气、燃气等生活性污染，况且还有些地区来源于周边地区环境污染的跨界转移，而本书中工业发展所引起的生态系统演化只是人们的感性判断的空气质量中一个重要方面。第四，或许还与各省域历年的各项生态环境构成指标的基础数据的真实性和准确性有关，统计数据残缺或失准是中国统计领域需要且正在致力解决的重大课题，但是，在当前使用国家统计局公布的统计数据进行实证分析实属理性选择。

四 权重确定方法

在省域工业系统或生态系统运行结果测评中，对指标数据采用变异系数法进行处理，以确定指标权重。具体步骤如下：

首先，用功效系数法对第 i 个年度（$i = 1,2,\cdots,8$）或省域（$i = 1, 2, \cdots, 31$）的第 j 项指标数据 x_{ij}（$j = 1,2,\cdots,5$）进行无量纲化处理，得到的结果为集中于区间 $[0,1]$ 的值 y_{ij}。

其次，计算标准差，$s_j = \sqrt{\frac{1}{n}\sum_{i=1}^{n}(y_{ij} - \bar{y}_j)^2}$；计算变异系数，

$V_j = \frac{s_j}{\bar{y}_j}$。

再次，计算指标权数，$W_j = V_j / \sum_{j=1}^{5} V_j$。

第四节　评价方法

采用距离综合评价方法，分别以横截面数据形式（$i = 1, 2, \cdots, 31$）和时间序列数据形式（$i = 1, 2, \cdots, 8$），测算2003—2010年中国省域工业化指数和生态环境指数，具体步骤如下：

首先，指标同向化。对生态环境测评中的省域单位面积工业废水排放总量（万吨/万平方公里）、省域单位面积工业废气排放总量（亿标立方米/万平方公里）、省域单位面积工业固体废物排放量（吨/万平方公里）这三个逆向指标进行指标同向化处理，将其转为正向指标，公式为：

$$r_{ij} = \frac{1}{x_{ij}} \tag{3.2}$$

指标同向化处理之后评价矩阵为 $R_{(r_{ij})}$。

其次，构建规范化评价矩阵。将评价矩阵 $R_{(r_{ij})}$ 规范化为 $K_{(k_{ij})}$，其中

$$k_{ij} = \frac{r_{ij}}{\sqrt{\sum_{i=1}^{n} r_{ij}^2}}, n = 8 \text{ 或 } n = 31 \tag{3.3}$$

再次，构建加权规范化评价矩阵。考虑权重向量 W_j，构建加权规范化评价矩阵 $Z_{(z_{ij})}$，其中，$z_{ij} = k_{ij} \times W_j$。

又次，确定最优样本（Z^+）和最劣样本（Z^-）

$$Z^+ = (z_1^+, z_2^+, \cdots, z_5^+) \tag{3.4}$$

其中 $z_j^+ = \max\{z_{ij}\}$

$$Z^- = (z_1^-, z_2^-, \cdots, z_5^-) \tag{3.5}$$

其中 $z_j^- = \min\{z_{ij}\}$

然后，分别计算各年度（$i=1,2,\cdots,8$）或省域（$i=1,2,\cdots,31$）指标评价向量到最优样本的距离（d^+）和最劣样本的距离（d^-）：

$$d_i^+ = \sqrt{\sum_{j=1}^{5}(z_{ij}-z_j^+)^2} \tag{3.6}$$

$$d_i^- = \sqrt{\sum_{j=1}^{5}(z_{ij}-z_j^-)^2} \tag{3.7}$$

最后，分别计算各年度（$i=1,2,\cdots,8$）或省域（$i=1,2,\cdots,31$）指标评价向量与最优样本（Z^+）的相对接近度（E_i 或 F_i），作为相应的工业化测算值和生态环境测算值

$$E_i = \frac{d_i^-}{d_i^+ + d_i^-} \tag{3.8}$$

$$F_i = \frac{d_i^-}{d_i^+ + d_i^-} \tag{3.9}$$

E_i 或 F_i 值越大，表明第 i 个年度（$i=1,2,\cdots,8$）或省域（$i=1,2,\cdots,31$）指标评价向量与最优样本的相对距离越小，该年的工业化指数或生态环境指数就越高，反之则越低。

第五节 评价标准

一 协调优度的划等标准

评价工业化与生态环境是否协调，协调是否优良，不能仅以“是”或“不是”作出结论，因为工业化与生态环境之间总是处于“不协调”与“优良协调”之间。如果把协调优度的量度用［0，1］之间的数字来表示，那么协调优度为1，就表示工业化与生态环境之间的协调关系处于最优状态；协调优度为0，就表示工业化与生态环境之间的协调关系处于最劣状态。在现实经济生活中，协调优度通常表现为大于0而小于1。表3－1是依据［0，1］区间协调优度的评价标准。

表 3－1　　协调优度评价的划等及其划分标准

序号	划等	分级	分级标准	序号	划等	分级	分级标准
1	优秀	AAAAA	0.95≤G≤1	11	较差	C	0.45≤G＜0.5
2		AAAA	0.9≤G＜0.95	12		DDD	0.4≤G＜0.45
3	优良	AAA	0.85≤G＜0.9	13		DD	0.35≤G＜0.4
4		AA	0.8≤G＜0.85	14	差	D	0.3≤G＜0.35
5	良好	A	0.75≤G＜0.8	15		EEE	0.25≤G＜0.3
6		BBB	0.7≤G＜0.75	16		EE	0.2≤G＜0.25
7	尚可	BB	0.65≤G＜0.7	17	很差	E	0.15≤G＜0.2
8		B	0.6≤G＜0.65	18		FFF	0.1≤G＜0.15
9		CCC	0.55≤G＜0.6	19		FF	0.05≤G＜0.1
10		CC	0.5≤G＜0.55	20	特差	F	0≤G＜0.05

注：根据［0，1］区间进行分级划等。

二　协调优度变迁程度的分级标准

工业化与生态环境协调发展优度是运动变化的，表述其变迁状况不能只以“提升”、“不变”、“下降”作出结论，因为工业化与生态环境运行协调优度的变迁形态总是在极度提升与极度下降之间。如果把协调优度变迁程度的量度用［－1，1］之间的数字来表示，那么变迁程度为1，就表示工业化与生态环境之间的协调优度极度提升；变迁程度为0，就表示工业化与生态环境之间的协调优度保持不变；变迁程度为0，就表示工业化与生态环境之间的协调优度极度下降。在现实经济生活中，协调优度通常表现为大于－1而小于1。表3－2是依据［－1，1］区间协调优度变迁程度的评价标准。

表 3－2　　协调优度变迁程度的划类分型及其划分标准

序号	变迁程度	协调优度指数迁徙值	序号	变迁程度	协调优度指数迁徙值
1	极度提升	(0.7，1]	7	有所下降	(－0.01，－0.1]
2	巨大提升	(0.5，0.7]	8	较大下降	(－0.1，－0.3]
3	很大提升	(0.3，0.5]	9	很大下降	(－0.3，－0.5]
4	较大提升	(0.1，0.3]	10	巨大下降	(－0.5，－0.7]

续表

序号	变迁程度	协调优度指数迁徙值	序号	变迁程度	协调优度指数迁徙值
5	有所提升	(0.01, 0.1]	11	极度下降	(-0.7, -1]
6	保持不变	[-0.01, 0.01]			

注：根据［-1，1］区间进行分级划等。

第六节　测算结果

2003—2010年中国31个省域以横截面数据形式（$i=1, 2, \cdots, 31$）计算的工业化指数（E_i^s）与生态环境指数（F_i^s）的测算结果，和以时间序列数据形式（$i=1,2,\cdots,8$）计算的工业化指数（E_i^t）与生态环境指数（F_i^t）的测算结果，如表3-3至表3-6所示。在此基础上，利用逼近值（即偏离值之补数）原理可以计算得到2003—2010年中国31个省份基于横截面数据形式计算的工业化与生态环境运行的静态协调程度数值，以及基于时间序列数据形式计算的工业化与生态环境运行的动态协调度数值，如表3-7、表3-8所示。然后，将上述计算得到有关数据代入运用式（3.1），则可得到2003—2010年中国31个省份的区域经济与生态发展协调优度测算结果，如表3-9所示。

表3-3　2003—2010年中国省域工业化指数（横截面数据计算）

省份＼年度	2003	2004	2005	2006	2007	2008	2009	2010	8年均值
北　京	0.2218	0.2171	0.2810	0.2832	0.2875	0.2865	0.3028	0.3084	0.2735
天　津	0.2205	0.2219	0.2288	0.2384	0.2337	0.2616	0.2811	0.3020	0.2485
河　北	0.0575	0.0593	0.0603	0.0597	0.0570	0.0625	0.0563	0.0551	0.0585
山　西	0.0330	0.0327	0.0369	0.0333	0.0340	0.0413	0.0316	0.0351	0.0347
内蒙古	0.0274	0.0310	0.0438	0.0492	0.0563	0.0687	0.0752	0.0692	0.0526
辽　宁	0.0524	0.0479	0.0457	0.0447	0.0457	0.0506	0.0522	0.0560	0.0494

续表

年度 省份	2003	2004	2005	2006	2007	2008	2009	2010	8年均值
吉　林	0.0349	0.0298	0.0302	0.0310	0.0381	0.0387	0.0426	0.0441	0.0362
黑龙江	0.0800	0.0930	0.1087	0.1061	0.0741	0.0804	0.0478	0.0532	0.0804
上　海	0.9630	0.9411	0.9164	0.9135	0.9401	0.9279	0.9408	0.9507	0.9367
江　苏	0.1276	0.1309	0.1267	0.1314	0.1322	0.1400	0.1435	0.1503	0.1353
浙　江	0.1017	0.0989	0.0957	0.0973	0.0978	0.0999	0.0973	0.1022	0.0988
安　徽	0.0453	0.0389	0.0391	0.0363	0.0348	0.0443	0.0435	0.0447	0.0409
福　建	0.0585	0.0511	0.0483	0.0501	0.0492	0.0525	0.0522	0.0541	0.0520
江　西	0.0304	0.0296	0.0347	0.0380	0.0344	0.0443	0.0411	0.0420	0.0368
山　东	0.0915	0.0954	0.0995	0.1013	0.0971	0.1039	0.1004	0.1002	0.0987
河　南	0.0538	0.0547	0.0633	0.0740	0.0750	0.0797	0.0708	0.0683	0.0675
湖　北	0.0440	0.0416	0.0368	0.0377	0.0355	0.0431	0.0405	0.0449	0.0405
湖　南	0.0398	0.0383	0.0462	0.0452	0.0462	0.0572	0.0521	0.0531	0.0473
广　东	0.0841	0.0804	0.0912	0.0934	0.0933	0.0973	0.0968	0.0979	0.0918
广　西	0.0315	0.0323	0.0353	0.0395	0.0369	0.0386	0.0377	0.0397	0.0364
海　南	0.0313	0.0376	0.0308	0.0397	0.0411	0.0481	0.0522	0.0503	0.0414
重　庆	0.0412	0.0369	0.0353	0.0351	0.0360	0.0413	0.0477	0.0491	0.0403
四　川	0.0266	0.0223	0.0266	0.0278	0.0258	0.0315	0.0317	0.0315	0.0280
贵　州	0.0225	0.0216	0.0253	0.0256	0.0264	0.0297	0.0251	0.0252	0.0252
云　南	0.0579	0.0641	0.0620	0.0588	0.0459	0.0474	0.0425	0.0402	0.0523
西　藏	0.0058	0.0249	0.0068	0.0080	0.0081	0.0136	0.0183	0.0154	0.0126
陕　西	0.0318	0.0310	0.0476	0.0494	0.0431	0.0547	0.0465	0.0487	0.0441
甘　肃	0.0175	0.0175	0.0218	0.0217	0.0260	0.0239	0.0240	0.0249	0.0222
青　海	0.0231	0.0258	0.0371	0.0429	0.0392	0.0463	0.0397	0.0401	0.0368
宁　夏	0.0201	0.0194	0.0193	0.0192	0.0209	0.0273	0.0262	0.0265	0.0224
新　疆	0.0489	0.0635	0.0780	0.0904	0.0645	0.0681	0.0447	0.0533	0.0639

资料来源：根据《中国统计年鉴（2004—2011）》的相关数据整理计算。

表 3-4 2003—2010 年中国省域生态环境指数（横截面数据计算）

省份＼年度	2003	2004	2005	2006	2007	2008	2009	2010	8 年均值
北　京	0.1574	0.1633	0.1712	0.1711	0.1698	0.1651	0.1880	0.2047	0.1738
天　津	0.2578	0.2618	0.2613	0.2605	0.2530	0.2358	0.2422	0.1469	0.2399
河　北	0.1113	0.0928	0.0963	0.0980	0.0964	0.0922	0.0963	0.1056	0.0986
山　西	0.1327	0.1206	0.1277	0.1271	0.1267	0.1244	0.1219	0.1429	0.1280
内蒙古	0.2469	0.2588	0.2315	0.2213	0.2192	0.2190	0.2218	0.2380	0.2321
辽　宁	0.2785	0.2785	0.2679	0.2658	0.2547	0.2463	0.2352	0.2853	0.2640
吉　林	0.3136	0.3000	0.3051	0.3071	0.3044	0.2938	0.2782	0.2926	0.2994
黑龙江	0.2708	0.3723	0.3378	0.3091	0.3692	0.3157	0.3060	0.3293	0.3263
上　海	0.2728	0.2617	0.2590	0.2601	0.2556	0.2530	0.2668	0.1301	0.2449
江　苏	0.1034	0.1015	0.2612	0.2264	0.0831	0.2878	0.0775	0.0689	0.1512
浙　江	0.2750	0.2732	0.2793	0.2818	0.2794	0.2679	0.2395	0.2466	0.2678
安　徽	0.1504	0.1370	0.1406	0.2082	0.2734	0.1937	0.2926	0.2693	0.2082
福　建	0.3136	0.3072	0.3150	0.3166	0.3141	0.3018	0.2607	0.2739	0.3004
江　西	0.2966	0.2917	0.3005	0.3041	0.3038	0.2970	0.2672	0.2829	0.2930
山　东	0.1051	0.0846	0.1168	0.1194	0.1205	0.1132	0.1232	0.1135	0.1121
河　南	0.0826	0.0973	0.0980	0.0992	0.0991	0.0946	0.0974	0.1104	0.0973
湖　北	0.1703	0.1632	0.1656	0.1668	0.1640	0.1576	0.1534	0.1656	0.1633
湖　南	0.2340	0.2257	0.2315	0.2353	0.2330	0.2239	0.2080	0.2272	0.2273
广　东	0.2636	0.2495	0.2559	0.2585	0.2563	0.2465	0.2221	0.2549	0.2509
广　西	0.2264	0.2373	0.2444	0.2442	0.2407	0.2320	0.2422	0.2572	0.2405
海　南	0.2494	0.2654	0.2721	0.2891	0.2710	0.2607	0.2354	0.2836	0.2658
重　庆	0.2358	0.2198	0.2221	0.2297	0.2222	0.2180	0.2438	0.2442	0.2295
四　川	0.3078	0.3335	0.3751	0.3805	0.3730	0.3549	0.3584	0.3798	0.3579
贵　州	0.1437	0.1476	0.1454	0.1507	0.1495	0.1438	0.1563	0.1703	0.1509
云　南	0.2570	0.2842	0.2916	0.2945	0.2903	0.2409	0.2357	0.2576	0.2690
西　藏	0.7325	0.6437	0.6605	0.6743	0.6537	0.6387	0.6662	0.6825	0.6690
陕　西	0.1760	0.1868	0.1900	0.1940	0.1920	0.1842	0.1765	0.1957	0.1869
甘　肃	0.3533	0.3431	0.3603	0.3838	0.3765	0.2885	0.3008	0.3071	0.3392
青　海	0.4797	0.4824	0.4795	0.5135	0.4872	0.4813	0.4977	0.4992	0.4901
宁　夏	0.1674	0.1669	0.1622	0.1626	0.1601	0.1587	0.1662	0.1842	0.1660
新　疆	0.2466	0.2385	0.2387	0.2382	0.2312	0.2296	0.2382	0.2435	0.2381

资料来源：根据《中国统计年鉴（2004—2011）》的相关数据整理计算。

表 3-5 2003—2010 年中国省域工业化指数（时间序列数据计算）

省份 \ 年度	2003	2004	2005	2006	2007	2008	2009	2010
北京	0.2722	0.3645	0.2753	0.3649	0.5111	0.5356	0.6655	0.7926
天津	0.0000	0.1489	0.2466	0.3753	0.4600	0.6174	0.7248	1.0000
河北	0.0059	0.1712	0.2480	0.3742	0.5538	0.7319	0.7577	0.9503
山西	0.0048	0.1638	0.2600	0.3407	0.5298	0.7264	0.6696	0.9395
内蒙古	0.0000	0.1081	0.2119	0.3209	0.4947	0.6522	0.8154	1.0000
辽宁	0.0132	0.1419	0.1425	0.2294	0.4301	0.4916	0.6661	1.0000
吉林	0.0714	0.1326	0.1791	0.2875	0.5276	0.5916	0.7491	1.0000
黑龙江	0.0884	0.2844	0.3459	0.4376	0.4952	0.6600	0.5341	0.7769
上海	0.1903	0.2583	0.2775	0.3924	0.5429	0.5758	0.7094	1.0000
江苏	0.0000	0.1500	0.2159	0.3421	0.4912	0.6388	0.7634	1.0000
浙江	0.1448	0.2189	0.1982	0.3189	0.4869	0.6112	0.6919	0.9246
安徽	0.0277	0.1018	0.1513	0.2404	0.3840	0.5902	0.7059	1.0000
福建	0.0261	0.0935	0.1091	0.2242	0.4050	0.5433	0.6819	1.0000
江西	0.0041	0.1388	0.2270	0.3489	0.4751	0.5929	0.7342	1.0000
山东	0.0000	0.1668	0.2746	0.4055	0.5470	0.7157	0.8000	0.9976
河南	0.0112	0.1326	0.2522	0.4315	0.6148	0.7769	0.7925	0.9681
湖北	0.0415	0.1257	0.1469	0.1469	0.4120	0.5860	0.6636	1.0000
湖南	0.0161	0.1207	0.2033	0.3055	0.4718	0.6295	0.7393	1.0000
广东	0.0000	0.1070	0.2484	0.3761	0.5465	0.6720	0.7858	1.0000
广西	0.0046	0.1653	0.2181	0.3695	0.5355	0.6096	0.6842	1.0000
海南	0.0000	0.1929	0.1713	0.3383	0.5016	0.6135	0.7497	0.9736
重庆	0.0123	0.0997	0.1310	0.2252	0.3586	0.4667	0.7509	1.0000
四川	0.0061	0.1111	0.1946	0.3277	0.4819	0.6105	0.7481	1.0000
贵州	0.0000	0.1443	0.2334	0.3583	0.5236	0.6678	0.7787	0.9977
云南	0.0503	0.2371	0.2517	0.3725	0.5014	0.6600	0.7067	0.8731
西藏	0.1143	0.5818	0.2511	0.3663	0.4098	0.3659	0.4256	0.4916
陕西	0.0018	0.0938	0.2257	0.3540	0.4770	0.6523	0.7515	0.9995
甘肃	0.0000	0.1608	0.2572	0.3902	0.5907	0.6424	0.7115	0.8941
青海	0.0035	0.1679	0.2817	0.4061	0.5330	0.6774	0.7077	0.9314
宁夏	0.0000	0.1318	0.1678	0.2899	0.4651	0.6189	0.7530	0.9990
新疆	0.0000	0.1989	0.3276	0.4998	0.5503	0.6916	0.5562	0.8125

资料来源：根据《中国统计年鉴（2004—2011）》的相关数据整理计算。

表 3-6　2003—2010 年中国省域生态环境指数（时间序列数据计算）

省份＼年度	2003	2004	2005	2006	2007	2008	2009	2010
北　京	0.3432	0.3591	0.3418	0.5657	0.6033	0.2448	0.7404	0.8292
天　津	0.2068	0.2542	0.8560	0.1057	0.1282	0.0818	0.1201	0.0746
河　北	0.4799	0.4376	0.4194	0.3953	0.3909	0.0617	0.4745	0.7189
山　西	0.2344	0.2267	0.2014	0.1523	0.1392	0.1641	0.5874	0.7639
内蒙古	0.3549	0.2260	0.2361	0.1510	0.3443	0.5059	0.3173	0.5062
辽　宁	0.1539	0.1563	0.0638	0.0316	0.1017	0.8761	0.1906	0.2058
吉　林	0.7209	0.4902	0.3026	0.2973	0.3127	0.5730	0.6746	0.5846
黑龙江	0.2692	0.8313	0.2698	0.2449	0.2474	0.1732	0.2607	0.2535
上　海	0.2693	0.2294	0.2309	0.2298	0.2300	0.0741	0.5910	0.9057
江　苏	0.2663	0.2269	0.2530	0.1755	0.1592	0.7370	0.2116	0.1979
浙　江	0.3821	0.3604	0.3067	0.2776	0.4088	0.1183	0.6670	0.7211
安　徽	0.4474	0.4218	0.3647	0.2820	0.2524	0.5083	0.6041	0.5844
福　建	0.6904	0.5416	0.4296	0.5208	0.4861	0.2699	0.4880	0.4118
江　西	0.7395	0.6042	0.6224	0.5422	0.4545	0.2732	0.3030	0.2679
山　东	0.4051	0.3466	0.3371	0.3078	0.3005	0.2984	0.6007	0.6070
河　南	0.2833	0.2664	0.2272	0.2091	0.1935	0.0542	0.2165	0.8062
湖　北	0.6473	0.6097	0.5387	0.5398	0.5986	0.2048	0.6862	0.6875
湖　南	0.3629	0.3194	0.3336	0.4317	0.4281	0.3567	0.6547	0.6611
广　东	0.3092	0.2657	0.2097	0.2088	0.1953	0.7077	0.1473	0.3803
广　西	0.3838	0.2241	0.2812	0.4103	0.5769	0.6657	0.5468	0.6187
海　南	0.4809	0.2612	0.1306	0.1495	0.1130	0.5481	0.0585	0.2410
重　庆	0.5833	0.5302	0.5174	0.4717	0.4947	0.0379	0.6612	0.7096
四　川	0.3287	0.3089	0.2892	0.2629	0.2147	0.1896	0.5275	0.7304
贵　州	0.5508	0.5362	0.6239	0.3441	0.4025	0.3570	0.5054	0.5196
云　南	0.3775	0.4627	0.3940	0.2923	0.2752	0.6934	0.2716	0.4722
西　藏	0.8766	0.2526	0.2571	0.2654	0.2611	0.1468	0.2756	0.2861
陕　西	0.5326	0.5689	0.4902	0.4653	0.3828	0.1211	0.5330	0.6098
甘　肃	0.2317	0.3003	0.2772	0.2782	0.3051	0.6755	0.5956	0.6273
青　海	0.4473	0.4505	0.3095	0.5817	0.3217	0.3388	0.2312	0.1986
宁　夏	0.4740	0.5552	0.2904	0.3031	0.2712	0.0968	0.3228	0.6014
新　疆	0.5973	0.5959	0.4937	0.4309	0.5368	0.2795	0.4311	0.4982

资料来源：根据《中国统计年鉴（2004—2011）》的相关数据整理计算。

表3－7　从省域纵向维度考察评价的经济系统与生态系统动态协调度

年度 省份	2003	2004	2005	2006	2007	2008	2009	2010
北　京	0.9290	0.9946	0.9335	0.7992	0.9079	0.7092	0.9251	0.9635
天　津	0.7932	0.8947	0.3906	0.7304	0.6682	0.4644	0.3953	0.0746
河　北	0.5259	0.7336	0.8286	0.9789	0.8372	0.3298	0.7168	0.7686
山　西	0.7704	0.9370	0.9414	0.8116	0.6094	0.4377	0.9179	0.8244
内蒙古	0.6451	0.8822	0.9758	0.8301	0.8497	0.8536	0.5019	0.5062
辽　宁	0.8593	0.9856	0.9213	0.8022	0.6715	0.6156	0.5244	0.2058
吉　林	0.3505	0.6425	0.8766	0.9902	0.7851	0.9814	0.9255	0.5846
黑龙江	0.8192	0.4531	0.9240	0.8073	0.7522	0.5131	0.7266	0.4767
上　海	0.9210	0.9711	0.9534	0.8375	0.6871	0.4983	0.8816	0.9057
江　苏	0.7337	0.9231	0.9629	0.8334	0.6680	0.9018	0.4482	0.1979
浙　江	0.7627	0.8585	0.8915	0.9588	0.9219	0.5071	0.9751	0.7965
安　徽	0.5803	0.6800	0.7866	0.9584	0.8684	0.9180	0.8983	0.5844
福　建	0.3357	0.5519	0.6795	0.7035	0.9189	0.7266	0.8061	0.4118
江　西	0.2646	0.5345	0.6046	0.8068	0.9794	0.6803	0.5688	0.2679
山　东	0.5949	0.8202	0.9376	0.9023	0.7535	0.5827	0.8007	0.6094
河　南	0.7280	0.8662	0.9750	0.7776	0.5786	0.2773	0.4240	0.8380
湖　北	0.3942	0.5160	0.6082	0.6071	0.8134	0.6187	0.9774	0.6875
湖　南	0.6532	0.8012	0.8697	0.8739	0.9563	0.7272	0.9154	0.6611
广　东	0.6908	0.8413	0.9613	0.8327	0.6489	0.9643	0.3615	0.3803
广　西	0.6208	0.9412	0.9369	0.9592	0.9586	0.9439	0.8626	0.6187
海　南	0.5191	0.9317	0.9593	0.8112	0.6114	0.9347	0.3088	0.2674
重　庆	0.4290	0.5695	0.6136	0.7535	0.8640	0.5712	0.9102	0.7096
四　川	0.6774	0.8021	0.9053	0.9351	0.7328	0.5792	0.7794	0.7304
贵　州	0.4492	0.6081	0.6095	0.9858	0.8789	0.6892	0.7266	0.5219
云　南	0.6728	0.7745	0.8577	0.9199	0.7739	0.9666	0.5648	0.5991
西　藏	0.2377	0.6708	0.9941	0.8991	0.8513	0.7809	0.8500	0.7945
陕　西	0.4692	0.5248	0.7355	0.8887	0.9058	0.4688	0.7814	0.6103
甘　肃	0.7683	0.8605	0.9800	0.8880	0.7144	0.9669	0.8841	0.7332
青　海	0.5562	0.7174	0.9722	0.8244	0.7887	0.6613	0.5235	0.2672
宁　夏	0.5260	0.5766	0.8775	0.9868	0.8061	0.4778	0.5699	0.6024
新　疆	0.4027	0.6030	0.8339	0.9311	0.9865	0.5880	0.8749	0.6857

资料来源：根据《中国统计年鉴（2004—2011）》的相关数据整理计算。

表 3-8　从省际横向维度考察评价的经济系统与生态系统静态协调度

省份＼年度	2003	2004	2005	2006	2007	2008	2009	2010
北　京	0.9357	0.9461	0.8902	0.8879	0.8824	0.8786	0.8853	0.8964
天　津	0.9627	0.9601	0.9675	0.9778	0.9807	0.9743	0.9611	0.8450
河　北	0.9462	0.9665	0.9640	0.9616	0.9605	0.9703	0.9600	0.9496
山　西	0.9004	0.9121	0.9092	0.9062	0.9073	0.9169	0.9096	0.8922
内蒙古	0.7805	0.7723	0.8123	0.8279	0.8371	0.8497	0.8534	0.8312
辽　宁	0.7738	0.7694	0.7777	0.7789	0.7910	0.8043	0.8171	0.7707
吉　林	0.7212	0.7298	0.7251	0.7239	0.7338	0.7448	0.7644	0.7515
黑龙江	0.8092	0.7206	0.7709	0.7970	0.7049	0.7648	0.7418	0.7239
上　海	0.3098	0.3205	0.3426	0.3466	0.3155	0.3251	0.3260	0.1794
江　苏	0.9758	0.9706	0.8654	0.9050	0.9509	0.8523	0.9341	0.9187
浙　江	0.8267	0.8257	0.8164	0.8155	0.8184	0.8320	0.8577	0.8556
安　徽	0.8949	0.9019	0.8985	0.8280	0.7614	0.8506	0.7509	0.7754
福　建	0.7449	0.7439	0.7333	0.7334	0.7351	0.7507	0.7915	0.7802
江　西	0.7338	0.7379	0.7343	0.7339	0.7306	0.7474	0.7739	0.7591
山　东	0.9864	0.9892	0.9827	0.9819	0.9766	0.9907	0.9772	0.9867
河　南	0.9712	0.9575	0.9653	0.9747	0.9759	0.9851	0.9734	0.9579
湖　北	0.8737	0.8784	0.8712	0.8709	0.8716	0.8855	0.8871	0.8793
湖　南	0.8057	0.8127	0.8147	0.8100	0.8132	0.8333	0.8441	0.8259
广　东	0.8205	0.8309	0.8354	0.8349	0.8371	0.8508	0.8747	0.8430
广　西	0.8051	0.7950	0.7908	0.7953	0.7962	0.8066	0.7955	0.7825
海　南	0.7818	0.7722	0.7588	0.7506	0.7701	0.7874	0.8168	0.7666
重　庆	0.8054	0.8171	0.8132	0.8053	0.8139	0.8233	0.8039	0.8049
四　川	0.7188	0.6887	0.6516	0.6473	0.6528	0.6766	0.6733	0.6517
贵　州	0.8788	0.8740	0.8800	0.8749	0.8769	0.8859	0.8688	0.8549
云　南	0.8009	0.7800	0.7704	0.7643	0.7556	0.8065	0.8068	0.7827
西　藏	0.2732	0.3812	0.3463	0.3336	0.3543	0.3749	0.3521	0.3329
陕　西	0.8558	0.8441	0.8576	0.8554	0.8511	0.8705	0.8700	0.8530
甘　肃	0.6642	0.6744	0.6615	0.6378	0.6494	0.7354	0.7232	0.7178
青　海	0.5435	0.5433	0.5576	0.5294	0.5519	0.5650	0.5421	0.5408
宁　夏	0.8527	0.8526	0.8571	0.8566	0.8608	0.8686	0.8600	0.8423
新　疆	0.8023	0.8250	0.8393	0.8522	0.8334	0.8385	0.8065	0.8098

资料来源：根据《中国统计年鉴（2004—2011）》的相关数据整理计算。

表3－9　各省份纵横综合考察评价的经济系统与生态系统协调优度

年度 省份	2003	2004	2005	2006	2007	2008	2009	2010
北　京	0.9323	0.9701	0.9116	0.8424	0.8950	0.7893	0.9049	0.9293
天　津	0.8739	0.9268	0.6148	0.8451	0.8095	0.6727	0.6164	0.2511
河　北	0.7054	0.8420	0.8937	0.9702	0.8967	0.5657	0.8295	0.8543
山　西	0.8329	0.9245	0.9252	0.8576	0.7436	0.6335	0.9137	0.8576
内蒙古	0.7096	0.8254	0.8903	0.8290	0.8433	0.8517	0.6544	0.6487
辽　宁	0.8155	0.8708	0.8465	0.7905	0.7288	0.7036	0.6546	0.3983
吉　林	0.5028	0.6848	0.7973	0.8466	0.7590	0.8550	0.8411	0.6628
黑龙江	0.8142	0.5714	0.8440	0.8021	0.7282	0.6264	0.7342	0.5874
上　海	0.5342	0.5579	0.5715	0.5388	0.4656	0.4025	0.5361	0.4031
江　苏	0.8462	0.9466	0.9129	0.8684	0.7970	0.8767	0.6470	0.4264
浙　江	0.7941	0.8419	0.8531	0.8843	0.8686	0.6495	0.9145	0.8255
安　徽	0.7206	0.7831	0.8407	0.8908	0.8132	0.8837	0.8213	0.6732
福　建	0.5000	0.6408	0.7059	0.7183	0.8219	0.7385	0.7988	0.5668
江　西	0.4407	0.6281	0.6663	0.7695	0.8459	0.7130	0.6635	0.4509
山　东	0.7660	0.9007	0.9599	0.9412	0.8578	0.7598	0.8846	0.7754
河　南	0.8408	0.9107	0.9701	0.8706	0.7515	0.5227	0.6424	0.8960
湖　北	0.5868	0.6732	0.7279	0.7272	0.8420	0.7402	0.9312	0.7775
湖　南	0.7255	0.8069	0.8418	0.8413	0.8818	0.7784	0.8790	0.7389
广　东	0.7529	0.8361	0.8961	0.8338	0.7370	0.9058	0.5623	0.5662
广　西	0.7070	0.8651	0.8608	0.8734	0.8736	0.8726	0.8284	0.6958
海　南	0.6371	0.8482	0.8532	0.7803	0.6862	0.8579	0.5022	0.4527
重　庆	0.5878	0.6821	0.7064	0.7790	0.8385	0.6857	0.8554	0.7558
四　川	0.6978	0.7433	0.7680	0.7780	0.6916	0.6260	0.7244	0.6899
贵　州	0.6283	0.7291	0.7324	0.9287	0.8779	0.7814	0.7945	0.6680
云　南	0.7341	0.7772	0.8129	0.8385	0.7647	0.8829	0.6751	0.6847
西　藏	0.2549	0.5056	0.5867	0.5477	0.5492	0.5411	0.5471	0.5143
陕　西	0.6337	0.6656	0.7942	0.8719	0.8780	0.6388	0.8245	0.7215
甘　肃	0.7143	0.7618	0.8051	0.7526	0.6811	0.8433	0.7996	0.7254
青　海	0.5498	0.6243	0.7363	0.6606	0.6598	0.6113	0.5327	0.3802
宁　夏	0.6697	0.7012	0.8672	0.9194	0.8330	0.6442	0.7001	0.7123
新　疆	0.5684	0.7053	0.8366	0.8908	0.9067	0.7021	0.8400	0.7452

资料来源：根据《中国统计年鉴（2004—2011）》的相关数据整理计算。

第七节 评价分析

一 全国各省域协调优度聚类与分型

（一）静态聚类与分型

根据表3－9所列的各省域工业化与生态环境协调发展优度数据以及表3－1所列的协调优度评价的划等分级及其划分标准，可以进行静态聚类分型分析，基于篇幅所限，这里仅就2010年各省域协调发展优度状况聚类分型，如表3－10所示。

表3－10 2010年各省域协调发展优度状况聚类分型分析

划等	分级	省域
优秀	AAAA	北京
优良	AAA	河南、山西、河北
	AA	浙江
良好	A	湖北、山东、重庆
	BBB	新疆、湖南、甘肃、陕西、宁夏
尚可	BB	广西、四川、云南、安徽、贵州、吉林
	B	内蒙古
	CCC	黑龙江、福建、广东
	CC	西藏
较差	C	海南、江西
	DDD	江苏、上海
	DD	辽宁、青海
差	EEE	天津

资料来源：根据表3－9所列的各省域工业化与生态环境协调发展优度数据以及表3－1所列的协调优度评价的划等分级及其划分标准进行静态聚类分型。

从表3－10可知，2010年各省域协调发展优度划等分级呈现偏上型的偏态分布：工业化与生态环境协调发展优度达到优等的省份有北京、河南、山西、河北、浙江5个，占全部省份的16.1%；良好类的省份有湖北、山东、重庆、新疆、湖南、甘肃、陕西、宁夏8个，占全部省份的25.8%；尚可类的省份有广西、四川、云南、安徽、贵州、吉林、内蒙古、黑龙江、福建、广东、西藏11个，占全部省份的35.5%；差等的省份有海南、江西、江苏、上海、辽宁、青海、天津7个，占全部省份的22.6%。上述协调发展协调优度分级的省域分布状态，若从东部、中部和西部三大经济区域聚类描述，则具有显著的区域表现特征，东部地区所涵盖的11个省份中，协调优度良好及以上等次的省份占36.4%（4个省份），协调优度较差及以下等次的省份占45.5%（5个省份），表现为典型的两极分化特征；中部地区所涵盖的10个省份中，协调优度良好及以上等次的省份占40%（4个省份），协调优度尚可等次的省份占50%（5个省份），表现为协调优度分型有九成集中于优、良和尚可等次，且优与良各有2个；西部地区所涵盖的10个省份中，协调优度良好等次的省份占50%（5个省份），协调优度尚可等次的省份占40%（4个省份），表现为协调优度分型有九成集中于良和尚可等次。由此可见，仅就2010年而言，中部地区的工业化与生态环境协调发展优度整体上处于领先水平，西部地区次之，东部地区居后。

（二）动态聚类与分型

根据表3－9所列的各省域工业化与生态环境协调发展优度数据以及表3－1所列的协调优度评价的划等分级及其划分标准、表3－2所列的协调优度变迁程度的划类分型及其划分标准，可以进行动态聚类分型分析，基于篇幅所限，这里仅就2003年和2010年两个年份的各省域协调发展优度变迁状况的动态聚类分型，如表3－11所示。

表3－11　2003—2010年各省域协调优度变迁划类分型分析

变迁程度	省份数（个）	占比（%）	省域名称
较大提升	6	19.4	西藏、湖北、新疆、重庆、吉林、河北
有所提升	9	29.0	陕西、福建、河南、宁夏、贵州、浙江、山西、湖南、甘肃
基本不变	4	12.9	江西、山东、北京、四川
有所下降	4	12.9	广西、安徽、云南、内蒙古

续表

变迁程度	省份数（个）	占比（%）	省域名称
较大下降	5	16.1	上海、青海、海南、广东、黑龙江
很大下降	2	6.5	辽宁、江苏
巨大下降	1	3.2	天津

资料来源：根据表3－9所列的各省域工业化与生态环境协调发展优度数据以及表3－1所列的协调优度评价的划等分级及其划分标准、表3－2所列的协调优度变迁程度的划类分型及其划分标准进行动态聚类分型。

2003—2010年绝大部分省份的协调发展优度发生了升降变迁演化，其变化程度分型呈现显著的对称性轨迹：工业化与生态环境协调发展优度变化值大于0的省份有17个，占全部省份的54.8%；工业化与生态环境协调发展优度变化值小于0的省份有14个，占全部省份的45.2%。从工业化与生态环境协调发展优度变化程度的具体分型讲，工业化与生态环境协调发展优度发生较大提升的省份有西藏、湖北、新疆、重庆、吉林、河北6个，占全部省份的19.4%；有所提升的省份有陕西、福建、河南、宁夏、贵州、浙江、山西、湖南、甘肃9个，占全部省份的29.0%；基本不变的省份有江西、山东、北京、四川4个，占全部省份的12.9%；有所下降的省份有广西、安徽、云南、内蒙古4个，占全部省份的12.9%；较大下降的省份有上海、青海、海南、广东、黑龙江5个，占全部省份的16.1%；很大下降的省份有辽宁、江苏2个，占全部省份的6.5%；巨大下降的省份有天津1个，占全部省份的3.2%。上述协调发展协调优度变化的省域分布状态，若从东部、中部和西部三大经济区域聚类描述，则具有显著的区域表现特征，西部地区协调发展优度提升势头明显好于东部地区和中部地区，中部地区好于东部地区，东部地区出现了大面积的较大幅度下滑趋势。东部地区所涵盖的11个省份中，协调优度提升的省份占36.4%（4个省份），协调优度下降的省份占63.6%（7个省份），其中有6个省份的下滑程度为较大幅度及以上；中部地区所涵盖的10个省份中，协调优度提升的省份占60%（6个省份），协调优度下降的省份占40%（4个省份），其中3个省份的下滑程度有所下降；西部地区所涵盖的10个省份中，协调优度提升的省份占70%（7个省份），协调优度下降的省份占30%（3个省份），其中有2个省份为基本持平或有所下降。

二　协调发展优度较低的省域的主要成因分析

各省域工业化与生态环境协调发展优度大小之差异成因，可以从省域个体维度形成的协调度和省域群体维度形成的协调度两个方面考察分析入手，进而深入挖掘和揭示工业化与生态环境协调发展优度较低的省域的主要矛盾是工业化运行不良，还是生态环境运行不佳。这里着重分析2010年工业化与生态环境协调发展优度较低的省域的主要成因，如表3－12所示。

表3－12　2010年协调发展优度较低的省域的主要成因剖析

省　份	协调优度排名	关键影响因素
天　津	31	纵向生态系统指数严重滞后于经济系统，其生态系统指数排名第31
内蒙古	20	纵向生态系统指数明显滞后于经济系统，其生态系统指数排名第19
辽　宁	29	纵向生态系统指数严重滞后于经济系统，其生态系统指数排名第28
吉　林	19	纵向生态系统指数明显滞后于经济系统，其生态系统指数排名第16
黑龙江	21	纵向生态系统指数显著滞后于经济系统，横向经济系统指数显著滞后于生态系统
上　海	28	横向生态系统指数严重滞后于经济系统，其生态系统指数排名第27
江　苏	27	纵向生态系统指数严重滞后于经济系统，其生态系统指数排名第30
安　徽	17	纵向生态系统指数明显滞后于经济系统，其生态系统指数排名第17
福　建	22	纵向生态系统指数显著滞后于经济系统，其生态系统指数排名第22
江　西	26	纵向生态系统指数严重滞后于经济系统，其生态系统指数排名第25
广　东	23	纵向生态系统指数显著滞后于经济系统，其生态系统指数排名第23
海　南	25	纵向生态系统指数严重滞后于经济系统，其生态系统指数排名第27
贵　州	18	纵向生态系统指数显著滞后于经济系统，其生态系统指数排名第18
西　藏	24	横向经济系统指数显著滞后于生态系统，其经济系统指数排名第31
青　海	30	纵向生态系统指数严重滞后于经济系统，横向经济系统明显滞后于生态系统

资料来源：根据《中国统计年鉴（2004—2011）》的相关数据计算并整理。

工业化与生态环境协调发展优度高低主要源于以下十个方面成因：(1) 纵向工业化与生态环境协调度、横向工业化与生态环境协调度双高，且这两种协调度之间比较接近，从而协调发展优度达到优良，主要有北京、河北、山西、浙江、河南等5个省份。(2) 横向工业化与生态环境协调度很高，纵向工业化与生态环境协调度较高；或者纵向工业化与生态环境协调度、横向工业化与生态环境协调度双良好，从而协调发展优度达到良好，主要有湖北、山东、重庆、新疆、湖南、甘肃、陕西、宁夏等8个省份。(3) 横向工业化与生态环境偏离不明显，但纵向生态环境指数明显滞后于经济系统，从而协调发展优度不高，主要有内蒙古、吉林、安徽等3个省份。(4) 横向工业化与生态环境偏离不明显，但纵向生态环境指数显著滞后于工业化，从而协调发展优度不高，主要有福建、广东、贵州等3个省份。(5) 横向工业化与生态环境偏离不明显，但纵向生态环境指数严重滞后于工业化，从而协调发展优度较低，主要有天津、辽宁、江苏、江西、海南等5个省份。(6) 纵向生态环境指数显著滞后于工业化，横向工业化指数显著滞后于生态环境，从而协调发展优度不高，主要是黑龙江。(7) 纵向生态环境指数严重滞后于工业化，横向工业化明显滞后于生态环境，从而协调发展优度较低，主要是青海。(8) 纵向工业化与生态环境偏离不明显，但横向生态环境指数严重滞后于工业化，主要是上海。(9) 纵向工业化与生态环境偏离不明显，但横向工业化指数显著滞后于生态环境，从而协调发展优度不高，主要是西藏。(10) 其他因素影响，从而使得协调发展优度不高，主要有广西、四川、云南等3个省份。

三 协调发展优度劣变较大的省域的主要成因分析

各省域工业化与生态环境协调发展优度劣变之成因，可以从省域个体维度的协调度变迁和省域群体维度形成的协调度变迁两个方面考察分析入手，进而深入挖掘和揭示工业化与生态环境协调发展优度劣变较大的主要矛盾是工业化运行不良，还是生态环境运行不佳。这里着重分析2010年与2003年比较的协调优度下降值较大的省域的主要成因，见表 3－13 所示。

表 3－13　　2003—2010 年协调发展优度变迁成因剖析

省　份	纵向偏离值（经济—生态）				横向偏离值（经济—生态）			
	2003	2010	变动值	偏离缩小值	2003	2010	变动值	偏离缩小值
西　藏	-0.762	0.205	0.968	0.557	-0.727	-0.667	0.060	0.060
湖　北	-0.606	0.313	0.918	0.293	-0.126	-0.121	0.006	0.006
新　疆	-0.597	0.314	0.912	0.283	-0.198	-0.190	0.007	0.007
重　庆	-0.571	0.290	0.861	0.281	-0.195	-0.195	0.000	0.000
吉　林	-0.650	0.415	1.065	0.234	-0.279	-0.248	0.030	0.030
河　北	-0.474	0.231	0.705	0.243	-0.054	-0.050	0.003	0.003
上　海	-0.079	0.094	0.173	-0.015	0.690	0.821	0.130	-0.130
青　海	-0.444	0.733	1.177	-0.289	-0.457	-0.459	-0.003	-0.003
海　南	-0.481	0.733	1.214	-0.252	-0.218	-0.233	-0.015	-0.015
广　东	-0.309	0.620	0.929	-0.310	-0.179	-0.157	0.022	0.022
黑龙江	-0.181	0.523	0.704	-0.343	-0.191	-0.276	-0.085	-0.085
辽　宁	-0.141	0.794	0.935	-0.654	-0.226	-0.229	-0.003	-0.003
江　苏	-0.266	0.802	1.068	-0.536	0.024	0.081	0.057	-0.057
天　津	-0.207	0.925	1.132	-0.719	-0.037	0.155	0.192	-0.118

资料来源：根据《中国统计年鉴（2004—2011）》的相关数据计算并整理。

从表 3－13 可以看出，2010 年与 2003 年比较，工业化与生态环境协调发展优度发生较大幅度劣变省域的主要成因是：第一，在纵向工业化指数落后于生态环境、横向工业化指数落后于生态环境双极度的背景下，通过工业化优先发展来缩小纵向工业化与生态环境的偏离值、横向工业化与生态环境的偏离值，进而达到工业化与生态环境协调优度的较大提升，主要省份是西藏。第二，在纵向工业化指数巨大落后于生态环境、横向工业化指数较大落后于生态环境的背景下，通过工业化优先发展来缩小纵向工业化与生态环境的偏离值，进而达到工业化与生态环境协调优度的较大提升，主要有湖北、新疆、重庆、吉林等 4 个省份。第三，在纵向工业化指数很大落后于生态环境的背景下，通过工业化优先发展来缩小纵向工业化与生态环境的偏离值，进而达到工业化与生态环境协调优度的较大提升，主要省份是河北。

第四，在横向工业化指数巨大领先于生态环境的背景下，由于工业化比生态环境继续更快发展，造成了横向工业化极度领先于生态环境，两者之偏离值进一步扩大，进而导致工业化与生态环境协调优度的较大下降，主要省份是上海。第五，在纵向工业化指数很大落后于生态环境、横向工业化指数较大落后于生态环境的背景下，由于工业化过度优先发展，造成了纵向工业化与生态环境偏离值的进一步扩大，进而导致工业化与生态环境协调优度的较大下降，主要省份是海南、广东。第六，在纵向工业化指数落后于生态环境、横向工业化指数落后于生态环境双较大的背景下，由于工业化较大优先发展，造成了纵向工业化与生态环境偏离值、横向工业化与生态环境偏离值的双扩大，进而导致工业化与生态环境协调优度的较大下降，主要省份是黑龙江。第七，在纵向工业化指数落后于生态环境、横向工业化指数落后于生态环境双较大的背景下，由于工业化过度优先发展，造成了纵向工业化与生态环境偏离值的巨大扩张，进而导致工业化与生态环境协调优度的很大下降，主要省份是辽宁。第八，在纵向工业化指数较大落后于生态环境、横向工业化指数与生态环境基本对称的背景下，由于工业化过度优先发展，造成了纵向工业化与生态环境偏离值的巨大扩张、横向工业化与生态环境偏离值拉大，进而导致工业化与生态环境协调优度的很大下降，主要省份是江苏。第九，在纵向工业化指数较大落后于生态环境的背景下，由于工业化过度优先发展，造成了纵向工业化与生态环境偏离值的极度扩张，且横向工业化与生态环境偏离值扩大，进而导致工业化与生态环境协调优度的巨大下降，主要省份是天津。

第八节　欠发达地区协调优度的区域差异特征分析

从静态维度看，2010 年 21 个欠发达省域中，工业化与生态环境协调发展优度达到优等的省份有河南、山西、河北 3 个，占 14.3%；良好类的省份有湖北、重庆、新疆、湖南、甘肃、陕西、宁夏 7 个，占 33.3%；尚可类的省份有广西、四川、云南、安徽、贵州、吉林、黑龙江、西藏 8 个，占 38.1%；差等的省份有海南、江西、青海 3 个，占全部省份的 24.3%。上述协调发展协调优度分级的省域分布状态，若从东部、中部和西部三大经济区域聚类描述，则具有显著的区域表现特征，东部地区所涵盖的 2 个欠发达省份中，协调优度优秀等次、协调优度较差及以下等次的省份各 1 个；中部地区所涵盖的 9 个欠发达省份中，协调优度良好及以上等次的省份占 44.4%（协调优度优秀等次、协调优度较差及以下等次的省份各 2 个），协调优度尚可等次的省份占 44.4%（4 个省份），表现为协调优度分型近九成集中于优、良和尚可等次，且优与良各有 2 个；西部地区所涵盖的 10 个欠发达省份中，协调优度良好等次的省份占 50%（5 个省份），协调优度尚可等次的省份占 40%（4 个省份），表现为协调优度分型有九成集中于良和尚可等次。由此可见，仅就 2010 年而言，中部地区的工业化与生态环境协调发展优度整体上处于领先水平，西部地区次之，东部地区居后。

从动态维度看，2010 年与 2003 年相比，21 个欠发达省域中绝大部分省域的协调发展优度发生了升降变迁演化，其变化程度分型呈现显著的对称性轨迹：工业化与生态环境协调发展优度变化值大于 0 的省份有 14 个，占 66.7%；工业化与生态环境协调发展优度变化值小于 0 的省份有 7 个，占 33.3%。从工业化与生态环境协调发展优度变化程度的具体分型讲，工业化与生态环境协调发展优度发生较大提升的省域有西藏、湖北、新疆、重庆、吉林、河北 6 个，占 28.6%；有所提升的省域有陕西、河南、宁夏、贵州、山西、湖南、甘肃 7 个，占 33.3%；基本不变的省域有江西、四川 2 个，占 9.5%；有所下降的省域有广西、安徽、云南 3 个，占 14.3%；较大下降的省域有青海、海南、黑龙江 3 个，占 14.3%。上述协调发展协调优度变化的省域分布状态，若从东部、中部和西部三大经济区域聚类描述，则具有显著的区域表现特征，西部地区协调发展优度提升势头明显好于东部地区和中部地区，中部地区则好于东部地区，东部地区较大幅度下滑。东部地区 2 个欠发达省域中，协调优度提升的省域占 50%，协调优度下降的省域占 50%；中部地区 9 个欠发达省域中，协调优度提升的省域占 66.7%，协调优度下降的省份占 33.3%；西部地区 10 个欠发达省域中，协调优度提升的省域占 70%，协调优度下降的省域占 30%。

第四章

欠发达地区工业化嵌入模式研究

将工业化嵌入生态文明建设，是欠发达地区工业化与生态文明相整合的基本方式。以往工业化与生态文明建设存在脱嵌的问题，其原因是在理论和实践上将两者对立起来、割裂开来。特别是在欠发达地区，人们对生态效益的评价值比较低，而对经济效益的评价值却比较高，往往会以牺牲生态环境来换取经济发展。这从更深层次的原因来看是工业化模式的选择问题。因此，欠发达地区工业化必须嵌入生态文明建设，进行工业化模式的合理转换，在全国生态文明建设的整体框架中，来勾画、来实现欠发达地区的工业化。

第一节　嵌入模式类型划分

欠发达地区工业化嵌入生态文明模式，从嵌入行为属性划分，可以划分为外源性嵌入模式、内源性嵌入模式、内源为主与外源为辅结合嵌入模式、外源为主与内源为辅结合嵌入模式；从嵌入程度属性划分，可以划分为低度嵌入模式、中度嵌入模式、高度嵌入模式。

就内源性嵌入模式来看，以 2004 年为基期，根据表 3－5、表 3－6、表 3－9 分别计算 2010 年中国各省域的工业化指数增长率、生态环境指数增长率、工业化与生态环境协调优度增长率，并据此将工业化类型分为五类：

第一类：当 $0 < E$ 增长率 $< F$ 增长率，$0 < G$ 增长率 $< E$ 增长率时，工业化与生态环境相协调且速率未及生态环境，属于内源性完全嵌入模式，如北京。

第二类：当 $0<F$ 增长率 $<E$ 增长率，$0<G$ 增长率 $<E$ 增长率时，工业化与生态环境相协调且速率超过生态环境，属于内源性高度嵌入模式，如河北、山西、内蒙古、辽宁、上海、浙江、安徽、山东、河南、湖北、湖南、广东、广西、重庆、四川、云南、陕西、甘肃、宁夏19个省域。

第三类：当 F 增长率 $<0<E$ 增长率，$0<G$ 增长率 $<E$ 增长率时，工业化与生态环境相协调且超过生态环境阈值，属于内源性中度嵌入模式，如天津、吉林、江苏、福建、江西、海南、贵州、青海、新疆9个省域。

第四类：当 F 增长率 $<0<E$ 增长率，G 增长率 $<0<E$ 增长率时，工业化与生态环境不协调且超过生态环境阈值，属于内源性低度嵌入模式，如黑龙江。

第五类：当 E 增长率 $<0<F$ 增长率，G 增长率 $<E$ 增长率 <0 时，工业化与生态环境不协调且仍独立于生态环境，属于内源性完全脱嵌模式，如西藏。

综上所述，欠发达地区基本存在4种工业化类型：

第一，内源性高度嵌入模式，如河北、山西、安徽、河南、湖北、湖南、广西、重庆、四川、云南、陕西、甘肃、宁夏13个省域。

第二，内源性中度嵌入模式，如吉林、江西、海南、贵州、青海、新疆6个省域。

第三，内源性低度嵌入模式，如黑龙江。

第四，内源性完全脱嵌模式，如西藏。

欠发达地区内源性嵌入的工业化模式是在对外源性嵌入的工业化模式基础上反思而提出来的①。从嵌入行为属性来看，没有纯粹的外

① 谢艳红：《生态文明与当代中国的可持续发展》，《上海交通大学学报》1998年第2期，第51—55页；厉以宁：《区域发展新思路》，经济日报出版社2000年版；李崇阳：《试论经济增长与环境质量变和博弈》，《福建论坛》（经济社会版）2002年第2期，第38—40页；陈祖海：《环境与经济协调发展的再认识》，《地域研究与开发》2004年第4期，第21—24页；蔡平：《经济与生态环境协调发展的模式选择》，《齐鲁学刊》2005年第4期，第154—157页；成金华、吴巧生：《中国工业化进程中的环境问题与"环境成本内

源性嵌入模式或内源性嵌入模式。上述分类表明，欠发达地区工业化不能充分嵌入生态文明（除内源性完全嵌入模式外，均属内源性非充分嵌入模式），原因在于在模式选择上基本是外源为主与内源为辅结合的嵌入模式。因此，对于欠发达地区而言，必须改变以往不合理的嵌入模式，积极促进向内源为主与外源为辅结合的嵌入模式实现转变。

第二节　外源性嵌入模式

经济运行机制的封闭性是欠发达地区经济长期落后的直接原因。经济运行机制的封闭性是指以国家通过大量投入为特征的“外源性嵌入模式”。企业主要从事加工生产，与当地原有的传统农、牧业联系不紧密，两两脱节，形成“二元经济结构”，最重要的是工业化推进与生态环境的保护之间还存在着脱嵌。欠发达地区工业化的“外源性嵌入模式”往往导致一种畸形结果：一方面促使国家大量提供工业原材料、能源和部分初级产品；另一方面又迫使国家注入大量财政补贴，还难以保证最基本的常规经济活动。并且国家的资金注入和预期的经济效益总是存在着逆向差距，由此长期陷入恶性循环之中。此外，在市场经济转型以及在对外开放与各民族经济往来的过程中，未充分注意到克服许多社会性的障碍，这些因素在一定程度上也使得欠发达地区在工业化进程中处于一定的劣势地位。欠发达地区工业化的外源性嵌入模式导致工业化与生态文明之间的脱嵌问题有经济和社会两个方面的因素。

从经济方面来看，20 世纪 50 年代以来，国家在欠发达地区进行的重工业建设，没有注意带动当地区域经济的发展，造成了国有大中型企业与地方经济互不相连的“二元经济”，许多欠发达地区长期以

（接上页）化”发展模式》，《管理世界》2007 年第 1 期，第 147—148 页；刘兆顺、尚金城、王冬艳、姚文贵：《区域资源环境与社会经济系统的非连续运动分析——以吉林省为例》，《生态环境》2007 年第 16 卷第 2 期，第 579—583 页。

来为东中部地区提供原材料和初级产品，而所供原材料与欠发达地区所需工业产品的比价又不合理，使欠发达地区在输出原材料和输入工业产品时，利润双重流失。甚至在争夺资源和资金等方面产生了负面效应，以及还存在国有经济成分过高，产业结构不合理等问题。

基础经济因素

如过度垦殖土地、过度放牧、过度樵采、过度采药、长期连续不合理的灌溉、矿山开发、基础设施建设、工农业污染等。

市场失灵和政府失灵

生态环境建设中的市场失灵原因主要有五个方面，即部分环境资源产权不存在或不安全；部分环境资源没有形成市场或市场竞争不足；生态资源利用中存在着广泛的外部不经济性；很多生态资源是“公共物品”；环境资源的利用及影响的过程很长。

生态环境问题的政府失灵原因主要是宏观经济政策对生态环境重视不够而导致产品价格扭曲，以及环境管理中各种政策在部门之间存在协调不足，缺乏足够的手段和强制性的措施来达到政策目标，以及环境管理中出现“寻租”行为等。

公共财政支出存在的问题

公共财政的支持力度不够，导致污染治理投资不足。在当前反映政府活动范围的财政预算科目设置上，环境保护投资并非作为一个独立的支出科目，而是被设置在基本建设支出、科技三项费用专项支出等科目之下，这种预算科目设置机制造成的结果是各级人大很难对政府的环保投入情况进行有效监督，财政上的环保投资数量得不到一定的保证。

财政补偿不到位。如有些下游地区在所交纳的水资源税费中其实已经包含了对上游生态环境的补偿，但是由于收费和使用以部门或行业为界，其他相关行业和部门的生态环境投入得不到补助，上游地方财政缩减得不到补贴，在一定程度上影响了上游地区生态环境的保护。

环保投资使用效率低下。一是环保资金使用过于分散且缺乏监督。目前国内环保投资的基本用于点源污染治理方面，区域性综合防治投资则很少，这种“撒胡椒粉”式的环保投资无法形成一定的规模经济，大大削弱了环保投资的效益。二是现行环保投资的行为方式严重滞后于整体的市场化进程。由于规模经济、技术特征和政治等因素的影响，我国的环保投资带有极强的社会福利色彩，属于国家垄断性行业，既不允许国内社会资金的介入，又缺乏一套严格规范、操作性强的管理模式来保障投资主体的合理权益。这种机制在增加政府财政负担的同时，也使环境公共部门普遍出现效率低下。

从社会方面来看，欠发达地区工业经济之所以长期落后，主要在于高山大川、恶劣气候所引起的交通落后因素，语言不同、习俗各异所引起的信息封闭等因素导致的社会封闭性，经过长期演化形成了人们内向的封闭意识。这类因素长期阻止了地区内外的沟通与交流，禁锢了欠发达地区人民的生产力的长足进步和创造力的充分发挥。生态环境既是社会存在的自然基础，又是经济社会不可缺少的组成部分。因此，生态环境和人类生活具有非常密切的关系。而环境对人类的无偿馈赠和人类对环境过分的索取是造成生态脆弱的主要原因。欠发达地区系统承载力低，环境能提供给人们的生产生活资料都极其有限，人们很难依靠环境中的劳动获得足够的生产生活资料，因此，贫困是欠发达地区经济社会发展的主要问题。而贫困人口因经济落后、受教育程度低，很难脱离各自的土地进行其他的生产生活方式，只能“靠山吃山、靠水吃水”，这种依附土地的状态不断加剧对环境的索取，从而加剧了生态环境的脆弱程度，成为一个不易走出的恶性循环。

第一，社会发展的路径依赖。从历史因素看，欠发达地区经济起步较低，在新中国成立初期不仅经济状况十分落后，社会发展也极端落后，与沿海地区相差甚远。发展起点低下，很大程度上制约了欠发达地区的工业化。一般经济理论认为，前工业社会的国家或地区，很难像工业国家或地区一样，实现经济总产值的高增长率和人口平均产值的高增长率。主要原因是初期的人均产值太低及增长率过低引起的起步过程的持续滞后。根据新制度经济学的路径依赖理论，一旦选择了某种路径，就将长时期锁定在这一路径上，由于存在转换成本，改变路径绝非容易。欠发达地区由于社会经济体制落后、人口素质低、市场经济体制建设进程缓慢、信息不畅、观念落后，形成了特有的低水平路径，要实现可持续发展，必须找到并推行一种经济效益好、转换成本低的发展模式。

第二，社会发展成本的非内在化。社会发展成本是指由于资源环境实际或潜在出现恶化造成社会发展所应付出的相应成本。社会发展成本涉及引致成本和负担成本。引致成本是指由于经济活动实际或潜在地引起环境恶化的相关成本；而负担成本是指由于环境恶化，需独自负担的那部分成本。对于欠发达地区来说，社会发展成本一般表现为负担成本。首先，欠发达地区社会发展成本有其历史必然性。环境破坏和生态衰减都是一个缓慢的积累过程。其次，欠发达地区的社会发展成本与发展阶段密切相关。对欠发达地区而言，发展阶段显然滞后于发达地区，因此社会发展成本必然远远高于发达地区。最后，欠发达地区的社会发展成本与各自所处的状况相关。不同地区的人口密度、自然环境、资源禀赋、产业结构和消费结构都有所不同，面对的生态环境和可持续发展问题也必然不同。

第三节　内源性嵌入模式

将外源性整合转化为工业有序发展的内生动力，是欠发达地区工业化嵌入生态文明建设的关键环节。工业化是欠发达地区经济社会发展的内在要求，要富民、要强区，离不开工业化。因此，全国生态文明建设要充分认识欠发达地区工业化的需求，形成具有内生动力的整合机理，构建欠发达地区工业化发展的“内源性嵌入模式”，使欠发达地区自觉地将工业化嵌入生态文明建设。通过建立资源环境约束下欠发达地区工业化发展的模型并揭示其理论含义，从而界定欠发达地区工业化内源性嵌入模式的特征。

一　资源环境约束下工业化模型及其理论含义

工业化离不开生态环境，生态环境所提供的物质和能量是工业化的基础。生态环境与工业化具有密切关系，随着欠发达地区工业化与城市化进程的加深，一方面是稀缺资源供需之间的矛盾越来越突出，另一方面是工业化使得生态环境整体恶化的趋势已难以逆转，这都构成对进一步推进欠发达地区工业化的制约。

（一）模型假设

1. 工业制造业的生产函数满足 CD 生产函数

根据钱纳里（Chenery）关于工业化的定义“制造业份额（产值）不断增加的过程”①，借鉴资源约束下的经济增长模型进行分析。同样假设其为 *CD* 生产函数，但要说明的是此处 *Y* 是工业制造业的产值而非整个国民经济的产值，工业制造业生产函数的数学形式则为：

$$Y(t) = K(t)^{\alpha}R(t)^{\beta}T(t)^{\gamma}[A(t)L(t)]^{1-\alpha-\beta-\gamma} \quad (4.1)$$

其中，$\alpha > 0$，$\beta > 0$，$\gamma > 0$，$\alpha + \beta + \gamma > 0$，$R$ 表示工业生产中可利用的资源，T 表示土地数量。

资本、土地与劳动的动态有效性分别与增长模型相一致：

$$\dot{K}(t) = sY(t) - \delta K(t)\ ,\ \dot{L}(t) = nL(t)\ ,\ \dot{A}(t) = gA(t)$$

其中，s 和 δ 分别为储蓄率和资本折旧率，n 和 g 分别为劳动和技术的增长率。

2. 资源与土地相关

由于土地数量是固定的，在长期内不会增长。因此假设：

$$\dot{T}(t) = 0 \quad (4.2)$$

3. 一种可再生资源

其再生率为 ε，$0 < \varepsilon < b$，净资源消耗率 b，则资源消耗率 $\varepsilon - b$，随时间 t 的变化率为：

$$\dot{R}(t) = -(b - \varepsilon)R(t)\ ,\ \varepsilon - b < 0 \quad (4.3)$$

（二）模型建立

由于引入了资源，考虑存在资源约束的情况下，工业制造业产出

① Chenery H. B. and M. Syrquin, *Paterns of Development*: *1950 – 1970*, Landon, Oxford University Press, 1975. 钱纳里、S. 鲁宾逊、M. 赛尔奎因：《工业化和经济增长的比较研究》，上海三联书店 1989 年版。

增长是否平稳。根据公式，资本增长率为：

$$\frac{\dot{K}(t)}{K(t)} = s\frac{Y(t)}{K(t)} - \delta \tag{4.4}$$

根据假设，如果要保证 K 的增长率不变，则 Y/K 不变，即 Y 和 K 的增长率相等。基于该条件，公式两边取对数：

$$\ln Y(t) = \alpha\ln K(t) + \beta\ln R(t) + \gamma\ln T(t) + (1-\alpha-\beta-\gamma)[\ln A(t) + \ln L(t)] \tag{4.5}$$

两边对时间 t 的求导：

$$g_Y(t) = \alpha g_K(t) + \beta g_R(t) + \gamma g_T(t) + (1-\alpha-\beta-\gamma)[g_A(t) + g_L(t)] \tag{4.6}$$

式中，g_Y 表示 Y 的增长率。R、T、A、L 的增长率分别为 $-(b-\varepsilon)$、0、g、n。因此，式（4.6）可变为：

$$g_Y(t) = \alpha g_K(t) - \beta(b-\varepsilon) + (1-\alpha-\beta-\gamma)(n+g) \tag{4.7}$$

而若经济处于一个产出的平衡增长路径上，则 $g_Y = g_K$，代入（4.7）式求解 g_Y，则有：

$$g_Y^{bgp} = \frac{(1-\alpha-\beta-\gamma)(n+g) + \beta\varepsilon - \beta b}{1-\alpha} \tag{4.8}$$

由上式分析，对工业制造业产出增长总量而言，自然资源对工业制造业产出增长存在阻碍。其中，自然资源对产出增长的阻碍力为 $\frac{\beta b}{1-\alpha}$；但是技术进步、人口增长和资源再生率却对产出增长起了推动作用，其推动力分别为 $\frac{(1-\alpha-\beta-\gamma)g}{1-\alpha}$，$\frac{(1-\alpha-\beta-\gamma)n}{1-\alpha}$，$\frac{\beta\varepsilon}{1-\alpha}$，增长状况取决于两类不同力量的大小。

由于考察产出增长更有意义的变量是人均产出的增长率。因此接下来考虑工业制造业人均产出的增加情况，可以得出：

$$\begin{aligned} g_{Y\bullet K}^{bgp} = g_Y^{bgp} - g_L^{bgp} &= \frac{(1-\alpha-\beta-\gamma)(g+n) - \beta(b-\varepsilon)}{1-\alpha} - n \\ &= \frac{(1-\alpha-\beta-\gamma)g + \beta\varepsilon - \beta b - (\beta+\gamma)n}{1-\alpha} \end{aligned} \tag{4.9}$$

由（4.9）式可知，工业制造业人均产出增长是一个非确定的值。由于受到自然资源和人口增长的制约，必然会导致人均产出增长下降，即自然资源和人口增长对产出增长产生阻碍力。其中，自然资源对产出增长的阻碍力为 $\frac{\beta b}{1-\alpha}$，人口增长对产出增长的阻碍力为 $\frac{(\beta+\gamma)n}{1-\alpha}$，但是技术进步和资源再生能力却对产出增长起到推动作用，其推动力分别为 $\frac{(1-\alpha-\beta-\gamma)g}{1-\alpha}$，$\frac{\beta\varepsilon}{1-\alpha}$，增长的状况也取决于两者力量大小的对比。

（三）理论含义

该模型具有以下含义：

一是在存在资源约束的情况下，人均工业产出增长由技术进步、资源再生、人口增长和资源消耗共同决定。因此，在资源环境约束状况下，必须要重视技术进步，提高资源利用率，实现工业化路径的转型。

二是技术进步和资源再生对工业化起到推动作用，而人口增长和资源消耗等对工业化起到阻碍作用，在资源环境约束下的工业产出增长状况取决于两类相反力量的大小对比。

三是如果资源再生是由自然规律决定，那么在资源约束下的工业化中，技术进步就成了唯一的可控变量。

四是在欠发达地区工业化进程中，经济增长对资源消耗很大，如果不能改变其他因素，那么建立新型工业化模式、转变工业化路径、加大对资源节约的研发投入等方式，以及通过技术进步来缓解资源对工业化的约束，将是保证欠发达地区实现工业化及经济社会可持续发展的关键。

二　模式特征界定

欠发达地区内源性主动嵌入模式是在对外源性被动嵌入模式基础上反思而提出来的，根据所建立的资源环境约束下欠发达地区工业化模型及其理论含义可知，这种工业化模式至少具有下列基本特征：

（一）内源性主动嵌入模式是实现自然资源跨期优化配置的工业化模式

为了形象地说明自然资源跨期优化配置工业化模式的实现形式，在此引入经济增长的“资源空心化”理论进行说明。经济增长的“资源空心化”是指以传统的GDP为指标的核算体系，诱使人们追求经济产值和增长速度，从而导致资源浪费、环境破坏和生态衰竭的现象。它通常表现为资源经济指数 η 的持续降低，用公式表示为：$\eta = \frac{资源指数}{经济指数} = \frac{R}{G}$，其中

$$G = \frac{G_0 + \Delta G}{G_0}, R = \frac{R_0 + \Delta R}{R_0} \tag{4.10}$$

式（4.10）中，R_0、G_0 分别为某一基准时间的资源指数和经济指数，ΔR、ΔG 表示资源和经济处于某一时期的变化量。按照基本经济规律，经济指数是持续增长的，资源指数则是持续下降的，也就是说 $\Delta R < 0$，$\Delta G > 0$，所以 $R < 1$，$G > 1$，从而经济资源指数 η 就会持续下降，出现“资源空心化”现象。

经济增长的最终结果是资源耗竭，接着经济增长完全停止，经济资源指数就变成了一个没有任何意义的数学公式。这一理论揭示了欠发达地区工业可持续发展的必要性，避免经济增长的空心化现象，以为后代人留有与当代人同等的资源基础和环境空间，当代人要注意调整经济增长思路和资源利用模式，改变和摒弃片面追求GDP的工业化和经济增长模式。

欠发达地区工业化过程的加深必然会对资源利用提出更高的要求，特别是不可再生资源。内源性主动嵌入的工业化模式要求实现自然资源的跨期优化配置，最简单而且容易的操作方法是：尽量减少资源消耗量大的工业部门、大力发展替代能源工业部门以及推广循环经济。由此出现这样的结论：

（1）资源经济指数 η 的持续下降，根本原因并非经济增长指数G的增加，因此，要减少资源空心化带来影响的治本之策，并非是降低经济增长速度。当然，经济增长指数G也不能脱离对工业化的考察范

围。传统的工业化道路是一种低效资源消耗，粗放促进增长的模式，这是在内源性主动嵌入模式中必须排除的。

（2）资源消耗速度下降，即 ΔR 的绝对值下降，η 缩小的频率被延伸，资源空心化程度降低。这表现为曲线趋于平缓的情形。假设减少资源消耗不影响经济增长速度，资源经济指数就会出现如下变化：

定义传统工业化模式下的资源经济指数为：

$$\eta_T = \frac{R_T}{G_T} = \frac{R_0 + \Delta R_T}{G_0 + \Delta G_T} \bullet \frac{G_0}{R_0} \tag{4.11}$$

相应地，内源性嵌入模式下的资源经济指数为：

$$\eta_S = \frac{R_S}{G_S} = \frac{R_0 + \Delta R_S}{G_0 + \Delta G_S} \bullet \frac{G_0}{R_0} \tag{4.12}$$

因为，已假设资源消耗不影响经济增长速度，所以就有如下关系：$G_0 + \Delta G_T = G_0 + \Delta G_S$。资源消耗减少，意味着 $\Delta R_S > \Delta R_T$，且 $\Delta R < 0$；这样就有不同工业化模式的资源经济指数变化，即 $\eta_S > \eta_T$。资源经济指数提高，意味着在保持经济增长的条件下，等量资源的作用增强，即 $\sum \eta_S > \sum \eta_T$。

（3）发展替代能源工业，特别是新能源工业，也是内源性主动嵌入模式工业化的有效选择，即 R 的基数不断扩大。通过替代能源工业的发展，会节省大量的现存资源，能源贴现率会给现有资源一个可观的收益率，资源会成为一项可观的资产。假设资源贴现率为 r，现存 R 数量的资源，在 t 年后就会成为 $R[(1+r)+\cdots+(1+r)^t]$，资源经济指数也会得到提高，资源空心化现象就会得以缓解。

（4）推广循环经济工业生产模式，资源利用率就会进一步提高，就会出现资源经济指数上升的状况。另一方面，循环经济提高资源利用率，也就是将存量资源通过自身增值，使资源经济指数相应地提高。

（二）内源性主动嵌入模式是环境友好型工业化模式

1. 环境污染是依然存在的

工业化是欠发达地区实现经济现代化的必经之路，工业生产是对初级原材料加工的过程，而自然环境的基本要素就是原材料，因此，工业生产必然会打破欠发达地区原有的平衡，产生自发的不适应。内源性主动嵌入模式在这方面也是毋庸置疑的。

2. 将“库兹涅茨曲线”不断熨平①

内源性主动嵌入模式不可避免产生资源消耗和环境污染，因此，欠发达地区工业化关键在于如何减少污染，以及循环利用。内源性主动嵌入模式需要处理的是如何降低环境“库兹涅茨曲线”的顶点，缩短其到达顶点的时间以及控制污染的水平，使生态环境在一个合理的范围内得到保护。

3. 实现重化工业轻型化

重化工业轻型化就是在重工业的投入、生产和产出等环节中加大信息、知识和科技这些“软”要素以及增加“轻型”要素的比重。主要包括投入要素轻型化、生产过程轻型化和产出轻型化。重化工业轻型化的基本目标是减少重污染原材料的消耗及其产品的生产，使环境污染的程度不断降低。

（三）内源性主动嵌入模式是技术创新驱动的工业化模式

内源性主动嵌入模式必须依靠科技进步，提高工业产品的科技含量，以高新技术产业为主，加快传统产业技术改造升级，加快现代产业，加强基础研究和高新技术研究。技术创新的途径有三种：一是引进为主，自主创新为辅；二是自主创新为主，技术引进为辅；三是二者并重。不同的技术创新途径对工业化具有不同意义，虽然技术引进、模仿和扩散对经济增长的贡献比自主创新要大，但要缩小欠发达地区与发达地区的工业化差距，自主创新则更重要。技术创新主要通

① Selden T., Song D., Neoclassical Growth, the J Curve for Abatement, and the Inverted-Ucurve for Pollution, *Journal of Environmental Economics and Management*, 1995, No. 29, pp. 162–168. Susmita Dasgupta, Benoit Laplante, Hua Wang, et al., Confronting the Environmental Kuznets Curve, *Journal of Economic Perspectives*, 2002, 16 (1): 147–168. C. C. Lee, Y. B. Chid and C. H. Sun, Does One Size Fit All? A Reexamination of the Environmental Kuznets Curve Using the Dynamic Panel Data Approach, *Review of Agricultural Economics*, 2009, 31 (4): 751–778. C. C. Lee, Y. B. Chid and C. H. Sun, “The Environmental Kuznets Curve Hypothesis for Water Pollution: Do Regions Matter?” *Energy Policy*, 2010, 38 (1): 12–23.

过推进产业结构演进来加速工业化，体现在两个方面：第一，随着农业技术的不断创新，传统农业会发生根本变化，从而使农业土地生产率和劳动效率得到不断提高，农业剩余产品不断增加。由于欠发达地区工业化多是以农业为前提条件，因此，农业技术创新带来的农业发展必然会加快农业剩余劳动力向非农业部门转移，从而推动工业化。第二，技术创新直接推动现代工业发展。首先，技术创新是现代企业成长的基石；其次，企业不断进行技术创新，一方面会提高工业部门生产率，另一方面会促进产业结构的高级化演进，推动第三产业的发展，创造更多的就业岗位，吸纳更多的农业剩余劳动力，推进城市化进程，加快工业化步伐。

具体到欠发达地区工业化中技术进步的作用主要体现在两个方面：一是用高新技术改造传统工业。某些传统工业在一定时期是无法舍弃的，但是由于路径依赖，这些部门的投入方式和产出结构，都带有严重的“旧工业”特征，这就要从生产函数的构成入手，实现关键技术的改造和原材料的替代。二是发展科技密集型工业。科技密集型工业的基本特征是前期投入大、风险大、收益大、产品劳动附加值低、污染小等，这是当前大多数国家所倡导的工业部门，与可持续发展所倡导的基本理念是一致的。

第四节　内源为主与外源为辅结合的嵌入模式

从嵌入行为属性来看，没有纯粹的外源性嵌入模式或内源性嵌入模式，欠发达地区工业化嵌入生态文明，应积极促进外源为主与内源为辅结合的嵌入模式向内源为主与外源为辅结合的嵌入模式实现转变。

一　推进“外资”向“内资”转变

从战略高度加快调整、优化“外资”与“内资”的结构，即在提高利用“外资”的基础上，大力发展内源经济，形成“外资”和

“内资”经济相互促进、协调发展的新格局。第一，要理性看待“外资”。既不要夸大“外资”的作用，也不能忽视“外资”对欠发达地区各方面的负面影响。引进“外资”不是目的，只是发展工业的手段。“外资”是一把“双刃剑”。要根据全国发展的趋势、要求以及自身的条件和发展水平，正确处理“外资”与“内资”的关系，按照市场机制利用外资，在增强独立自主发展工业的能力中，实现双赢。第二，疏通投资渠道，加快民间资本投入。投资渠道是影响“内资”运用的重要因素，在现有储蓄、证券市场等基础上，增加金融工具，实现融资渠道多元化，将民间资金转化为投资。第三，加快国有企业改革、结构调整和重组，形成具有国际竞争力的大型企业和企业集团。

二 加快“外需”向“内需”转变，积极开辟两个市场

第一，要把地区市场作为长期带动经济增长的发动机，积极实现区域内外两个市场的结合开发。欠发达地区是被觊觎的最后一块市场，只注重区域外市场，而忽略占领区域内市场是战略上的失误。第二，大力发展区域内消费市场，提高消费率。要在增加“内需”上做文章。通过实施分配制度改革，规范财政转移支付，完善社会保障体系等一系列措施，提高消费在国民经济分配中的比重，刺激“内需”、改善欠发达地区消费不足的局面。

三 加快引进技术向自主创新转变，增强经济增长后劲

转变思路，实行自主创新为主，实行“以市场换技术”策略，实现经济增长方式的根本转变。第一，重视发明创新，更多开展集成创新。在现有电子技术、信息网络大量应用的基础上，实现融合式创新，提高多技术综合运用水平。第二，实行“以市场换技术”的策略。以巨大市场优势对技术实施引进、消化吸收，在此基础上发展创新，并积聚技术创新的资源和能力，以完全实现自主创新。

第五章

欠发达地区工业化嵌入路径研究

欠发达地区的工业化要充分嵌入生态文明建设，必然要选择内源为主外源为辅结合的嵌入模式。然而，由于中国地域辽阔，欠发达地区存在着差别化的历史文化背景、自然资源禀赋和经济社会状况，同一嵌入模式有着多样化的实现路径。

一般而言，中国欠发达地区可以根据三种区域类型选择相应的工业化嵌入路径。

一是生态型区域，包括生态脆弱型区域和生态优势型区域。生态脆弱型区域，如陕西、甘肃、宁夏、贵州等省域要通过创建绿色技术支撑体系来实现工业生态转型；生态优势型区域如青海、云南、海南、广西、西藏等省域要通过构建生态工业园区来构建物质循环良好的生态产业体系。

二是资源富集型区域，如河北、山西、湖北、重庆、吉林、黑龙江等省域要通过创新科技统筹来实现传统工业改造。

三是农业主导型区域，如安徽、河南、湖南、江西、四川、新疆等省域要通过创新人力资源开发来实现农村工业深化。

第一节　生态脆弱型区域工业化嵌入路径

一　工业生态转型

生态脆弱型区域的重要特征是经济发展水平低，发展方式落后，多年来基本上走的是一条“高投入、高消耗、高污染”的发展模式，未能跳出“先污染、后治理”的窠臼①。改变高投入、高消耗、高排放的粗放型经济增长方式，着力点在于调整并优化区域产业结构，以产业的生态转型为核心，重点发展生态工业，建立低成本的绿色科学发展模式。

生态工业力求把工业生产过程纳入生物圈的物质循环系统，把生态环境作为发展的重要内容，把生态环境优化作为工业发展的重要内容以及衡量发展的质量、水平和程度的基本标志，实现工业发展的生态化，体现了经济效益、生态效益和社会效益的统一②。

生态工业具体包括三方面的内容：（1）采用清洁的能源，包括常规能源的清洁利用，可再生资源、新能源的开发，以及多种节能技术的开发应用；（2）采用清洁生产过程，即对生产过程采取整体预防性的环境策略，使物质在系统中多次循环使用，将终端污染处理转向污染源的防治；（3）生产清洁的产品，即从生产和服务的过程减少产品对环境的冲击，包括节约原料和能源，少用稀缺原料，在产品制造过程中以及使用后阶段以生态环境保护为主要考虑因素，使用易于回收再利用的材料，强调产品的使用寿命等。

这三方面的内容决定了生态脆弱型区域发展生态工业的功能导

---

① 赵跃龙、刘燕华：《中国脆弱生态环境分布及其与贫困的关系》，《人文地理》1996年第2期，第245—251页；赵跃龙：《中国脆弱生态环境类型分布及其综合整治》，中国环境科学出版社1999年版；刘燕华、李秀彬：《脆弱生态环境与可持续发展》，商务印书馆2001年版；［德］Friedrich Schmidt-Bleek：《人类需要多大的世界：MIPS生态经济的有效尺度》，吴晓东、翁端译，清华大学出版社2003年版；丹果：《发展青海草原水利的几点思考》，《中国水利》2003年第2A期，第22—24页；丁忠兵：《论三江源地区的生态地位与可持续发展》，《青海社会科学》2006年第2期，第45—50页；穆赤·云登嘉措：《关于三江源区生态建设与生态补偿问题的思考》，《青海社会科学》2006年第1期，第48—50页。

② John Ehrenfeld and Nicholas Gertter, Industrial Ecology in Practice: The Evolution of Interdependence at Kalundborg, *Journal of Industrial Ecology*, Vol. 1, Issuel, Winter 1997, pp. 67–79. Suren Erkman：《工业生态学》，经济日报出版社1999年版；宋健：《创建现代工业新文明（1998年）》，国家环保总局、中共中央文献研究室《新时期环境保护重要文献选编》，中央文献出版社2001年版，第207页；李锦、罗凉昭、耿静：《西部生态经济建设》，民族出版社2001年版；陈冬：《新型工业化的理论与实证分析》，社会科学文献出版社2006年版。

向：一是有利于减缓自然资源的耗竭速度。按照生态工业原理组织生产，通过资源的综合利用、短缺资源的替代、二次能源的利用等工业生态链的行为，使原本被排除在生产过程之外的废物变为资源重复利用，可以有效减缓资源的耗竭。二是有利于减少废料与污染物的生成和排放。通过以无害化合物替代有害物质材料，防止消耗性污染，有利于阻止或减少废弃物的排放。三是有利于增强工业产品竞争力。随着经济全球化的推进，国际环境标准和产品环境质量标准日趋严格，发展生态工业，按照国际环境标准设计生产产品，有利于欠发达地区企业拿到进入国际市场的"通行证"，在国际市场上站稳脚跟。

建设生态脆弱型区域的生态工业体系应首先打破传统观念和思维，树立工业生态化理念。在此基础上构建生态工业利益驱动机制。可以通过对生态工业企业财政、政策倾斜等优惠手段，使企业有足够的利益动机选择低耗高效轻污染的技术项目；同时省域欠发达地区的广大农牧民是我国贫困人口的主体，不解决他们当前的基本生活问题是很难提高其生态环保意识的，也很难发展真正意义上的生态工业。发展生态工业需要同当地群众特别是贫困人口利益结合起来，努力使生态工业的"涓滴效应"扩散开来，引导那些创造能力较强、利润高、"关联效应"较大的主导产业为脱贫解困作贡献，通过利益引导其参与、支持生态工业；对省域欠发达地区地方政府而言，则需要在中央政府的政绩考核机制设计中将生态工业考核纳入其中，通过修正地方政府的利益目标函数使其有足够的（政治）利益动机去推动本地生态工业的发展。

二　创建绿色技术支撑体系

生态脆弱区域的恢复重建需要技术支撑，经济系统运行的优化调整特别是发展生态工业更需要相应的技术支撑。欠发达地区工业化与生态环境协调发展的过程实际上就是一个区域生态经济系统的整合过程，就是在技术系统的连接下，将生态系统和经济系统的功能对接起来，建立一个让生态系统发挥最合理自然生产力的同时又使经济系统得到最大经济效益的生态经济系统的过程，所以，省域欠发达地区生态经济系统的良性耦合和协调发展，离不开一个适当的绿色技术支撑体系。

应重点从以下几个方面构建绿色技术支撑体系：（1）建立工业生态技术体系。从传统的高投入、高消耗、单目标、单方向的“链状”发展形态，向合理投入、适当消耗、多目标转变，从硬性支撑外延规模扩张，向注重内部协调、内部优化和柔性变化的内涵技术效益化转变。（2）建立资源节约化的技术体系。要从注重物质投入的粗放经营，向注重提高资源利用效益的集约化生产转变，从注重开源向注重节流的方向转变，从注重硬设备、硬件投资向注重流程合理与管理先进的方向转变[1]。（3）建立废物资源化的技术体系。大力削减废弃物的排放数量，提高资源的有效产出，把被浪费的资源通过再利用、多级利用、多途径利用与循环再生的技术体系，变废为宝，减少资源存量的消耗与环境污染。（4）建立能源清洁化的技术体系，改变现有的能源消费结构，选择理想的可替代性资源，大力发展清洁型能源。

应完善欠发达地区科技创新体系，优化欠发达地区技术创新环境，坚持自主创新与引进吸收相结合，培育技术创新主体，加快科学研究和人才培养，发挥区域政府的协调推动作用，促进区域资源开发利用技术和环境保护技术的创新，以实现欠发达地区经济系统的优化和生态系统的稳定以及二者的恰接。

（一）利用后发优势，加快技术引进速度

国际发展经验表明，引进技术是后发国家（地区）缩小与发达国家（地区）之间差距的有效途径。根据后发优势理论[2]，欠发达地区在与发达国家和东部发达地区“技术势差”客观存在的情况下，通过技术的内向转移积累自身技术基础并进行消化、吸收、再创新，可以节省大量的学习成本和研发成本，避免了在大量技术探索中的失误和

---

① Bertalanffy L. V. , Clean Coal Technologies: A Status Report, *Electrical World*, 1992 (2): 37－42.

② Alexander Gerschenkron, *Economic Backwardness in Historical Perspective*, Harvard University Press, 1962.

重复研究，大大降低了创新成本和风险。西方发达国家和东部发达地区在工业化进程中已经积累了大量先进的资源合理利用技术和环境恢复保护技术，对省域欠发达地区而言直接引进先进国家的技术，借鉴东部发达地区的成功经验不失为构建区域绿色技术支撑体系的一条有效途径。

（二）加大技术投资力度，提升自主创新能力

欠发达地区构建绿色技术支撑体系，不仅要引进发达国家和东部发达地区的先进技术，更重要的是要立足自主创新。技术引进不仅需要一个消化吸收的过程，而且从省域欠发达地区技术系统的结构看，省域欠发达地区的技术系统需求存在一定的特殊性，这是由欠发达地区特殊的生态系统和经济系统所决定的，例如独一无二的藏药开发和深加工并无外来技术可借鉴，必须立足自主创新，以省域欠发达地区创新主体自身的研究开发为基础，加大自主技术创新投资力度，使原始创新和模仿创新结合起来，通过创新主体自我技术积累和突破来获得绿色核心技术。

（三）加快企业改革，培育技术创新主体

企业既是经济活动中最重要的微观经济主体和环境压力的主要制造者，同时也是最重要的技术创新主体，因此企业的技术创新行为尤其重要。但是企业并不必然倾向于使用新技术。一般地说，生产者采用新技术，是由于它的劳动生产率更高，能带来一个产出增量。但由于创造和使用新技术需要付出追加成本，因此只有在新技术能让生产者获得收益时，他才愿意用新技术来取代原有技术。

欠发达地区要培育企业成为真正的创新主力军，首先要进一步推进以建立现代企业制度为目标的企业改革，使其成为真正的市场主体，增强创新激励如科技股权改革，形成由内在力量推动的、积极的企业自主创新活动；其次要优化企业技术创新环境，发展和完善技术市场，推动新技术专利、品牌的转让，强化知识产权保护，落实按要素分配，切实维护首创企业的利益，通过利益机制驱动企业积极进行有利于生态环境保护和产业结构优化的技术创新。

（四）以政府为推动主体，引导、组织、协调技术创新

欠发达地区绿色技术创新离不开政府的引导、推动，政府在启

动、激励、组织和协调绿色技术创新等方面具有不可替代的作用。政府的绿色技术政策具体包括：（1）通过制定和实施区域中长期绿色科技计划，为区域产业和企业绿色技术创新提供方向性指导，创建支持技术创新的基础平台和服务体系，协调有关科研机构和企业联合开展区域支柱产业和主导产业发展急需的共性绿色技术和关键绿色技术开发。（2）政府直接从事基础性的绿色研发活动，在私人收益显著小于社会收益的公共性领域（即企业不愿介入的领域）直接进行绿色技术创新，这是政府干预技术创新最重要的方式。（3）政府为企业的研发活动提供资金支持。政府可以直接出资资助企业的绿色技术创新活动，或通过税收优惠间接地刺激厂商从事溢出价值较大的技术创新。（4）政府采购。近年来政府绿色采购成为激励企业从事绿色技术创新的一项主要政策，政府部门的需求构成了一个大市场，加大政府采购合同中绿色产品的比重会起到导向性的作用，有利于厂商绿色技术创新成果的问世。

三　贵州省黔东南州的实践案例

黔东南苗族侗族自治州位于贵州省东南部，处云贵高原向湘桂丘陵盆地过渡地带，属于西南岩溶山地石漠化生态脆弱区，是长江、珠江上游重要的生态屏障。全州总人口445.6万人，国土面积30337平方公里。森林覆盖率达62.78%，是全国28个重点林区之一，历有“九山半水半分田”之说。全州自然保护区（点）29个。其中，国家级保护区1个，省级保护区1个。自然保护区面积24.98万公顷，占全州面积8.2%。有风景名胜区12个，其中，国家级3个，省级9个。“十一五”期间，黔东南州紧扣科学发展主题，狠抓生态文明建设，积极开展生态文明示范区创建工作。全州经济实现高速增长，综合实力迈上新台阶，GDP突破300亿元规模，年平均增长率达到12.7%，初步实现了由解决温饱为主向建设小康社会迈进的重大转变。建成贵州省生态文明建设试验区，全州环境质量状况良好，环境空气质量达到国家二级标准，全州流域地表水77%以上达Ⅲ类水体。

（一）工业化现状分析

“欠发达、欠开发”是黔东南州的基本区情，集中体现为人口多、底子薄，经济总量小、人均水平低、工业化程度低。黔东南州立足实际，大力推进工业化，呈现工业发展速度加快、总量增大、质量提高的良好态势。同时，通过园区基础设施的不断完善，黔东南的投资环境不断优化，发展的支撑能力不断增强，对少数民族地区的产业承接转移奠定了良好基础。

1. 经济发展总体概况

经济稳定较快增长，2003—2011 年，黔东南州的 GDP 和人均 GDP 一直保持稳定较快增长，GDP 从 104.4 亿元增长到 383.63 亿元，涨幅 267.5%；人均 GDP 由 2402 元上升到 11047 元，增长了 359.9%。

基础设施建设不断加强：近年来，黔东南州委、州政府不断加大以交通为重点的基础设施建设工作力度，增大资金投入，通过改善交通等基础设施以优化黔东南州的区域位置和对外投资环境。截至 2012 年底，全州公路总里程达 2.7 万公里，其中高速公路 393 公里，占全省近六分之一；在建高速公路 416 公里，"十二五"期末可全面实现县县通高速；贵广、沪昆高速铁路建设加快推进；凯里黄平机场将很快建成通航；水利、电网、通信等基础设施得到明显改善。发展条件的进一步改善，助推了全州工业经济快速发展。

工业区建设成绩显著：全州 16 个县（市）已规划和建设工业园区 17 个，总规划面积 439.1 平方公里，其中工业用地面积 239.1 平方公里，已累计开发面积 54.04 平方公里。17 个园区中，省政府批准的省级经济开发区 6 个。截至 2012 年底，全州园区基础设施建设累计完成投资 128.52 亿元，修建完成园区道路建设 150 余公里，铺设供电线路 130 公里，铺设给排水管道 110 公里。全州累计入驻园区企业 401 户，就业人员 23534 人。全州园区完成工业总产值 200 亿元，占全州工业总产值的 77.5%，完成工业增加值 38.55 亿元，占全州工业增加值的 55.18%，园区经济已经成为全州工业经济的主要载体和重要增长点。

2. 工业化阶段分析

2012 年，黔东南州三次产业增加值结构为 20.3：32.1：47.6。总体来看，2003—2012 年，黔东南的第一产业比重呈下降趋势，第二产业稳中有涨，第三产比重基本呈现上升趋势。从工业经济发展水平来看，2010 年黔东南州的人均 GDP 突破 1754 美元，由工业化起始阶段进入工业化实现阶段的初期阶段。从产业结构来看，2011 年黔东南州三产结构比为 20.3：32.1：47.6，处于工业化初期阶段。从就业结构来看，2011 年黔东南州三次产业从业人员就业结构为 71.7：9.1：19.2，仍处于工业化起始阶段。从空间结构来看，2012 年人口城市化率为 29.5%，仍处于工业化起始阶段。总的来说，黔东南州工业化正处于由工业化起始阶段到工业化实现阶段的初期阶段的过渡期。

（二）生态经济分析

生态文明建设重在如何科学合理开发特色优势资源、如何推进工业化。黔东南州通过加快发展生态产业，强化节能减排和环境保护，在工业化与生态文明建设之间开辟“绿色模式”，有效解决两者矛盾，实现相互促进、有机统一。

1. 加快发展特色生态产业

黔东南州把加快特色优势资源开发作为改变“欠发达、欠开发”状况的基本途径，积极构建生态产业，实现生态经济化、经济生态化。一是发展生态农业。大力发展现代高效都市型农业园区、特色型农业园区、高效养殖园区等三大类现代农业园区。突出“名、特、优”品种，因地制宜，科学规划，以市场为导向，以企业和农户为主体，以原料基地为依托，培育新兴实体与扶持现有骨干企业相结合，调整优化特色食品、特色农产品产业布局，扩大基地规模，提升加工能力，整合和发挥“品牌”优势，提高产品市场竞争力，加快推进农业产业化进程。以蔬菜、水果、烤烟、茶叶、中药材、特色养殖业等为重点的产业化基地初具规模。二是加快推进生态工业。坚持集约化、清洁化、循环化的原则，以循环经济为主要方式，加强产业基地建设力度，大力推进产业集群化、园区化发展，在不断促进工业总量规模扩张的同时，引导工业企业向包括炉（山）碧（波）循环经济带、革一产业循环经济工业区、金钟产业承接区在内的凯里经济开发区，以黔东循环经济工业区为核心区的黔东工业经济区，洛贯产业城街区等产业园区聚集，相互配套，集中发展，彻底摆脱过去“处处点火，遍地冒烟”的工业经济粗放型发展路子，确保在发展经济中最大限度地保护绿水青山。实现发展方式的转变，促进工业与环境之间、工业与农业和旅游业之间的良性发展，形成主导产业优势突出，产业链条衔接完整，核心企业向心力强，资源利用科学合理，整体实力显著增强的工业发展新格局。三是加快发展生态林业。黔东南有“森林之州”的美称，近年来，该州大力推进集体林权制度主体改革，出台了《黔东南州林权登记管理办法（试行）》、《黔东南州人民政府关于加快林业要素市场建设的通知》等一系列文件和规章制度，有力地推动了全州生态林业的历史性跨越。根据贵州省第三次森林资源调查结果表明，黔东南州森林面积达2850.7万亩，比2000年增加618.7万亩；活立木蓄积量达11084.7万立方米，比1999年增加4324.1万立方米，产值达216.2亿元；森林覆盖率达62.78%，比2000年增加13.41个百分点，实现了森林面积、活立木蓄积量、森林覆盖率“三个同步”增长。四是生态旅游业。黔东南州紧紧围绕建设原生态国际旅游目的地，以建设文化旅游发展创新区、国家级旅游度假区、民族文化保护试验区和乡村旅游示范带为抓手，加大力度发展特色生态旅游业。大力实施文化产业集群建设工程，建成雷山、黎平、剑河等9个文化产业园，建成凯里、丹寨、施洞等8个文化旅游产业基地，实施旅游商品“万户小老板工程”；建设麻江下司、剑河温泉等6个重点休闲度假区。实施原生态民族文化保护“4个100”工程，着力培育动漫、新兴网络服务等新型文化产业业态，建设3个文化创意园。积极培育和引进战略投资者，打造镇远、西江、肇兴等大型实景演出基地。把“原生态黔东南”打造成在国内外有重大影响的知名品牌。

2. 强化节能减排和环境保护

一是狠抓节能减排。狠抓工程性减排、结构性减排和监管性减排三大措施落实，建立健全污染减排工作机制，加大污染减排削减力度。2012年，全州实施重点减排项目49个，关闭污染企业4家，对各县（市）污水处理厂开展7次部门联合检查和经常性的巡回检查，确保污水处理厂的正常运行。关停了凯里造纸厂、凯里发电厂等一批COD排放量和SO_2排放量较大的企业共59家，对52家企业下达了限期整治任务，对26家重点企业实行了强制性清洁生产审核工作；目前，全州16个县市共建成污水处理厂17座，生活污水处理能力达14.6万吨/日。二是强化污染治理。以黔东工业区、凯里经济开发区、天柱经济开发区等产业集聚区为主平台，创新节能减排实施机制，推进节能减排重点项目实施。加大重点行业（企业）治污设施建设力度。督促凯里瑞安、麻江明达两家水泥企业实施脱硝工程，脱硝率达到70%以上，督促黔东火电厂加强脱硫设施的运行管理，脱硫率达到95%以上，颗粒物（粉尘）排放达到或优于国家规定的排放限值。加大对16个县市17家污水处理厂监管力度，实施台江县人民医院废水处理等减排项目12个。淘汰落后水泥、小砖厂等落后产能企业30家。三是淘汰落后产能。对已有的不符合国家产业政策的落后产能进行清理整顿，按照“扬大、弃小、汰劣”的要求，不能改造提升的坚决予以关停；设置准入“门槛”，凡高投入、高消耗、高污染、低效益的一律不得引进。依照国家产业政策，淘汰了落后产能企业20户、产能97.7万吨；将符合国家产业政策的68家高载能企业清理整合为7大电冶企业集团；对994家木材加工经营企业进行了清理。关闭了780家，并将符合国家政策的106家木材加工企业整合为17个企业集团。

（三）经验与政策启示

1. 经验启示

生态脆弱型的欠发达地区，发展经济与保护环境之间的矛盾比其他地区更加突出，资源环境的硬约束更强。黔东南州的发展实践证明，欠发达地区为了改变贫困、落后的面貌，有着比其他地区更强的工业化动力，工业化需求尤为迫切，必须正视和尊重欠发达地区的工业化需求，积极引导欠发达地区在发展工业的同时，主动嵌入全国生态文明建设大背景，改变原来“高投入、高消耗、高排放”的粗放型经济增长方式，调整并优化区域产业结构，以产业的生态转型为核心，实现经济生态化、生态经济化，建立低成本的绿色科学发展模式。

2. 政策启示

一是要建立和完善激励绿色科学发展的考核体系。经济生态化要求通过约束机制建设，让微观经济主体不敢从事黑色发展、线性发展和高碳发展。必须进一步完善考核体系，完善激励机制建设，将发展和谐度环境质量节能减排和公众满意度等纳入考核，让微观经济主体大力从事绿色发展、循环发展和低碳发展。二是增加生态补偿。生态经济化要求把生态价值纳入经济核算体系，激励生态保护、生态投资的服务供给，体现“保护生态就是保护生产力”的基本精神。应进一步加大对生态脆弱区生态补偿力度，建立生态补偿专项基金，通过财政转移支付、扶贫结对、飞地开发等方式，建立健全重要生态功能区的生态保护补偿机制。

第二节　生态优势型区域工业化嵌入路径

生态优势型区域的主体功能是生态屏障，首要任务是保护地区生态环境，但这并不等于放弃工业化。生态优势型区域的工业发展，根本问题在于构建生态循环产业体系。因为发展绿色经济，建立全社会的资源循环利用体系，以最少的能源资源消耗、最小的环境代价，实现经济社会的可持续发展，是建设生态文明的基础①。这是通过生态工业园区的建设来实现的。

一　构建生态循环产业体系

利用生态优势持续工业化进程，是生态优势型区域的必然选择。生态优势型区域必须在资源环境可承载能力之内大力推行循环经济，发挥生态功能，建立生态循环产业体系②。

① 杜欢政、熊志文、朱渝铖：《绿色经济与生态文明》，《浙江经济》2010 年第 6 期，第 30—31 页。

② ［美］巴里·康芒纳：《封闭的循环——自然、人和技术》，侯文蕙译，吉林人民出版社 1997 年版，第 3 页；Pittel K.，Amigues，Jean P.，Kuhn T.，Endogenous Growth and Recycling：A Material Balance Approach，Institute of Economic Research，*Swiss Federal Institute of Technology Zurich*，2005；解振华：《领导干部循环经济知识读本》，中国环境科学出版社 200 年版。

一是在生态、资源和环境约束下调整工业结构。通过技术创新和生产改良，促进绿色产业的发展，充分利用生态优势，实现特色产业的错位发展。

二是建立低碳经济体系。自下而上建设循环型企业、循环型产业园区和循环型经济社会，充分实现减量化、再使用和再循环。

三是调整能源结构。通过清洁生产和废物再利用，降低单位能耗。并以设立节能专项资金为手段，建设和完善节能产业体系。

二 建设生态工业园区

生态工业园区是生态优势型区域构建生态循环产业体系的重要载体。建立生态工业园区，基础设施和公共服务的建设和完善是其前提；在此基础上，产业链的优化设计和项目的合理引进是其关键；园区环境安全管理的提升是其补充；园区信息体系的完善，政企之间的互动是其保障。

三 浙江省丽水市的实践案例

（一）生态环境质量评价

作为全省的重要生态功能区，丽水市地理面貌主要以山地为主，森林覆盖率高，是浙江省域范围内主要水源的发源地。由于区域内工业相对不发达，生态环境质量评价中各项指标在全国都居领先地位，生态环境状况指数连续八年位居全省首位。

据浙江省环境监测中心站公布的《2010 年度浙江省生态环境状况评价报告》显示，丽水市 2010 年的生态环境状况指数（EI 值）101，比 2009 年上升了 4.4，植被覆盖、生物多样性状况明显优于其他城市。全市所辖县（市）及丽水市区的 EI 值均在 95 以上，且有 7 个县（市）列全省前 10 位。就丽水市的水环境质量而言，地表水环境质量优良。据丽水市环保局公布的数据显示，2011 年全市除了市区环城河口下游局部河段水质存在污染，其他区域总体水质与上年相比基本持平。通过对全市地表水 90 个断面的水质监测显示，年均值能满足功能要求的断面有 89 个，地表水环境质量达到或优于Ⅲ类水标准的断面有98.9%。就大气环境质量而言，2011年全年Ⅰ、Ⅱ级天数占98.1%，空气质量优良。全市降水PH年平均值比上年增长了0.21，但总体上降水酸度有所减弱。不容忽视的是，2011年全市区域范围内部分地区灰霾天气有明显增加，虽然都以轻微影响为主，也反映出大气环境质量有所下降的趋势。就城市声环境质量而言，由于城市化水平的提高，生活噪声源影响面广，交通噪声声级高。2011年全市环境噪声源构成与上年相比变化不大，且各噪声源强度变幅也不大。

（二）工业化状况分析

丽水作为全省欠发达地区之一，原有的经济基础、地理环境、自然条件等方面是产生落后的重要因素，但在经过了长时期的发展后，经济差距没有明显缩小。由于这些地区有着强烈的强区富民的需求，加上发达地区的示范效应，工业化往往在地方经济赶超战略中占据重要地位。

1. 工业化状况

就工业化发展程度而言，丽水市的工业化发展程度总体上不高，形成了与省内发达地区的发展差距。但新世纪以来，全市工业经济总量增长较快，工业技术水平也有所提高，加上地方政府“工业强市”战略导向的引导，地方工业化水平有较大提高。丽水市经过2001—2010年的发展阶段，人均GDP水平得到大幅度提高，三次产业结构逐步调整，制造业增加值占商品增加值的比重也得到较大提高，这些都标志了丽水市工业化水平的巨大进步。然而，作为欠发达地区，丽水市的城市化率还不高，加上第一产业就业人口在全社会就业人口的比重过大，丽水市工业化程度仍然不高。

根据世界银行划分标准，人均GDP 760美元及以下为低收入国家，761—9360美元为中等收入国家，9361美元以上为高收入国家。按2008年平均汇率计算，丽水市人均GDP为3175美元，进入了人均GDP 3000—6000美元的发展新阶段。从表5-1可以看出，根据丽水市最近10年（2001—2010年）的相关数据分析，丽水市的工业化进程大体可以分为2005年以前的前工业化阶段，2005—2007年的工业化初期阶段，2008—2010年的工业化中期阶段。由此可见，2001—2010年间丽水市的工业化水平大为提高。

表 5-1　　2001—2010 年丽水市人均 GDP

年份	人均 GDP（元）	折算后的人均 GDP（美元）	工业化所处的阶段
2001	7324	885	前工业化阶段
2002	8457	1022	前工业化阶段
2003	9980	1206	前工业化阶段
2004	11787	1424	前工业化阶段
2005	13576	1657	工业化初期
2006	15648	1952	工业化初期
2007	19022	2452	工业化初期
2008	22053	3175	工业化中期
2009	23520	3443	工业化中期
2010	27754	4100	工业化中期

资料来源：根据《丽水统计年鉴（2002—2011）》的相关数据整理计算。

按照发展经济学理论，根据三次产业结构的不同，工业化大体可划分为工业化初期、中期和后期三个阶段。从表 5-2 可以看出，在三次产业结构上，第一产业比重逐渐下降，第二产业比重总体呈上升趋势，第三产业比重有所增加，并趋于稳定。自 2003 年，丽水市开始进入工业化中期阶段。该阶段将随着大规模工业投资及一批新项目、新企业的建成投产持续很长一段时间，从发达国家的工业化经验来看，这一过程预计还将持续 15—20 年。

表 5-2　　2001—2010 年丽水市三次产业结构

年份	三次产业结构（%）			工业化所处的阶段
	第一产业	第二产业	第三产业	
2001	23.11	41.55	35.34	工业化初期
2002	20.3	42.73	36.97	工业化初期
2003	17.71	44.21	38.09	工业化中期
2004	15.67	46.87	37.43	工业化中期
2005	13.25	45.13	40.83	工业化中期
2006	12.45	45.75	41.49	工业化中期
2007	11.26	47.56	40.77	工业化中期
2008	10.73	48.62	40.45	工业化中期
2009	10.62	48.14	41.15	工业化中期
2010	10.11	49.89	40.21	工业化中期

资料来源：根据《丽水统计年鉴（2002—2011）》的相关数据整理计算。

从表5－3可以看出，制造业增加值占总商品增加值的比重持续上升，2010年达到了35.3%；世界工业化的基本趋势和一般规律是：工业结构依次经历轻纺或劳动密集型、重化工或资本密集型、信息或技术密集型三个阶段。目前丽水已进入工业化中期即重化工业化阶段。

表5－3　2001—2010年丽水市制造业增加值占总商品增加值的比重

年份	制造业增加值占总商品增加值的比重（%）	工业化所处的阶段
2001	15.8	前工业化阶段
2002	17.3	前工业化阶段
2003	18.9	前工业化阶段
2004	19.6	前工业化阶段
2005	21.3	工业化初期
2006	24.6	工业化初期
2007	25.7	工业化初期
2008	29.4	工业化中期
2009	33.1	工业化中期
2010	35.3	工业化中期

资料来源：根据《丽水统计年鉴（2002—2011）》的相关数据整理计算。

从表5－4可以看出，丽水市的人口城市化率缓慢上升，第一产业的就业人数占比缓慢下降。由于第一产业就业人口占全社会就业人口的比重仍然比较高，加上城市化水平相对较低，由此判断丽水市的工业化水平仍处于初期阶段。

表5－4　2001—2010年丽水市人口城市化率和第一产业占比

年份	城市化率（%）	第一产业就业人口占全社会就业人口的比重（%）	工业化所处的阶段
2001	33.1	59.07	工业化初期
2002	34.7	54.66	工业化初期
2003	36.2	51.65	工业化初期
2004	37.0	51.19	工业化初期
2005	38.2	48.44	工业化初期
2006	39.0	46.80	工业化初期
2007	40.8	44.86	工业化初期

续表

年份	城市化率（%）	第一产业就业人口占全社会就业人口的比重（%）	工业化所处的阶段
2008	41.5	43.05	工业化初期
2009	41.8	42.04	工业化初期
2010	48.4	41.96	工业化初期

资料来源：根据《丽水统计年鉴（2002—2011）》的相关数据整理计算。

2. 工业化需求

至少是就目前而言，工业化仍是地区社会生产力发展的不可逾越的阶段，是现代化的基础和主体。对于欠发达地区而言，区域之间的差距和强区富民的需求成为工业化的外部和内部两大动力。

从表5－5可以看出，丽水市人均工业增加值与全省其他地区的差距非常明显，2009年全市人均工业增加值仅为0.86万元，相当于全省38.6%，绝对值差1.37万元，同期全市人均GDP为2.11万元，相当于全省47.3%，绝对值比全省差2.35万元，而工业上的差距占58.3%。

表5－5　丽水与全省人均工业增加值差距比较　单位：万元/人

地区	人均工业增加值	人均生产总值
全省	2.32	4.46
杭州	3.15	7.49
宁波	3.51	7.40
温州	1.49	3.26
嘉兴	2.90	5.66
湖州	2.14	4.29
绍兴	2.82	5.43
金华	1.74	3.82
衢州	1.12	2.48
舟山	1.90	5.51
台州	1.61	3.51
丽水	0.86	2.11

资料来源：根据《浙江统计年鉴（2010）》的相关数据整理计算。

此外，从经济发展水平的角度来看，2009 年丽水市人均 GDP 只相当于金华、台州 2005 年的水平，全市发展性指标综合指数仅为72.5，居全省末位。根据《浙江全面建设小康社会综合评价指标体系》测算，2009 年丽水小康实现程度 83.29%，相当于全省 2005 年水平，其中经济小康实现程度 80.1%，比全省低 19.45 个百分点。可见，丽水市想要缩小与发达地区的发展差距仍有很大困难。

（三）全省生态文明建设整体框架中的丽水市工业化途径

作为发达省份的欠发达地区，丽水市的工业化道路需要更多地考虑全省生态文明建设的总体布局，并且能够自觉地将工业化嵌入生态文明建设的总体框架。这同时也需要从省级到市级等各个层面在政策制定过程中统筹兼顾，既考虑到生态文明建设的宏观要求，又充分满足欠发达地区经济社会发展的强烈需求，实现和谐发展。

发达省份的欠发达地区有可能有更强烈的工业化冲动，因为周边的一些发展较快地区已经提供了经济快速增长的先例。无论从便于学习的角度，还是产业梯度转移的一般规律，发达省份的欠发达地区的工业化道路选择都受到了周边地区的显著影响。换句话说，发达地区的经济增长也成为欠发达地区政府强区富民的政绩冲动的外部压力。然而，长期以来，欠发达地区的资金、技术、人才等要素流向发达地区，造成现阶段欠发达地区工业化内生动力不足。在这种情况下，很容易导致欠发达地区选择高污染、高能耗的工业产业。然而，浙江省作为经济发展较快的省份，在追求经济总量增长的过程中，开始注重经济发展与环境保护协调的问题。因此，浙江省在全国较早开始重视生态文明建设。在此过程中，生态环境较好的丽水市就需要承担起环境指标贡献的任务，从而导致欠发达地区的工业化难以盲目照搬发达地区工业化模式，必须注重能耗与污染问题。对于丽水市而言，仅靠产业梯度转移所产生的工业化机遇往往可能得不偿失，并可能对欠发达地区发展内生动力造成损害。

对于欠发达地区而言，理想的发展模式是充分认识自身的生态优势，走“绿色崛起，科学发展”之路，无论从产业类型的选择，还是发展路径方面，都要克服传统工业化路径的惯性，将良好的生态资源转化为强大的工业化优势和动力。然而，欠发达地区理性地将自身的工业化进程嵌入全省生态文明建设的总体框架中仅靠自身的力量是不够的，这需要省委、省政府在宏观上注重方向把握和利益导向，在微观上重视各项政策的制定与实施。

第一，建立分类考核评价机制。全省层面要提出欠发达地区的产业规划要求，明确产业导向，规范空间开发秩序；研究制定相应的考核制度和评价标准，并实施分类考核。在对地方政府的行为导向影响方面，可以适当弱化 GDP 等预期性指标，将发展和谐度、环境质量、节能减排和公众满意度等纳入考核，建立并完善的考核评价体系。

第二，注重发展生态工业，加快产业调整步伐。支持欠发达地区现有工业园区的扩容和提升，推进工业园区生态化，支持发展绿色生态环保产业和工业循环经济。进一步加大对来料加工业发展的扶持力度，支持来料加工、专业村、工厂化基地、集中小区建设和经纪人创业，引导发达地区劳动密集型加工企业、外贸企业到欠发达地区发展来料加工基地等。

第三，完善财政转移支付机制。省委、省政府应当从战略层面认识到，欠发达地区在生态文明建设的总体框架中无法复制发达地区工业化的道路是服从全省乃至全国发展战略的大局。因此，通过调整财政收入分配机制，加大对欠发达地区的财政转移力度，是全省为了实现生态文明建设宏伟目标的策略选择。在实际经济发展中，为欠发达地区的生态产业提供政策和资金等方面的扶持，从而使之可以通过选择性地接收符合生态环境发展要求的梯度转移产业和发展新型环境友好型产业。这既能从总体上实现经济与环境的协调发展，也是全省实现经济结构调整和经济发展转型的关键。

第三节　资源富集型区域工业化嵌入路径

一　传统工业改造

长期以来，资源富集型区域的经济发展主要是通过不断扩展传统产业来实现的，因而工业化较为滞后。资源性产业是资源富集型区域经济增长的竞争优势，而技术含量高、产品附加值大、产业关联度强的制造业却是其竞争劣势。资源富集型区域必须摒弃传统的工业化路径，不断促进和完善信息化与工业化之间交互作用的经济增长机制①。

一是调整工业结构，发展信息产业。通过民营电子企业的发展带动国有电子企业的所有制结构改组改造。依托科研院所，以“专、精、特、新”为方向，优化传统企业的组织结构。利用电子信息技术对传统产业实现改造，优化产品结构。

二是建立软件市场。变行政干预为引导服务，将技术与市场相结合，依托信息技术条件良好的区域，建立软件产品市场和相应的产权交易市场，推动软件产业化进程。

三是孵化绿色制造业。以开发区为载体，并利用高新技术产业园区发展绿色制造业，形成循环经济，促进可持续发展。

二　创新科技统筹

资源富集型区域实现传统工业改造的动力是创新科技统筹。创新科技统筹的目标在于优化社会资源配置，提高企业自主创新能力和科技转化能力，并加速相关科技成果的转化②。

一是集中优势科技资源。通过制度建设、平台建设和资金投入，

---

① 张培刚：《新发展经济学》，河南人民出版社 1992 年版；吉利斯、波金斯、罗默（D. Romer）：《发展经济学》，中国人民大学出版社 1998 年版；中国社会科学院环境与发展研究中心：《中国环境与发展评论》（第 2 卷），社会科学文献出版社 1993 年版；中国 21 世纪议程（1994 年）、国家环保总局、中共中央文献研究室：《新时期环境保护重要文献选编》，中央文献出版社 2001 年版，第 245 页；叶险明：《马克思的工业文明理论及其现代意义》（上），《马克思主义研究》2004 年第 2 期，第 41—46 页；中国科学院可持续发展战略研究组：《2006 中国可持续发展战略报告——建设资源节约型和环境友好型社会》，科学出版社 2006 年版。

② 李宏伟：《现代技术的人文价值冲突及其整合》，中国市场出版社 1953 年版，第 19 页；Cassiman B.， Perez-Castrillo D.， Veugelers R. “Endogenizing Know—How Knows through the Nature of R&D Investments”，*CEPR Discussion Paper*，No. 2622，2001；江泽民：《论科学技术》，中央文献出版社 2001 年版；刘诗白：《推进体制机制创新，促进科技进步》，《求是》2006 年第 2 期，第 32 页。

打破科技资源各自为政的局面，提升科技资源的整合性、流动性和高效性，促进科技资源的社会共享。

二是推动产、学、研一体化。通过政策支持，采取委托开发、联合攻关与共建实体等模式推动产、学、研一体化搭建科技创新体系，加快科技成果转化，并实现产业化。

三是构建科技创新联盟。重点是在能源化工行业、钢铁行业、装备制造行业、汽车行业等传统产业和新信息、新材料、新能源等战略性新兴产业之间形成科技创新联盟。

三 山西省大同市的实践案例

山西省大同市地处北温带，全年平均降水量仅421.4毫米，但年均蒸发量却高达1055.9毫米，干旱指数介于2.4—3.3之间。新中国成立后，该地区一直是我国重要的能源生产和输出基地。经年已久的超强度开采，加剧了大同采煤沉陷区的扩大和水上、地下都缺水的恶劣自然环境。加上千百年来无数次战争的摧残，大同市的森林资源已被破坏殆尽。所以几十年来，大同市的绿化和生态一直都不甚理想，人居环境相当脆弱。特别是进入新世纪以来，大同市城市面貌和现代化水平在国内、省内同级别城市中均落入下游水平。为改变工业化与生态文明相背离的窘境，大同市围绕“转型发展、绿色崛起”的发展战略和“三名一强”（即：“文化名城、旅游名都、生态名邑、经济强市”）的奋斗目标，以实现蓝天碧水和污染减排为主线，坚持走可持续发展道路，在经济保持较快增长的同时，环境质量明显改善，走出了一条“黑色煤都、绿色发展”的转型道路，取得积极成效。从全国空气污染排名倒数第三蜕变为山西省环境保护模范城市和山西省园林城市，城市绿化率、绿地率、人均公共绿地面积分别达到41.7%、36.88%和13.12平方米。

（一）工业化现状分析

1. 经济发展总体概况

近年来，大同市经济呈现出加快发展的良好态势。国民经济综合实力不断增强，经济运行质量明显提高，经济结构进一步优化，各项社会事业全面发展，城乡人民生活明显改善，经济和社会发展取得重大进展。

经济总量翻番：2012 年，大同市实现地区生产总值 931.3 亿元，是 2003 年的 3.7 倍。

经济增速较快：2003—2012 年的十年来，除受金融危机影响较大的 2008、2009 两年以外，大同市经济总量均保持了较高速度的增长，年均增长率达 10.6%。

经济结构持续优化：大同市产业结构持续优化，第一产业比重逐年下降，第二产业基本稳定，第三产业有所增加，三产结构比由 2003 年的 6.2∶56.1∶37.7 转变为 2012 年的 5.3∶50.7∶44.0。

2. 工业化阶段

经典的工业化理论认为，可以从经济发展水平、产业结构、工业结构、就业结构和空间结构等方面进行综合来衡量一个国家或地区的工业化发展程度①。本书选取了人均 GDP、城市化率等两个主要指标，以钱纳里工业化标准为依据，分析大同市工业化发展的历程与现状。

按 2010 年平均汇率计算，大同市人均 GDP 为 3091 美元，进入了人均 GDP 3000—6000 美元的发展新阶段，根据大同市最近 10 年（2003—2012）的相关数据分析，大同市的工业化进程大体可以分为 2005 年以前的前工业化阶段，2005—2009 年的工业化初期阶段，2010—2012 年的工业化中期阶段。由此可见，对照钱纳里的工业化标准模型表可知，在总体上，大同市的工业化发展刚迈过启动阶段，并已逐步开始深入推进。

2003—2012 年大同市的人口城市化率相对较高，且城市化水平逐年缓慢上升，工业化略微滞后于城市化。陈佳贵等人将城市化率为 30% 以下界定为前工业化阶段，30%—75% 为工业化实现阶段，按照发达国家城市化率超过 70% 后减速的经验，大同市的城市化水平还有大约 10 个百分点的快速提升空间，据此可以判断，大同市仍处于工

① 陈佳贵、黄群慧、钟宏武：《中国地区工业化进程的综合评价和特征分析》，《经济研究》2006 年第 6 期，第 4—15 页。

业化和城市化加速发展的阶段。

总体而言，2003—2012 年的十年是大同市经济发展一个极为重要的阶段，大同市由前工业化阶段，跨越了工业化初期阶段，迈向了工业化中期阶段，为下一轮的经济快速发展奠定了较为坚实的基础。

（二）生态经济分析

大同市大力落实科学发展观，贯彻生态文明的要求，以全面开展创建国家生态市建设为载体，以调整产业结构为重点，大力推进资源产业循环化，传统产业新型化，新兴产业规模化，支柱产业多元化，进一步优化国土开发格局，实现了经济发展与生态环境改善的良好局面。

1. 改造和提升传统产业

大同市是国家重要的煤炭能源基地，新中国成立以来累计贡献优质动力煤 26 亿吨，目前年产煤 1 亿吨。作为以煤为主的资源型老工业城市，面临着资源日益枯竭和产业结构单一的难题。大同市紧紧抓住产业转型升级这个核心，坚持做优做强煤炭产业，在煤的问题上多做文章。一是在煤炭深加工和延伸产业链上下功夫。沿着开采—洗选—煤化工和开采—发电—高耗能产业链条延伸，大力实施以水煤浆、洗选煤、配煤为中心的优质洁净煤工程；以气化、加工为中心的煤转化工程；以减少污染为主的清洁燃烧工程；以资源高效开发利用为中心的洁净开采和废弃物利用工程。一批煤矸石电厂、煤制甲醇、活性炭等煤炭深加工项目相继形成规模，全市实施煤炭调产的项目有 13 个，总投资超过 60 亿元。二是在推进煤矿兼并重组整合上下功夫。一直以来，大同市煤炭产业集中度较低，年产 30 万吨及以下小煤矿占矿井总数的 90% 以上，据测算，小煤矿平均回采率仅 10%—15%，严重破坏了资源，加速了优质侏罗纪煤炭的枯竭，税费的流失和煤炭财富的沉淀和外流加剧了调产资金的匮乏等严重问题。大同市按照资源优化配置和“关小、改中、上大”的原则，鼓励和支持同煤集团和地方国有骨干煤矿采取收购、兼并、控股、参股等多种形式整合，改造地方乡镇煤矿，逐步引导小煤矿走规模化、集约化经营的路子。截至 2012 年底，整合后全市地方煤矿由 432 座整合为 65 座，产能提升到4865万吨，全市煤炭总产能达1.2亿吨以上。三是在煤炭工业技术改造上下功夫，坚持工业化与信息化融合，以信息化带动工业化。以“节能、降耗、减污、增效”为目的，突出抓好节能、节水、节地、节材。开发和应用节能降耗和综合利用新技术、新工艺、新设备，降低能源消耗。实施一批综合利用重点工程、节能降耗重点工程、燃煤锅炉系统节能改造工程、余热发电和热电联产工程、能量优化工程和废水废渣循环利用工程，大力推进煤化工产业向规模化、集约化和废弃物资源化方向发展，实现资源精深加工增值，高效利用。

2. 发展和培育多元产业

大同市坚持“以煤为基，多元发展”的总体思路，在大力推进煤炭产业的转型升级，积极培育新的非煤产业支柱体系，大力推进非煤产业崛起，形成多元支柱产业。一是狠抓项目建设。大同市优先选择绿色环保、科技含量高、潜力大的项目予以全力支持，以资源优势引入项目，以项目建设推动产业结构升级。“十一五”时期，全市积极推进保障性住房、城市基础设施、农业水利、生态环境、社会事业、结构调整、煤电、能源等八大类、138项重点工程项目，总投资1338.11亿元。目前，已建立完善了“十二五”项目库，全市筛选1235个储备项目，全部列入省“十二五”项目库，总投资8800亿元；其中列入全省“十二五”规划纲要文本，且能够得到省里重点支持的项目有375个。二是打造多元产业。大同市按照依托大企业、大集团实施大项目的新思路，全力壮大和培育新能源、装备制造、现代医药、新型化工、新材料及现代服务业等接续产业，打造多元支柱产业。新能源产业板块，主要是发展以太阳能、风能为主的，以绿色低碳为特征的新兴清洁能源。装备制造产业板块，主要发展以煤机制造、汽车零部件、轿车、重卡等整车制造和电力机车为主的装备制造业。现代医药产业板块，主要是发展以原料药生产和生物制药为主的现代医药产业。新型化工产业板块，主要发展以氯丁橡胶、煤制甲醇、聚甲醛等为主的新型化工产业。新型材料及钢铁管材产业板块，主要发展以新型建材、特种钢、镁合金、石墨碳素和耐火材料为主的新型材料产业。现代服务产业板块，主要发展以文化旅游为龙头，以特色餐饮、现代商贸和现代综合物流为支撑的现代服务业。预计“十二五”期末，煤炭产业与非煤产业比将由2005年的60：40转变为40：60。

3. 优化国土开发格局

根据资源环境承载能力，把全市划分为重点开发、限制开发和禁止开发等三类区域。同时，按照土地用途管制的要求，划分城镇发展区、农田集中区、一般农业发展区、生态环境安全控制区和自然与文化遗产保护区等五个土地利用功能分区。重点开发区既承担了承接东部发达地区的产业转移，又要承接限制开发区和禁止开发区的人口适度转移的功能。对这类区域适当扩大土地供应，满足工业化和城镇化的需要，并在政策性基础设施建设资金方面予以倾斜。把资源环境承受能力较弱，大规模聚集经济和人口条件较差的生态环境脆弱区域，定位为限制开发区域。在限制开发区域，实行保护优先、适度开发的方针，实行严格的土地用途管制，在政策性生态环境建设资金方面予以倾斜。加强生态环境整活等工程性措施，因地制宜发展本地可承载的特色产业，引导超载人口逐步有序地转移到重点开发区域，缓解人与自然关系紧张的状况。把面积达397474公顷，占全市总面积的28.19%的各类森林公园、重点保护区、水源保护区及上游流域区等重点生态功能区和生态环境脆弱的地区定位为禁止开发区，区内土地必须服从保护需要，严格执行保护区规划和有关法律法规，严禁占用区内土地进行破坏景观、污染环境的生产建设活动，严格禁止区内污染企业的发展，严禁一切不符合保护区域功能定位的开发活动。

（三）经验与启示

1. 主要经验

大同作为我国具有典型意义的欠发达省份资源型城市，在发展地方经济的同时，主动将工业化嵌入生态文明建设中，在妥善处理工业化与全国、生态文明建设两者之间的矛盾和冲突中积累了宝贵的经验。一是顺应形势，主动转型。大同市政府充分认识到传统的粗放型增长模式的不可持续性，煤炭资源的不可再生性，审时度势，主动实施经济的转型升级，通过改造传统的煤炭产业，培育一批新兴产业等措施，推动发展由主要依靠资源开采、初步加工向资源深度开发、深度加工转变，由外延扩张向内涵提升转变，由传统产业独大向多元发展转变，由粗放、高耗、低效、单一线性发展向集约、低碳、高效、多元循环发展转变。二是优化开发，保护生态。坚持开发与保护并重，把改善生态、节约资源、保护环境放到突出位置，优化土地功能分区，严格禁止开发生态脆弱地区，大力推进以保护生态环境为主要内容的京津风沙源治理、首都水资源保护、雁门关生态畜牧区建设、太行山绿化和生态修复工程等五大生态工程，实现了以最小的环境代价和最合理的资源消耗，获得最大的经济社会效益的目标。

2. 重要启示

第一，工业化仍是欠发达地区资源型城市加快发展的重要内容。在“强区富民”的政策指引下，无论是出于产业发展的惯性还是地方政府与当地居民的发展需求，工业化仍是欠发达地区经济社会发展的重要方面，也是各地落实科学发展，加快转变经济发展方式不可逾越的阶段。第二，工业的转型升级与生态文明建设可以协调发展。在全国生态文明建设背景下，只要因地制宜，选择适合区域发展特色的工业化路径，建立科学可行的制度和政策体系，构建工业化发展的“内源性主动嵌入模式”，欠发达地区可以克服经济发展与生态文明脱嵌的困难，实现工业发展与环境保护互相促进的良好发展局面。

第四节　农业主导型区域工业化嵌入路径

一　农村工业深化

推进农业主导型区域工业化，最艰巨的任务在于推进农村工业化进程。主要是通过用工业化的组织和工业化的生产方式来改造传统农业，以工业资本、技术和管理方式来优化传统农业的资源配置。

一是扶持龙头企业。积极鼓励和引导有竞争力的龙头企业利用当地农业资源优势，通过产、学、研相结合，带动成片农业实现综合开发和经营，逐渐形成农产品深加工和精加工的农村产业集群，建构技术主导、规模经济的高效农村产业链。

二是实现农村产业运作市场化。实行公司和农户相结合，专业市场和农户相结合，合作社和农户相结合，公司、合作社和农户相结合，专业协会和农户相结合的农村产业模式，形成利益共享、责任共担的市场机制。

三是实施体制创新。鼓励有条件的欠发达地区探索深化与农村土地经营权流转制度相关的改革。探索通过股份制实现农村土地由分散经营向集中经营的再调整，从而建立土地承包权、集体所有权和流转经营权等共同参与入股的村域新型股份制企业。此外，要针对农村工业化适当倾斜劳工政策，并加快建立农村社会保障体系。

四是优化政策环境。加强对乡镇企业的引导和扶持，加快相应的产权改革和结构调整，结合农村有关税费制度的改革，切实减轻乡镇企业的经济负担，增强其市场竞争力。

二 创新人力资源开发

欠发达地区工业化强调工业技术水平和产品科技含量的提升，因此，在农业主导型区域实施农村工业深化的同时必须创新人力资源开发[①]。

一是推进教育体制改革和创新，增加教育投入，为农村工业发展消除人才瓶颈。二是通过引入竞争机制，制定和实施高级人才引进政策，建立人才激励机制，营造人才成长环境，来实现分配体制的改革和人事体制的创新。三是在农村发展网络教育，促进欠发达地区的全民教育，为农村工业深化就地输送人力资源。

---

① A. Lewis, "Economic Development with Unlimited Supplies of Labor", *The Manchester School*, 1954, 22 (5): 139 - 191. G. Ranis and J. Fei, "Development of the Labor Surplus Economy", *Theory and Policy*, Homewood, Ill.: R. D. Irwin, 1964；白永秀、郭俊华：《论西部大开发中的人力资源开发》，《当代经济研究》2001 年第 4 期，第 17—22 页。

三　湖南省长沙县实践案例

（一）农村工业化成效

近年来，长沙县工业规模不断壮大，工业总量逐年迈上新台阶。全县工业总产值由2000年的127.1亿元大幅增至2007年的546.3亿元，增长329%，规模工业总产值由64.6亿元增加到450亿元，增长了596.6%，完成规模工业增加值77.9亿元，比2000年的19.7亿元增长295.4%，工业投入由2000年的8亿元增加到25.3亿元，增长216.2%。主要表现在以下五个特征：（1）“兴工强县”战略的实施，使工业经济成为县域经济的主力军；（2）工业经济成为改变城乡二元结构、新农村建设的重要推动力量；（3）工业经济成为参与和推动城镇化的积极因素；（4）工业企业成为农产品加工业和农业产业化经营的主要载体；（5）工业企业已成为吸纳农村富余劳动力就业和促进农民增收的重要渠道。

（二）农村工业化经验

1. 优化农业产业结构

近年来，长沙县农产品深加工从无到有，从小到大，形成了一批颇具规模、市场影响力较大的茶业、粮食深加工、食品饲料及添加剂的农业龙头企业，其中4家被确定为省级龙头企业，6家被确定为市级龙头企业，并有9个产品被授予省级名牌产品和著名商标。

2. 快速推进园区建设，不断拓展工业平台

长沙县按照优势地区优先发展的思路，先后提出了“一区带六园、园区带全县”和“1+6+3”200平方公里经济核心区发展思路，以县城（经开区）为中心建设工业发展平台，拓展工业发展空间，力争打造全省工业核心增长地域。

3. 着力融资平台建设，全面完善配套服务，力争在投融资体制上的突破

面对长沙县企业发展资金受到制约的问题，长沙县采取一切有效手段，整合社会资源，全力破解这一发展难题。一是全方位支持星沙中小企业担保公司发展。在坚持政府引导、市场运作的基本框架下，

继续为担保公司运作提供政策支持。二是引导上市公司扩大在县内投资。通过创新思维，靠大、靠强、合股、买壳等途径，争取更多的公司上市融资，实现投资主体多元化。三是激活民间投资，加快资本运营。采取多种途径让民间沉淀资本流动起来，依托资本运作，广泛吸引境外资金、法人资本、私人资本，不断改善企业股本结构，优化资本金比例，降低企业财务风险，提升企业自我发展、自我提升的能力。

第六章

欠发达地区工业化嵌入政策研究

政策是政府用以规范与引导单位和个人行为的准则或指南。一国政治、经济、文化向何方向发展以及发展程度如何与该国所采取的政策密切相关，政策在社会发展中具有重要作用，甚至是决定性作用。实施全国生态文明建设框架下的欠发达地区工业化战略，提升欠发达地区工业化在全国生态文明建设中的嵌入程度，提高欠发达地区工业化与生态文明建设的协调发展优度，离不开政策的大力引导与调控，迫切需要建立科学合理、引导有力、调控高效的政策体系。

第一节　构建高效的政策管理机制

一　完善管理体制

欠发达地区工业化政策管理机构是指推进欠发达地区工业化的决策制定主体，而欠发达地区工业化决策组织则是指在一个规范的框架内相互作用的一系列工业化决策行为主体及其相互关系安排。

政策管理机构的设置在很大程度上决定了政策的效应与效益。欠发达地区工业化政策的决策权主要由中央当局掌握。中央政府设置专门的机构负责欠发达地区工业化政策的制定与实施；立法机构负责处理所有有关欠发达地区工业化政策的法律，即批准或否决由欠发达地区工业化政策管理机构确定的援助措施、激励力度、工业化布局设计和分散程度，也包括批准成立或取消特定区域工业化政策管理机构等。

预算决定对欠发达地区工业化政策具有重要意义。一部分工业化政策支出可以是通过单独条款得以通过的，而其他部分包括在各部委或其他专门的政府机构的预算内。

欠发达地区工业化政策管理机构在地区层次上发挥作用，往往独立于中央政府其他机构或者在多部门之间起着协调作用。之所以需要这种组织结构，是由于欠发达地区工业化政策管理机构实施的项目是为了解决国内欠发达地区的工业化发展问题，要取得成功，必须得到欠发达地区人民广泛支持并需要各种地方利益集团的参与。欠发达地区工业化政策管理机构的制度结构不同于地方层次的开发机构，后者的活动领域局限于特定区域或省区，而前者的活动涉及多个省区的许多领域，如跨省区的基础设施建设、工业开发、自然资源开发与环境保护等，因而也是地方多种活动的协调机构，其最终目标不仅要推动整个欠发达地区工业化的发展，而且要平衡欠发达地区内部利益在不同区域间的分配。

除中央政府外，欠发达地区工业化政策的实施还需要其他一些机构或组织。在立法机构通过或中央政府批准后，欠发达地区工业化政策实施的组织机构有国家、区域与地方两个层次（如图 6 - 1）[①]。国家层次的组织主要有：中央政府及其下属的欠发达地区工业化政策管理机构、立法机构、欠发达地区工业化政策基金会和全国性的欠发达地区工业化制度与政策机构协会组织。区域与地方层次的组织主要有区域层次的政府管理机构（如省级政府）、地方政府（如县级政府）、地区工业化协调发展委员会、地区工业化政策基金会、区域开发代理和其他区域开发机构。一般而言，国家层次的组织的决策与行动要通过各种地区组织间接作用于工业化经济实体（即欠发达地区工业化作用区域内的企业和个人）。

在我国生态文明建设的指导下推进欠发达地区的工业化发展，国家层次的组织中，在政策管理机构设置上可成立国务院欠发达地区工

① 张可云：《区域经济政策——理论基础与欧盟国家实践》，中国轻工业出版社 2001 年版。

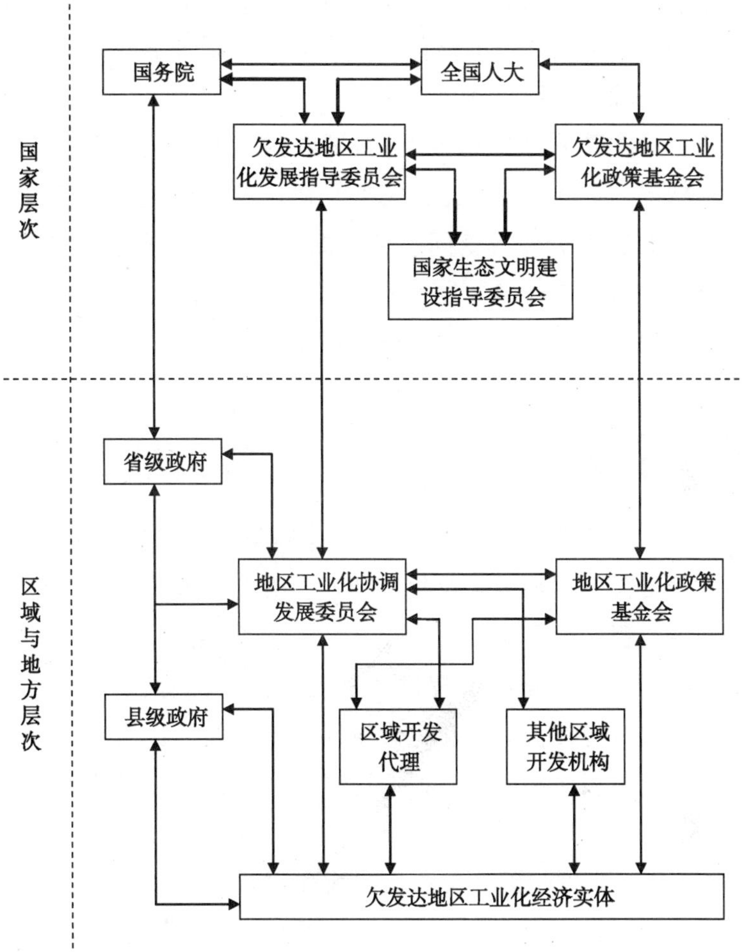

图6－1　欠发达地区工业化政策组织结构设计

资料来源：根据欠发达地区工业化政策组织思路进行设计。

业化发展领导小组，由国务院总理担任组长，负责组织、领导、协调、监督、检查欠发达地区的工业化发展工作，同时由各相关部委的部长、主任担任副组长，以利于欠发达地区工业化政策措施在各个相关部委的预算框架内得以有效协调。国务院欠发达地区工业化发展领导小组下设欠发达地区工业化发展办事处，其职能提交全国人民代表大会批准界定，以取得独立的决策权，并通过设立欠发达地区工业化政策基金会，独立掌握欠发达地区工业化政策基金工具。此外，可设立国家生态文明建设指导委员会，负责指导并监督欠发达地区工业化政策在全国生态文明建设的整体框架内展开，同时掌握并协调必要的生态补偿和环境保护预算支出。

区域与地方层次的组织中，可按照我国欠发达地区不同的类型和生态环境状况，设立若干个地区工业化协调发展委员会。每一个地区工业化协调发展委员会下辖同一类型的若干个省，负责组织、领导、协调、监督、检查该类型欠发达地区的工业化发展工作，并通过设立地区工业化促进基金会，独立掌握该类型欠发达地区工业化政策性基金工具。

二 优化决策程序

欠发达地区工业化政策本身科学合理与否、其实施效果是否理想，一方面受欠发达地区工业化政策管理机构设置的影响，另一方面也会受到决策程序的影响。

欠发达地区工业化决策程序，是规范欠发达地区工业化政策制定、实施、监督与评价的一套具体规则，包括欠发达地区工业化政策制定程序、实施程序和监督与评价程序。这些程序一般是由专门的法律规定的。

一般而言，欠发达地区工业化决策程序是一个循环往复的、交互作用的过程，包括四个方面：首先是议程设定，也就是明确问题并确定欠发达地区工业化政策目标；其次是政策制定，包括明确政策选择，对各种选择进行分析，选择具体的政策工具，就选择的工具咨询各有关方面的意见，同其他政策进行协调，最终作出工具选择方面的决策；再次是政策实施，包括建立一个实施政策的战略，具体分配各种政策资源；最后是政策监督与评价，包括监控政策执行结果，并将执行结果与预期结果进行比较。若结果不如意，则又进入下一轮循环，如图6－2。

（一）改善政策制定程序

欠发达地区工业化政策制定程序有多种，但我们从我国的国情出发，构建了以下共同决策程序（如图6－3），即：

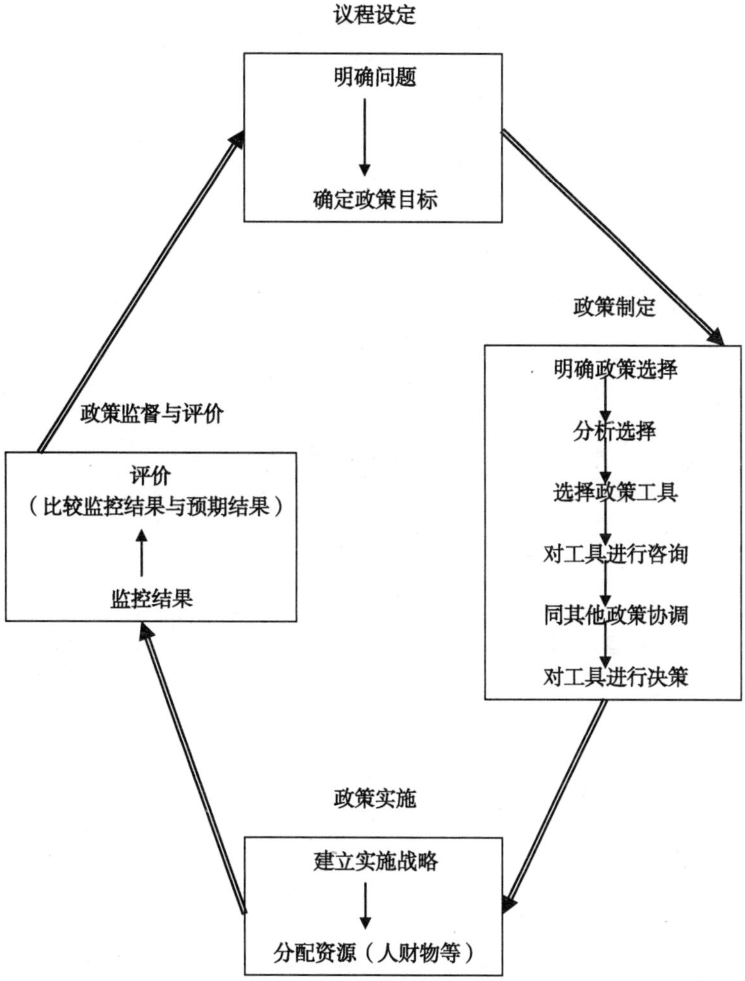

图 6－2　欠发达地区工业化政策总程序循环

资料来源：根据欠发达地区工业化政策总程序循环思路进行设计。

第一步，欠发达地区工业化发展办事处提出提案并提交全国人民代表大会常务委员会请其表达意见。

第二步，全国人民代表大会常务委员会就草案进行一读并提出意见后提交国务院，国务院在同相关部门和地区讨论之后就全国人民代表大会常务委员会的意见达成一致意见，并送交全国人民代表大会常务委员会二读。

第三步，在规定期限内，全国人民代表大会以一定的投票方式通

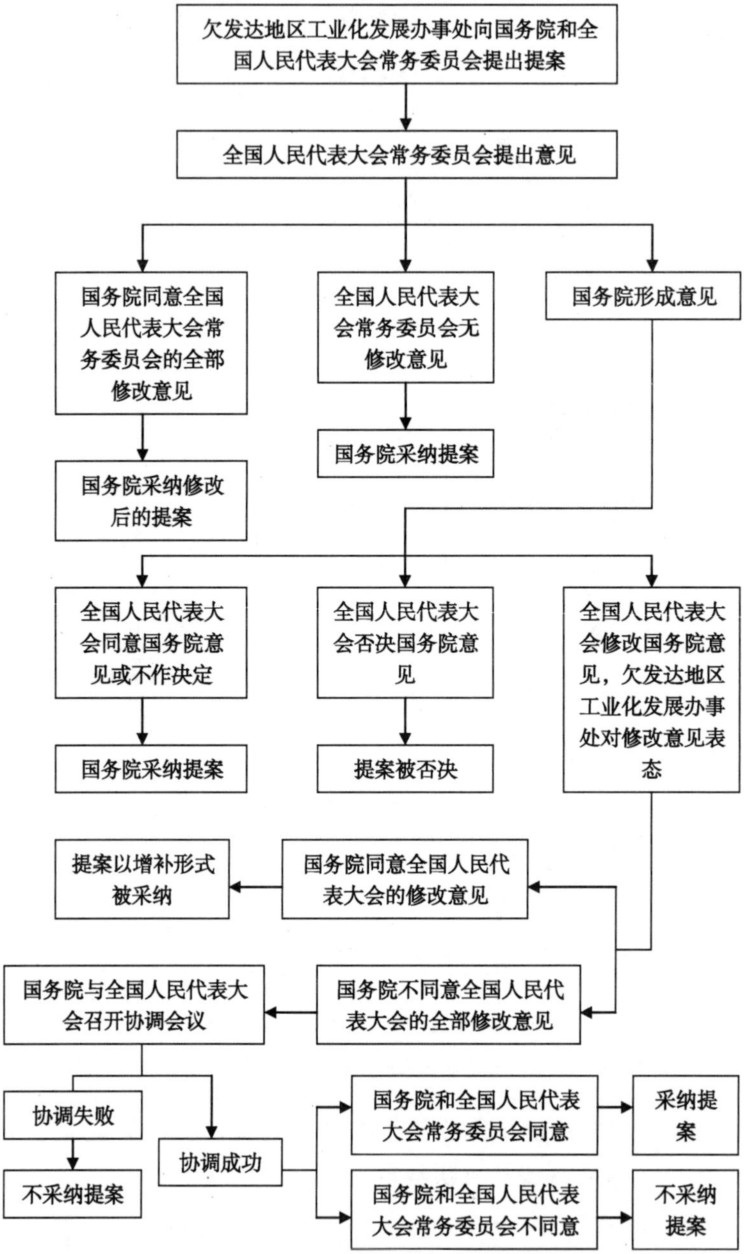

图 6－3　欠发达地区工业化政策制定的共同决策程序

资料来源：根据欠发达地区工业化政策制定的共同决策思路进行设计。

过、否决或修改否决提案：

（1）若全国人民代表大会通过国务院的意见，则该意见就成为所应遵守的规范；若全国人大没有做出决定，则国务院通过提案以完成立法。

（2）全国人民代表大会以全体代表的绝对多数否决国务院的意见。

（3）全国人民代表大会以全体代表的绝对多数修改提案；国务院在规定期限内通过修正后的提案，或者否决欠发达地区工业化发展办事处所不同意的修正案。

第四步，在全国人民代表大会有意否决提案时，需要安排协调程序以寻求解决的方案：

（1）由国务院和全国人民代表大会常务委员会组成调解委员会，欠发达地区工业化发展办事处居中协调，提出必要的建议。

（2）协调委员会若在规定期限内达成协议，则国务院和全国人民代表大会常务委员会各在一定期限内分别确认该项妥协的方案；若任何一方没有通过该项妥协方案，则表示该提案失效。

（3）在协调委员会没有达成妥协方案时，若全国人民代表大会否决该修正案，则该提案遭到完全否决。

最后，经过共同决策程序所通过的规则，必须由全国人民代表大会常务委员会委员长和国务院总理联合签署后发布。

（二）政策实施程序

欠发达地区工业化政策形成之后，即在国务院或全国人民代表大会及其常务委员会通过之后，便进入实施阶段。欠发达地区工业化政策的实施就是要将政策工具落实到具体的区域。实施过程有多种主体参与，这些主体被称为欠发达地区工业化政策利益相关者，主要包括国务院的欠发达地区工业化发展办事处、欠发达地区工业化政策基金会、地区工业化协调发展委员会、地区工业化政策基金会、地方各级政府、欠发达地区工业化经济实体及个人等。实际上，欠发达地区工业化政策实施程序规定的是这些主体间的利益转移规则，包括主体间作用关系和具体的转移规定。

根据我国国情，宜采用层层传递方式的政策实施程序，即以欠发达地区工业化发展办事处为政策的决策机构，以地区工业化协调发展委员会和各级地方政府为政策的中间传递者，以欠发达地区工业化经济实体及个人为政策的利益收受者，形成“欠发达地区工业化发展办事处—地区工业化协调发展委员会—省政府—县政府—欠发达地区工业化经济实体及个人”的政策实施层层传递的方式。

层层传递方式是按层次逐级转移欠发达地区工业化政策再分配利益，决策机构不直接而是通过多种中间层次间接地作用于欠发达地区的企业和个人。这种方式的优点是在欠发达地区工业化政策实施过程中可充分考虑各层次的意见或利益，并扩大地方政府与机构的参与程度，但要努力避免由于层次过多导致的实施过程过长，以及各个层次之间存在的一些逆向选择和道德风险问题。

（三）政策监督与评价程序

制定与实施欠发达地区工业化政策会影响众多主体的利益，这些主体被称为制度或政策利益相关者，即在欠发达地区工业化政策制定与实施过程中发挥作用和具有利益的主体。主要的利益相关者有四类：

（1）直接受益者，即欠发达地区工业化政策规定的最终从政策实施中获得利益的目标群体或个人。

（2）间接受益者，通常是指通过欠发达地区工业化政策实施所产生的联系效应而间接获得利益的机构、地区或个人，这些受益者因政策的实施而加强了其区域开发能力。

（3）负责确保欠发达地区工业化政策结果不偏离预期目标的主体，如政策项目经理与政府职员。

（4）负责为欠发达地区工业化政策项目提供资源的主体：如国家欠发达地区工业化政策制定者、欠发达地区工业化政策基金组织和预算机构等。

为保证上述主体的利益在欠发达地区工业化政策实施过程中会发生积极的变化，通常需要对欠发达地区工业化政策进行监督与评价，这是保证政策制度和决策正确与实施有效的关键之一。欠发达地区工业化政策监督与评价的目的是：保证政策资源得到合理利用；保证政策的重大目标能得到实现；作为一个预警系统，以防止政策目标不能实现；在政策执行过程中，向所有相关利益者提供规范的信息，为检查政策提供信息基础；为未来的政策决策提供更好的基础，通过学习改善未来的政策制定与实施；保证为合理的干预提供持续有力的支持。

欠发达地区工业化政策监督与评价的利益相关者和目的都不是单一的，这决定了政策监督评价程序的复杂性。也就是说，既要使各利益相关者的利益得到明显增进，又要实现监督评价的各种目的，政策监督评价需要多方参与。多方监督与评价可保证评价的有效性并降低评价偏差。多方监督评价过程尽可能将项目、省区、地区与国家的利益主体和公共机构结合起来，以保证政策考虑多种利益与目标。在某种意义上说，多方参与的过程不仅能保证监督与评价得到广泛认可，而且有助于通过有效的、有意义的公共参与在多种利益相关者之间建立起沟通的桥梁。多方参与方法可促进合作，增强人们对欠发达地区工业化政策的了解。

一般而言，完善、有效的监督与评价程序包括欠发达地区工业化政策项目自我监督与评价、省区团队监督与评价、地区团队监督与评价、国家团队监督与评价及各种监督与评价间的相互参照、对比与影响，如图6－4所示。

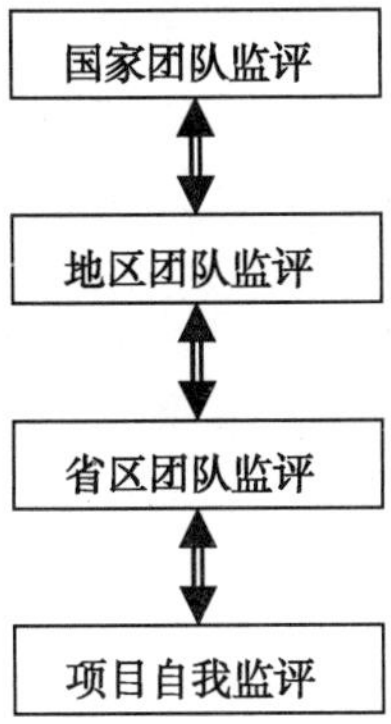

图6－4　欠发达地区工业化政策监督与评价程序

资料来源：根据欠发达地区工业化政策监督与评价思路进行设计。

1. 项目自我监评

项目自我监评是指项目执行者或受益者对欠发达地区工业化政策

项目的实施过程与结果的一种自我评价。除了要分阶段说明项目的成本与利益外，这种监督与评价要求提出项目改善建议。

2. 省区团队监评

为了保证省区的需要和关注的问题在监督过程中得到反映，需要组建、扩大或确认省区监督与评价团队。这种团队负责收集与分析评价欠发达地区工业化政策项目或工具的必要数据，对欠发达地区工业化政策项目进行定点监控，对自我监评结果进行再评价并安排监督与评价计划。与地区和国家团队不同的是，每个省区团队可自由确定其组织结构（例如成员、团队规模等可不固定）。这种灵活性是由定点监控所决定的。省区团队的分析数据和年度报告是地区团队对欠发达地区工业化政策项目进行合理判断、监督与评价的基础。

3. 地区团队监评

地区团队是多方参与、广泛包容并与省区团队相互影响的监督与评价组织。地区团队负责同类型欠发达地区内各省区团队的数据，分析同类型欠发达地区内的主导项目的实施结果，例如其成本利益分析、地区影响分析等。

4. 国家团队监评

国家团队负责从国家的角度评价欠发达地区工业化政策项目，包括：欠发达地区工业化政策合同的签订、实施与管理情况；欠发达地区工业化政策所取得的具体成效；省区与地区机构在合同执行过程中所发挥的作用；对欠发达地区工业化政策管理机构成员的职责履行情况进行评价。此外，国家团队还要总结欠发达地区工业化政策的重要经验与教训，包括实施过程中的障碍、有推广价值的经验和未来改进的方向等。

第二节 建立差别化的政策体系

一 差别化的工业化政策取向

对于生态承载力较强且工业化水平明显落后的省域，采取工业化相对领先的发展政策取向；对于生态承载力脆弱而工业化过度发展的省域，采取控增量转存量的工业化调整政策取向（即严格控制传统工业扩张发展，存量工业向清洁生产和循环经济转型）；对于生态承载力脆弱而工业化水平较低的省域，采取以发展清洁生产和循环经济为重点的适度工业化政策取向。

二 差别化的产业政策

产业政策要引导生态承载力脆弱而工业化水平较低的欠发达地区转移占地多、消耗高的加工业和劳动密集型产业，提升产业结构层次；引导生态承载力脆弱而工业化过度的欠发达地区加强产业配套能力建设；引导生态承载力较强且工业化水平明显落后的欠发达地区发展特色产业，限制不符合主体功能定位的产业扩张。要修改完善现行产业指导目录，明确不同主体功能区的鼓励、限制和禁止类产业。

三 差别化的投资政策

投资政策要重点支持生态承载力脆弱而工业化过度和生态承载力较强且工业化水平明显落后的欠发达地区公共服务设施建设和生态环境保护，支持生态承载力较强且工业化水平明显落后的欠发达地区基础设施建设。要实行按主体功能区安排与按领域安排相结合的政府投资政策，按主体功能区安排的投资主要用于支持重点生态功能区和农产品主产区的发展，按领域安排的投资要符合各区域的主体功能定位和发展方向。

四 差别化的土地政策

土地政策，要对生态承载力脆弱而工业化水平较低的欠发达地区实行更严格的建设用地增量控制，在保证基本农田不减少的前提下适当扩大重点开发区域建设用地供给，对生态承载力脆弱而工业化过度和生态承载力较强且工业化水平明显落后的欠发达地区实行严格的土地用途管制，严禁生态用地改变用途。要实行差别化的土地管理政策，科学确定各类用地规模，严格土地用途管制。

成立欠发达地区国土资源开发特别区，以利统筹规划开发资源。开发区的特点是资源富聚，生态脆弱，贫穷落后，为使开发区的资源能够更好地为欠发达地区工业化服务，需要建立一个具有权威性的机构。该机构为政企分开的经济技术实体，享有法人权益。可以打破来自各个面的体制分制，对开发区以能源为主的国土资源开发和地区的经济发展履行最高级的统一规划和组织实施的职权。有了这样的机构，就能对区内的煤炭、电力、天然气、铁路运输、水源地和地方的工业化发展以及环境整治等进行统筹规划，合理安排，分步实施，达到资源利用理、环境治理有序、确保能源基地建设顺利进行、权衡协调利益分配和促进地方经济快速发展的目的。有了这样的机构，必能避免各方从自身利益出发对其得与失的讨价还价，以及为了某件事无休止地争论，以致延误工期，影响能源基地建设的进程等情况的发生。

五　差别化的财税政策

从工业化维度看，工业化会对生态系统造成负面影响，但其负面影响的大小程度与工业化发展模式高度相关。发展高污染工业必然会对生态环境带来巨大的负面影响，发展生态工业将会对生态环境带来低微的负面影响；先发展后治理必将对生态环境带来巨大的负面影响，边发展边预防边治理则会将负面影响降到较低限度。因此，实现生态文明的现实选择，不是禁止或大力遏制欠发达地区工业化，而是要积极推动欠发达地区工业生态化，围绕工业生态化完善相关的财税政策，更有效地促使欠发达地区加快生态工业化发展进程。如何推动欠发达地区工业生态化，围绕工业生态化怎样完善相关的财税政策和排污权交易制度，有必要从新的维度和新的路径进行深入研究和实践。

工业生态化财税机制的基本框架：根据推动欠发达地区工业生态化的总体要求，针对中央对欠发达地区保护生态环境的特殊要求，区分欠发达地区不同的经济发展模式，建立相应的财税制度框架，即对生态环境脆弱的欠发达地区，建立以加大财政拨款补偿和加重处罚污染工业为主的激励机制；对于生态环境厚实的欠发达地区，建立按照绿色工业增加值的一定比例奖励和加重处罚污染工业为主的内源性激励机制；改革排污权许可制度，变排污权行政许可制为公开分类招标制。

（一）政府补偿制度的改善思路和内容①

1. 明确补偿对象，实行分类重点差异补偿

明确欠发达地区的补偿对象是完善生态补偿机制的首要任务，欠发达地区生态补偿的对象包括为保护和建设生态环境做出贡献者和因生态环境保护和建设而失去发展机遇和机会致使利益受到损失者。欠发达地区人民保护生态环境是以牺牲局部的、当前的利益为代价的，这些生态保护和建设的代价、成本以及失去的经济社会发展的机会成本都应当得到相应的补偿。与此同时实行分类重点差异补偿：首先，根据补偿资金投入状况，加大欠发达地区的补偿，量力而行确定有差别的补偿范围和标准，重点补偿目前问题比较突出的领域，集中有限力量确保补偿取得成效；其次，逐步将补偿的重点转移拓展到欠发达地区的外围区域，同样需要量力而行、分步骤明确补偿的区域、重点和标准，稳步形成欠发达地区多层次的生态补偿体系。

2. 补偿途径与方式多样化，变“输血”补偿机制为“造血”补偿机制

欠发达地区的生态补偿是一个系统工程，补偿途径与方式的多样化可以增强补偿的适应性和灵活性，进而大大提高补偿的针对性和有效性。就补偿途径而言，欠发达地区需要在国家已有资金补偿的基础上进一步争取国家财政转移支付力度的倾斜，同时要加强当地政府的

① 陈泉生：《环境法学基本理论》，中国环境科学出版社 2004 年版；陈瑞莲、胡熠：《我国流域区际生态补偿：依据、模式与机制》，《学术研究》2005 年第 9 期，第 71—74 页；宋先松：《西部地区生态建设补偿机制和评价体系研究》，《西北师范大学学报》2005 年；吴晓青：《加快建立生态补偿机制促进区域协调发展》，《求是》2007 年第 19 期，第 52—54 页；国家发展改革委国土开发与地区经济研究所课题组：《青海三江源地区生态补偿的现状、问题及建议》，《宏观经济研究》2008 年第 1 期，第 24—28 页。

资金配套与财政补贴力度；借助资本市场的力量尝试发行欠发达地区生态建设彩票，广泛筹集生态建设资金；还可以借助国内外基金如世界环境基金（GEF）、世界自然基金会（WWF）等项目，用于欠发达地区的生态建设项目。就补偿方式而言，目前欠发达地区过分依赖以财政转移支付为主的资金补偿方式，在政策补偿、技术、智力方面的补偿严重不足。从短期看，欠发达地区强化和完善这种“输血型”生态补偿机制是有必要的，但从长远发展的角度出发，则必须建立以技术、智力补偿为主的“造血型”补偿机制，使受补偿者充分发挥其发展经济的潜能、积极性和主观能动性，形成造血机能与自我发展机制，使外部补偿转化为欠发达地区主体的知识技能自我积累能力和自我发展的能力，以最大限度地解决经济发展潜能的激活与环境资源保护之间的矛盾。

3. 建立欠发达地区与发达地区之间的横向生态补偿机制

欠发达地区的生态保护是一种典型的公共产品，其受益者不仅包括当地的广大人民，更包括许多发达地区，欠发达地区生态补偿机制的运行不仅需要来自中央财政纵向转移支付的支持，更需要来自发达地区横向转移支付的支持，因此必须坚持“源头区域利益与整体利益协调原则”，建立欠发达地区与发达地区“利益共享、责任同担”的补偿机制，强化不同区域之间的补偿，形成“源区生态建设者提供生态产品—生态受益者购买生态产品—生态受益者为源区提供相应补偿—源区生态建设者得到应有回报—促使源区加强生态的保护和建设—源区为受益区域提供良好生态”的良性循环机制。

（二）企业排污权赋予方式的改革思路和内容

行政控制和市场调节是生态环境质量控制的两种手段，它们各有利弊。将这两种手段有机地结合起来运用，充分利用和发挥它们的优点，将更有益于提高生态环境质量的控制效率和效果。通过公开分类招标制来分配企业排污权，正是行政控制和市场调节这两种手段有机结合、优点共同发挥的实现形式，它既有益于提高生态环境质量的控制效率和效果，又可以大大提升企业排污权分配的公开性、公正性和公平性。

所谓公开分类招标制，是指以污染程度为依据将各行业划分为低度污染行业、中度污染行业、高度污染程度行业三大类，分地区、分大类进行排污权额度公开招标来分配企业的排污权额度。

实施通过公开分类招标制来分配企业排污权额度，关键要抓好以下五条：

（1）各级政府部门科学合理分配各地区的排污权额度，这是高效控制生态环境质量的基础性条件之一。

（2）各级政府部门科学合理制订低度污染行业、中度污染行业、高度污染程度行业的差异性招投标规则和流程。

（3）各级政府部门科学合理制订低度污染行业、中度污染行业、高度污染程度行业的企业排污权额度的投标起价（指单位排放的生态环境补偿金），应当依据污染程度实行显著差异的投标起价标准。

（4）各企业参与投标，需要报送所需要的排污权额度。政府部门根据排污权招投标结果所形成的优先序，以及各企业报送的所需要的排污权额度，进行企业排污权额度分配。

（5）严禁企业间进行排污权交易。各企业在每一年度内剩余的排污权额度，政府以招标起价回购。这样做的好处是：既有利于促使企业合理编报所需要的排污权额度，又有利于促进企业大力发展循环经济，尽力降低排污程度，还有利于通过遏制排污权在企业间转移，有效降低整个地区的整体排污水平。

（三）内源性激励制度的基本思路和内容

基本思路如下：

1. 绿色工业发展的激励制度

从系统化、一体化观点出发，综合考察既有利于工业系统健康发展，又有利于提高生态文明水平对欠发达区域生态环境保护激励政策的价值取向，有必要实施按照清洁化工业增加值的一定比例计算奖励资金额度的动态政策，以从内源性维度来激活动力，进而达到工业系统发展与生态文明建设的双赢。

2. 污染工业发展的重罚制度

对高污染地区、超污染地区征收巨额环保罚款；对高污染企业按照较高的营业税率计征营业税；对超污染企业处以巨额环保罚款。

基本内容如下：

第一，建立环境保护财政投入的稳定增长机制，落实环境保护财政预算支出科目中的资金，把环境保护投入作为公共财政支出的重点，进一步增加环保投入，保证环保投入增加幅度高于经济增长速度。

第二，消除不利于环境保护的财政补贴政策，主要是减少对水资源的补贴，同时减少对于农用化肥及农药的补贴。

第三，完善现行税制中环境相关税种的环境保护作用，如提高消费税率、扩大消费税征收范围；资源税方面确立普遍征收为主、调节级差为辅的征收机制，弱化其原有的调节级差收益的功能，强化保护资源和限制资源开采的作用。

第四，学习先进国家，适时开征污染排放税或污染商品使用税。

第五，完善排污收费制度，提高征收标准，建立环保专项基金有偿使用机制；增加装备，充实人员和完善监控手段等。

六　差别化的人口政策

人口政策要鼓励在生态承载力脆弱而工业化水平较低的欠发达地区有稳定就业和住所的外来人口定居落户，引导生态承载力脆弱而工业化过度和生态承载力较强且工业化水平明显落后的欠发达地区的人口逐步自愿平稳有序转移。

第三节　构筑差别化的政绩考评机制

推进社会主义核心价值体系建设，必须注重持续发展①。为此，要制订对干部考核和评价的科学的指标体系，树立科学的政绩观，在

① 秦宣：《用科学发展观指导社会主义核心价值体系建设》，《学习月刊》2012 年第 11 期，第 8—9 页。

传统的官员政绩考核制度中，政府官员单纯追求GDP以此提高自身政绩的做法导致了政府调控环境问题上的失灵，使我国人和自然的矛盾仍然比较突出。尽管一时还难以形成普遍接受的绿色GDP量化考核标准，但衡量GDP必须把资源环境消耗和治理成本考虑在内。要牢固树立生态红线的观念，就是不能越雷池一步，违者必罚①。为此，浙江、四川、内蒙古三个省份已经把环保指标纳入官员政绩考核中，引导各地区重视生态环境保护，但因考核分数权重不大而收效甚微；浙江还对部分市地从2014年开始不再考核GDP，试图据以促使生态环境厚实地区保护好青山绿水，但是在现实生活中可以预见，即使不考核GDP，政府官员基于强区增收富民的现实需要考虑，也会非常努力追求GDP。

强国富民是中国梦的核心内容，物质文明与生态文明和谐共进则是强国富民的根本体现。因此，应当从根本上改革官员政绩考核制度，构建差别化的政绩评价机制。

一　差别化的政绩评价机制的基本含义和框架

所谓差别化的政绩评价机制，是指按照欠发达地区生态环境质量的不同属性，构建不同的政绩计分模型，据以计算政绩得分，评价政绩等级。

差别化的政绩评价机制的基本框架如下：

对于生态环境优良地区，建议按照以下公式计算政绩综合考评得分：

政绩综合考评得分＝政绩评价基准分×按照未含生态环境因子的政绩得分/未含生态环境因子的政绩基准分×（生态环境因子考评得分/生态环境因子考评基准分）；

对于生态环境一般地区，建议按照以下公式计算政绩综合考评得分：

① 蓝蔚青：《建设“美丽浙江”实现可持续发展》，《今日浙江》2013年第11期，第30—31页。

政绩综合考评得分=政绩评价基准分×按照未含生态环境因子的政绩得分/未含生态环境因子的政绩基准分×（生态环境因子考评得分/生态环境因子考评基准分）^{2}；

对于生态环境较差地区，建议按照以下公式计算政绩综合考评得分：

政绩综合考评得分=政绩评价基准分×按照未含生态环境因子的政绩得分/未含生态环境因子的政绩基准分×（生态环境因子考评得分/生态环境因子考评基准分）^{3}。

上述差别化的政绩评价机制具有以下三大特点：

一是有机耦合性。上述差别化的政绩评价的计分公式将按照未含生态环境因子的政绩因子的得分率与生态环境因子的得分率构成乘积关系，把经济发展与生态环境紧密耦合的战略要求在政绩评价机制中科学地得以充分体现。

二是评价差异性。上述差别化的政绩评价的计分公式，对生态环境优良地区、生态环境一般地区、生态环境较差地区在生态环境考评得分率赋予不同的指数，体现了差别化考评特征。

三是反应灵敏性。上述差别化的政绩评价的计分公式，对生态环境优良地区、生态环境一般地区、生态环境较差地区在生态环境考评得分率赋予不同的指数，指数越大，其所具有的对政绩评价得分的缩减作用越大，因此差别化的政绩评价机制对于生态环境一般地区、生态环境较差地区的政绩评价具有很强的敏感性。

二　政绩评价机制的比较分析

政绩评价机制可以划分为三种，即：不含生态环境因子的评价机制，我们称为评价方法1，其基准分为600分；包含生态环境因子的评价机制，我们称为评价方法2，其基准分为600分，其中未含生态环境因子的政绩基准分为500分，生态环境因子的政绩基准分为100分；差别化的政绩评价机制称为评价方法3，其基准分为600分，其中未含生态环境因子的政绩基准分为500分，生态环境因子的政绩基准分为100分。

例如，有 A、B、C 等 3 个欠发达地区，A 地区为生态环境优良地区，B 地区为生态环境一般地区，C 为生态环境较差地区。某年度该三个地区的考核得分基础数据如表 6－1 所示：

表 6－1　　某年度该三个地区的考核得分基础数据

地区代号	生态环境属性	未含生态环境因子的政绩评价		生态环境因子的政绩评价	
		基准分	评价得分	基准分	评价得分
A	优良	500	400	100	85
B	一般	500	450	100	80
C	较差	500	460	100	75

资料来源：根据欠发达地区工业化政策评价思路进行设计。

根据表 6－1 中所列数据，可以编制该年度这三个地区在不同政绩评价机制下的得分及排名情况，如表 6－2 所示：

表 6－2　该年度这三个地区在不同政绩评价机制下的得分及排名

地区代号	生态环境属性	计分方法 1		计分方法 2		计分方法 3	
		得分	排名	得分	排名	得分	排名
A	优良	400	3	485	3	408	1
B	一般	450	2	530	1	346	2
C	较差	455	1	529	2	221	3

资料来源：根据欠发达地区工业化政策评价思路进行举例。

从表 6－2 中所列数据可以看出，按照计分方法 1 进行评价生态环境较差的 C 地区，尽管生态环境考评排名第三，但由于经济发展等政绩考评得分排名第一，且生态环境没有纳入政绩考评，使得其政绩评价排名第一；按照计分方法 2 进行评价生态环境较差的 C 地区，由于经济发展等政绩考评得分排名第一，虽然将生态环境纳入政绩考评，基准分占 100 分，生态环境考评排名第三，但由于生态环境评价的基准分不很大，使得其政绩评价排名还居第二；计分方法 3 进行评价生态环境较差的 C 地区，尽管经济发展等政绩考评得分排名第一，但由于生态环境考评排名第三，且将生态环境考评得分率指数确定为 3，生态环境优良的 A 地区、生态环境一般的 B 地区依次为 1、2，因而使得生态环境较差的 C 地区政绩评价排名退到第三。

三　差别化的政绩评价机制的优点和效应

差别化的政绩评价机制具有显著的优点与效应，主要表现在以下四个方面：

其一，耦合性强。上述差别化的政绩评价的计分公式将按照未含生态环境因子的政绩因子的得分率与生态环境因子的得分率构成乘积关系，把经济发展与生态环境紧密耦合的战略要求在政绩评价机制中科学的得以充分体现，克服了生态环境指标但只占少量权重且在计分方法上搞一刀切的巨大弊端。

其二，针对性强。差别化的政绩评价机制按照生态环境属性来设置差异化的计分模型，具有鲜明的针对性，可以克服以往忽视生态环境属性好差在计分方法上搞一刀切的巨大弊端。

其三，敏感性强。差别化的政绩评价的计分公式，对生态环境优良地区、生态环境一般地区、生态环境较差地区在生态环境考评得分率赋予不同的指数，指数越大，其所具有的对政绩评价得分的缩减作用越大，因此差别化的政绩评价机制对于生态环境一般地区、生态环境较差地区的政绩评价具有很强的敏感性，可以克服以往忽视生态环境属性好差在评价模型中不设生态环境指标，或者虽设生态环境指标但只占少量权重且在计分方法上搞一刀切的巨大弊端。

其四，引导力强。差别化的政绩评价的计分公式，对生态环境优良地区、生态环境一般地区、生态环境较差地区在生态环境考评得分率赋予不同的指数，对生态环境优良地区，在计分模型中对经济发展与生态环境保护赋予同等指数，表明这些地区的经济发展与生态环境保护同等重要；对生态环境一般地区，在计分模型中对经济发展赋予指数 1，生态环境赋予指数 2，表明这些地区的经济发展与生态环境保护关系中生态环境保护更加重要；对生态环境一般地区，在计分模型中对经济发展赋予指数 1，生态环境赋予指数 3，表明这些地区的经济发展与生态环境保护关系中生态环境保护尤为重要，因而可以鲜明且有力地引导欠发达地区正确处理好经济发展与生态环境保护关系。

基于差别化的政绩评价机制具有上述三大特征和四大优点，因此，建议运用差别化的政绩评价机制评价和考核欠发达地区的官员政绩，以更有力地引导和促进欠发达地区科学合理地布局生态文明建设框架下的工业化战略，切实施行协调发展优度管理，更有效地提高协调优度水平。

附录 1

2003—2010 年中国各省域工业化和生态环境数据

表 1　　2003 年中国各省域工业化数据

省　域	省域面积（万平方公里）	地区生产总值（亿元）	第一产业产值（亿元）	地区工业增加值（亿元）	规模以上工业企业全部从业人员年平均人数（万人）	规模以上工业企业总资产贡献率（%）
北　京	1.68	3663.10	95.64	1032.03	100.81	8.79
天　津	1.13	2447.66	89.66	1136.24	115.28	9.63
河　北	18.77	7098.56	1064.33	3212.96	270.24	11.39
山　西	15.63	2456.59	215.19	1192.74	182.49	8.79
内蒙古	118.30	2150.41	420.10	721.59	72.15	7.71
辽　宁	14.59	6002.54	615.80	2556.82	241.99	7.31
吉　林	18.74	2522.62	486.90	929.28	101.48	10.19
黑龙江	45.48	4430.00	500.80	2248.59	133.14	19.81
上　海	0.63	6250.81	90.64	2865.85	220.01	12.01
江　苏	10.26	12460.83	1106.35	6004.65	569.33	10.06
浙　江	10.20	9395.00	728.00	4381.00	481.96	12.44
安　徽	13.97	3972.38	732.81	1445.60	148.94	10.78
福　建	12.13	5232.17	692.94	2147.00	221.35	11.64
江　西	16.70	2830.46	560.00	849.32	96.12	8.33
山　东	15.38	12435.93	1480.67	5860.63	595.42	12.34
河　南	16.70	7048.59	1239.70	3034.14	317.32	9.99
湖　北	18.59	5401.71	798.35	2254.50	198.60	7.40
湖　南	21.18	4638.73	886.47	1452.86	158.44	10.67
广　东	18.00	13625.87	1093.52	6532.98	741.17	10.42
广　西	23.60	2735.13	652.28	813.81	82.93	9.29

续表

省　域	省域面积（万平方公里）	地区生产总值（亿元）	第一产业产值（亿元）	地区工业增加值（亿元）	规模以上工业企业全部从业人员年平均人数（万人）	规模以上工业企业总资产贡献率（%）
海　南	3.40	670.93	248.33	102.52	12.00	9.42
重　庆	8.23	2250.56	336.36	768.37	84.47	9.46
四　川	48.14	5456.32	1128.61	1771.41	201.62	7.84
贵　州	17.60	1356.11	298.37	457.12	65.53	8.17
云　南	38.33	2465.29	502.84	872.14	66.36	15.75
西　藏	122.80	184.50	40.62	13.77	2.77	5.80
陕　西	20.56	2398.58	320.03	834.76	112.12	9.77
甘　肃	45.44	1304.60	236.61	449.81	77.82	6.48
青　海	72.23	390.21	46.15	120.77	14.24	4.97
宁　夏	6.64	385.34	55.50	143.31	22.80	5.76
新　疆	166.00	1877.61	412.90	571.00	39.66	12.01

资料来源：《中国统计年鉴（2004）》。

表2　　2004年中国各省域工业化数据

省　域	省域面积（万平方公里）	地区生产总值（亿元）	第一产业产值（亿元）	地区工业增加值（亿元）	规模以上工业企业全部从业人员年平均人数（万人）	规模以上工业企业总资产贡献率（%）
北　京	1.68	4283.31	102.90	1290.16	99.93	9.85
天　津	1.13	2931.88	102.29	1436.73	117.97	13.36
河　北	18.77	8768.79	1370.40	4086.43	273.55	13.50
山　西	15.63	3042.41	253.37	1568.47	185.99	11.24
内蒙古	118.30	2712.08	506.07	1015.66	78.62	10.77
辽　宁	14.59	6872.65	769.90	2832.99	247.71	9.08
吉　林	18.74	2958.21	560.96	1142.08	100.37	10.78
黑龙江	45.48	5303.00	587.76	2814.42	132.57	25.02
上　海	0.63	7450.27	96.71	3492.89	238.93	12.60
江　苏	10.26	15403.16	1315.38	7714.40	623.10	11.51
浙　江	10.20	11243.00	816.00	5381.40	563.00	13.25
安　徽	13.97	4812.68	932.42	1735.99	154.01	10.75

续表

省域	省域面积（万平方公里）	地区生产总值（亿元）	第一产业产值（亿元）	地区工业增加值（亿元）	规模以上工业企业全部从业人员年平均人数（万人）	规模以上工业企业总资产贡献率（%）
福建	12.13	6053.14	777.87	2532.68	245.81	11.82
江西	16.70	3495.94	711.70	1110.74	99.73	10.33
山东	15.38	15490.73	1778.30	7799.31	647.81	15.46
河南	16.70	8815.09	1647.48	3862.18	326.92	12.30
湖北	18.59	6309.92	1020.09	2593.88	196.97	8.87
湖南	21.18	5612.26	1155.85	1781.14	158.66	12.94
广东	18.00	16039.46	1245.42	8011.15	814.21	11.06
广西	23.60	3320.10	811.38	1044.83	85.59	12.00
海南	3.40	769.36	283.84	119.68	9.62	13.24
重庆	8.23	2665.39	431.32	927.51	88.86	10.78
四川	48.14	6556.01	1394.26	2165.22	207.95	8.83
贵州	17.60	1591.90	334.11	574.62	66.80	10.70
云南	38.33	2959.48	604.33	1053.36	63.50	19.40
西藏	122.80	211.54	43.33	15.43	1.83	13.10
陕西	20.56	2883.51	394.98	1064.81	115.39	12.38
甘肃	45.44	1558.93	281.40	576.22	77.07	9.18
青海	72.23	465.73	57.81	158.64	13.77	8.91
宁夏	6.64	460.35	65.13	186.30	23.92	7.57
新疆	166.00	2200.15	444.70	745.00	38.45	16.73

资料来源：《中国统计年鉴（2005）》。

表3　　2005年中国各省域工业化数据

省域	省域面积（万平方公里）	地区生产总值（亿元）	第一产业产值（亿元）	地区工业增加值（亿元）	规模以上工业企业全部从业人员年平均人数（万人）	规模以上工业企业总资产贡献率（%）
北京	1.68	6886.31	97.99	1707.04	116.97	5.69
天津	1.13	3697.62	112.38	1885.04	122.17	13.64
河北	18.77	10096.11	1503.07	4665.21	292.21	13.52
山西	15.63	4179.52	262.42	2117.68	213.20	10.57

续表

省　域	省域面积（万平方公里）	地区生产总值（亿元）	第一产业产值（亿元）	地区工业增加值（亿元）	规模以上工业企业全部从业人员年平均人数（万人）	规模以上工业企业总资产贡献率（%）
内蒙古	118.30	3895.55	589.56	1477.88	83.70	10.85
辽　宁	14.59	8009.01	882.41	3489.58	276.55	7.84
吉　林	18.74	3620.27	625.61	1363.94	101.83	8.75
黑龙江	45.48	5511.50	684.60	2696.30	136.85	29.45
上　海	0.63	9154.18	80.34	4129.52	259.63	10.29
江　苏	10.26	18305.66	1461.49	9334.69	704.24	10.50
浙　江	10.20	13437.85	892.83	6349.34	659.12	11.03
安　徽	13.97	5375.12	966.49	1818.45	155.21	10.72
福　建	12.13	6568.93	841.20	2842.43	290.41	11.19
江　西	16.70	4056.76	727.37	1455.50	112.11	10.43
山　东	15.38	18516.87	1963.51	9568.58	738.23	16.96
河　南	16.70	10587.42	1892.01	4896.01	362.79	14.47
湖　北	18.59	6520.14	1082.13	2436.55	188.30	9.44
湖　南	21.18	6511.34	1274.15	2189.91	169.25	13.61
广　东	18.00	22366.54	1428.27	10482.03	1085.65	11.29
广　西	23.60	4075.75	912.50	1264.84	91.21	11.09
海　南	3.40	894.57	300.75	156.16	12.10	9.91
重　庆	8.23	3070.49	463.40	1023.35	92.42	9.40
四　川	48.14	7385.11	1481.14	2527.08	218.99	9.59
贵　州	17.60	1979.06	368.94	714.24	68.08	9.74
云　南	38.33	3472.89	669.81	1180.83	68.83	17.42
西　藏	122.80	251.21	48.04	17.48	1.99	6.81
陕　西	20.56	3675.66	435.77	1553.60	118.97	14.39
甘　肃	45.44	1933.98	308.06	685.80	68.62	8.83
青　海	72.23	543.32	65.34	203.94	14.04	11.07
宁　夏	6.64	606.10	72.08	229.07	25.58	6.07
新　疆	166.00	2604.19	509.99	961.61	46.70	20.46

资料来源：《中国统计年鉴（2006）》。

表4　　2006年中国各省域工业化数据

省　域	省域面积（万平方公里）	地区生产总值（亿元）	第一产业产值（亿元）	地区工业增加值（亿元）	规模以上工业企业全部从业人员年平均人数（万人）	规模以上工业企业总资产贡献率（%）
北　京	1.68	7870.28	98.04	1821.86	117.36	6.32
天　津	1.13	4359.15	118.23	2292.73	116.33	14.70
河　北	18.77	11660.43	1606.48	5490.54	303.35	14.40
山　西	15.63	4752.54	276.77	2485.06	220.59	10.49
内蒙古	118.30	4791.48	649.62	1978.19	90.72	12.44
辽　宁	14.59	9251.15	976.37	4175.33	302.02	8.22
吉　林	18.74	4275.12	672.76	1659.29	105.21	9.54
黑龙江	45.48	6188.90	737.59	3049.04	140.31	31.04
上　海	0.63	10366.37	93.80	4670.11	266.84	10.54
江　苏	10.26	21645.08	1545.01	11110.24	774.50	11.62
浙　江	10.20	15742.51	925.10	7590.57	726.94	11.08
安　徽	13.97	6148.73	1028.66	2190.18	164.81	10.49
福　建	12.13	7614.55	896.17	3311.59	324.89	12.94
江　西	16.70	4670.53	786.14	1806.15	125.80	12.81
山　东	15.38	22077.36	2138.90	11555.99	788.11	17.51
河　南	16.70	12495.97	2049.92	6031.21	365.28	18.84
湖　北	18.59	7581.32	1140.41	2929.19	190.85	10.26
湖　南	21.18	7568.89	1332.23	2694.11	178.15	14.24
广　东	18.00	26204.47	1577.12	12500.22	1203.58	12.24
广　西	23.60	4828.51	1032.47	1592.33	91.37	12.44
海　南	3.40	1052.85	344.48	217.55	12.20	11.71
重　庆	8.23	3491.57	425.81	1234.12	96.10	9.97
四　川	48.14	8637.81	1595.48	3144.72	233.53	10.78
贵　州	17.60	2282.00	393.17	855.56	67.23	10.58
云　南	38.33	4006.72	749.81	1408.76	71.55	17.78
西　藏	122.80	291.01	50.90	21.71	2.16	7.84
陕　西	20.56	4523.74	488.48	2094.02	122.53	15.21
甘　肃	45.44	2276.70	333.35	868.13	68.93	9.34
青　海	72.23	641.58	69.64	265.12	14.64	13.18
宁　夏	6.64	710.76	79.54	289.33	24.64	6.90
新　疆	166.00	3045.26	527.80	1241.33	47.93	24.77

资料来源：《中国统计年鉴（2007）》。

表5　　2007年中国各省域工业化数据

省　域	省域面积（万平方公里）	地区生产总值（亿元）	第一产业产值（亿元）	地区工业增加值（亿元）	规模以上工业企业全部从业人员年平均人数（万人）	规模以上工业企业总资产贡献率（%）
北　京	1.68	9353.32	101.26	2082.76	119.25	7.07
天　津	1.13	5050.40	110.19	2661.87	120.76	13.91
河　北	18.77	13709.50	1804.72	6555.24	303.21	15.95
山　西	15.63	5733.35	269.68	3141.89	216.34	12.27
内蒙古	118.30	6091.12	762.10	2742.67	93.28	15.33
辽　宁	14.59	11023.49	1133.40	5199.89	328.02	10.67
吉　林	18.74	5284.69	783.80	2170.74	109.33	14.05
黑龙江	45.48	7065.00	915.38	3326.90	142.94	27.79
上　海	0.63	12188.85	101.84	5298.08	282.12	10.99
江　苏	10.26	25741.15	1816.24	13016.84	861.05	12.96
浙　江	10.20	18780.44	986.02	9095.65	790.93	11.52
安　徽	13.97	7364.18	1200.18	2752.08	178.21	11.30
福　建	12.13	9249.13	1002.11	4018.42	359.16	14.68
江　西	16.70	5500.25	905.77	2277.69	140.73	14.18
山　东	15.38	25965.91	2509.14	13412.72	830.48	18.74
河　南	16.70	15012.46	2217.66	7508.33	382.23	23.48
湖　北	18.59	9230.68	1378.00	3451.62	200.35	11.09
湖　南	21.18	9200.00	1626.52	3375.87	195.47	17.86
广　东	18.00	31084.40	1695.57	14910.03	1307.40	13.59
广　西	23.60	5955.65	1241.35	2090.10	99.52	13.27
海　南	3.40	1223.28	361.07	278.37	12.33	13.33
重　庆	8.23	4122.51	482.39	1572.26	108.27	12.57
四　川	48.14	10505.30	2032.00	3913.92	257.46	12.35
贵　州	17.60	2741.90	446.38	1007.75	66.62	12.89
云　南	38.33	4741.31	837.35	1711.78	82.06	18.15
西　藏	122.80	342.19	54.89	27.62	2.02	7.13
陕　西	20.56	5465.79	592.63	2544.42	124.11	15.69
甘　肃	45.44	2702.40	385.97	1063.84	66.74	12.45
青　海	72.23	783.61	83.41	344.52	15.56	13.52
宁　夏	6.64	889.20	97.89	380.22	25.45	8.63
新　疆	166.00	3523.16	628.72	1405.11	53.79	23.06

资料来源：《中国统计年鉴（2008）》。

表 6　　2008 年中国各省域工业化数据

省　域	省域面积（万平方公里）	地区生产总值（亿元）	第一产业产值（亿元）	地区工业增加值（亿元）	规模以上工业企业全部从业人员年平均人数（万人）	规模以上工业企业总资产贡献率（%）
北　京	1.68	10488.03	112.81	2198.49	123.38	6.22
天　津	1.13	6354.38	122.58	3533.86	133.12	12.05
河　北	18.77	16188.61	2034.60	7967.62	316.85	14.79
山　西	15.63	6938.73	302.48	3919.80	214.93	12.31
内蒙古	118.30	7761.80	906.98	3798.60	104.57	14.77
辽　宁	14.59	13461.57	1302.00	6735.74	366.23	8.81
吉　林	18.74	6424.06	916.70	2686.98	126.99	11.58
黑龙江	45.48	8310.00	1089.10	3927.58	155.99	29.18
上　海	0.63	13698.15	111.80	5784.99	304.01	8.80
江　苏	10.26	30312.61	2100.00	15068.98	1104.06	15.03
浙　江	10.20	21486.92	1095.43	10359.77	814.55	10.30
安　徽	13.97	8874.17	1418.08	3487.53	210.80	13.71
福　建	12.13	10823.11	1157.75	4755.45	380.06	13.88
江　西	16.70	6480.33	1060.38	2766.93	178.56	16.75
山　东	15.38	31072.06	3002.65	16102.19	912.70	18.48
河　南	16.70	18407.78	2658.80	9546.08	417.36	22.32
湖　北	18.59	11330.38	1780.00	4330.20	235.90	12.64
湖　南	21.18	11156.64	2007.40	4280.16	225.55	20.19
广　东	18.00	35696.46	1970.23	17254.04	1493.38	14.32
广　西	23.60	7171.58	1453.90	2627.39	114.60	10.89
海　南	3.40	1459.23	437.61	321.18	12.61	13.43
重　庆	8.23	5096.66	575.40	2036.40	132.13	12.25
四　川	48.14	12506.25	2366.15	4922.84	297.54	12.19
贵　州	17.60	3333.40	547.85	1242.56	73.53	11.54
云　南	38.33	5700.10	1020.94	2056.95	84.34	15.36
西　藏	122.80	395.91	60.51	29.68	1.79	4.46
陕　西	20.56	6851.32	753.72	3293.95	131.83	16.93
甘　肃	45.44	3176.11	463.00	1221.66	69.13	8.21
青　海	72.23	961.53	105.58	442.85	17.42	13.44
宁　夏	6.64	1098.51	120.00	490.14	25.89	7.11
新　疆	166.00	4203.41	691.10	1790.70	57.84	20.87

资料来源：《中国统计年鉴（2009）》。

表7　2009年中国各省域工业化数据

省　域	省域面积（万平方公里）	地区生产总值（亿元）	第一产业产值（亿元）	地区工业增加值（亿元）	规模以上工业企业全部从业人员年平均人数（万人）	规模以上工业企业总资产贡献率（%）
北　京	1.68	12153.03	118.29	2303.08	120.41	6.96
天　津	1.13	7521.85	128.85	3622.11	136.82	12.15
河　北	18.77	17235.48	2207.34	7983.86	319.94	13.03
山　西	15.63	7358.31	477.59	3518.88	211.11	8.70
内蒙古	118.30	9740.25	929.60	4503.33	110.40	15.25
辽　宁	14.59	15212.49	1414.90	6925.63	386.62	11.66
吉　林	18.74	7278.75	980.57	3054.60	137.05	14.82
黑龙江	45.48	8587.00	1154.33	3549.73	144.48	17.32
上　海	0.63	15046.45	113.82	5408.75	284.12	10.90
江　苏	10.26	34457.30	2261.86	16464.94	1026.16	13.72
浙　江	10.20	22990.35	1163.08	10518.21	787.64	10.58
安　徽	13.97	10062.82	1495.45	4064.72	232.06	14.12
福　建	12.13	12236.53	1182.74	5106.38	379.47	14.33
江　西	16.70	7655.18	1098.66	3196.56	174.94	15.94
山　东	15.38	33896.65	3226.64	16896.14	926.60	17.56
河　南	16.70	19480.46	2769.05	9900.27	449.14	20.98
湖　北	18.59	12961.10	1795.90	5183.68	272.39	11.35
湖　南	21.18	13059.69	1969.69	4819.40	241.01	19.39
广　东	18.00	39482.56	2010.27	18091.56	1436.02	14.18
广　西	23.60	7759.16	1458.49	2863.84	122.88	11.88
海　南	3.40	1654.21	462.19	300.63	12.00	18.45
重　庆	8.23	6530.01	606.80	2917.40	137.29	12.12
四　川	48.14	14151.28	2240.61	5678.24	311.76	12.72
贵　州	17.60	3912.68	550.27	1252.67	74.97	10.69
云　南	38.33	6169.75	1067.60	2088.17	84.20	14.60
西　藏	122.80	441.36	63.88	33.11	1.69	4.57
陕　西	20.56	8169.80	789.64	3501.25	137.69	13.57
甘　肃	45.44	3387.56	497.05	1203.70	69.03	10.38
青　海	72.23	1081.27	107.40	470.33	17.80	8.53
宁　夏	6.64	1353.31	127.25	520.38	27.28	7.50
新　疆	166.00	4277.05	759.74	1555.84	58.25	14.16

资料来源：《中国统计年鉴（2010）》。

表 8　　2010 年中国各省域工业化数据

省　域	省域面积（万平方公里）	地区生产总值（亿元）	第一产业产值（亿元）	地区工业增加值（亿元）	规模以上工业企业全部从业人员年平均人数（万人）	规模以上工业企业总资产贡献率（%）
北　京	1.68	14113.58	124.36	2763.99	124.15	7.64
天　津	1.13	9224.46	145.58	4410.85	148.91	17.30
河　北	18.77	20394.26	2562.81	9554.03	344.67	14.75
山　西	15.63	9200.86	554.48	4657.97	219.88	11.20
内蒙古	118.30	11672.00	1095.28	5618.40	125.19	18.22
辽　宁	14.59	18457.27	1631.08	8789.27	401.74	14.84
吉　林	18.74	8667.58	1050.15	3929.31	139.81	16.30
黑龙江	45.48	10368.60	1302.90	4608.27	147.60	22.05
上　海	0.63	17165.98	114.15	6536.21	291.62	13.85
江　苏	10.26	41425.48	2540.10	19277.65	1153.88	15.10
浙　江	10.20	27722.31	1360.56	12657.78	857.58	12.21
安　徽	13.97	12359.33	1729.02	5407.40	264.87	16.22
福　建	12.13	14737.12	1363.67	6397.71	411.75	17.21
江　西	16.70	9451.26	1206.98	4286.76	199.16	18.70
山　东	15.38	39169.92	3588.28	18861.45	931.50	19.45
河　南	16.70	23092.36	3258.09	11950.88	479.27	22.43
湖　北	18.59	15967.61	2147.00	6726.53	294.97	15.38
湖　南	21.18	16037.96	2325.50	6305.11	272.44	23.18
广　东	18.00	46013.06	2286.98	21462.72	1568.00	15.63
广　西	23.60	9569.85	1675.06	3860.46	150.51	16.76
海　南	3.40	2064.50	539.83	385.21	12.44	18.28
重　庆	8.23	7925.58	685.38	3697.83	146.56	13.57
四　川	48.14	17185.48	2482.89	7431.45	351.67	14.43
贵　州	17.60	4602.16	625.03	1516.87	80.30	12.84
云　南	38.33	7224.18	1108.38	2604.07	92.60	16.28
西　藏	122.80	507.46	68.72	39.73	1.91	5.40
陕　西	20.56	10123.48	988.45	4558.97	151.08	17.11
甘　肃	45.44	4120.75	599.28	1602.87	71.34	10.24
青　海	72.23	1350.43	134.92	613.65	20.09	11.57
宁　夏	6.64	1689.65	159.29	643.05	29.04	8.87
新　疆	166.00	5437.47	1078.63	2161.39	60.18	18.21

资料来源：《中国统计年鉴（2011）》。

表9　　2003年中国各省域生态环境数据

省　域	省域面积（万平方公里）	自然保护区面积占辖区面积比重（%）	森林覆盖率（%）	工业废水排放总量（万吨）	工业废气排放总量（亿标立方米）	工业固体废物排放量（吨）
北　京	1.68	6.47	18.93	13107	3005	99281
天　津	1.13	13.72	7.47	21605	4360	321
河　北	18.77	1.92	18.08	108324	15768	462215
山　西	15.63	6.78	11.72	30929	12849	6288789
内蒙古	118.30	12.59	12.73	23577	7961	645343
辽　宁	14.59	11.26	30.95	89186	12774	142135
吉　林	18.74	12.06	37.43	31365	3869	5727
黑龙江	45.48	8.42	38.72	50286	4841	4639
上　海	0.63	14.79	3.66	61112	7799	102
江　苏	10.26	6.33	4.51	247524	14633	92
浙　江	10.20	2.57	50.8	168088	10432	44436
安　徽	13.97	4.08	22.95	63525	5383	688
福　建	12.13	2.88	60.52	98388	4189	42053
江　西	16.70	4.56	53.37	50135	3202	95540
山　东	15.38	4.92	12.58	115933	16139	10176
河　南	16.70	2.97	12.52	114224	11992	35903
湖　北	18.59	4.54	25.98	96498	6707	94855
湖　南	21.18	4.5	38.9	124132	4603	894969
广　东	18.00	4.28	45.81	148867	11075	178124
广　西	23.60	6.12	34.37	119291	6636	1087106
海　南	3.40	5.11	39.56	7181	533	1
重　庆	8.23	10.53	22.25	81973	2277	1416885
四　川	48.14	14.49	23.5	120160	6634	1328699
贵　州	17.60	4.6	20.81	16815	3477	3184825
云　南	38.33	9.01	33.64	34655	4197	1216723
西　藏	122.80	34.06	11.31	612	14	6
陕　西	20.56	3.29	28.74	33526	3861	533558
甘　肃	45.44	19.28	4.83	20899	4033	575379
青　海	72.23	28.6	0.43	3453	1002	75619
宁　夏	6.64	9.5	2.2	10740	1727	62990
新　疆	166.00	13.45	1.08	16417	2934	881923

资料来源：《中国统计年鉴（2004）》。

表 10　　2004 年中国各省域生态环境数据

省　域	省域面积（万平方公里）	自然保护区面积占辖区面积比重（%）	森林覆盖率（%）	工业废水排放总量（万吨）	工业废气排放总量（亿标立方米）	工业固体废物排放量（吨）
北　京	1.68	7.54	21.26	12617	3198	99133
天　津	1.13	14.52	8.14	22628	3058	753
河　北	18.77	2.52	17.69	127386	21696	393126
山　西	15.63	6.88	13.29	31393	13351	6194218
内蒙古	118.30	13.38	17.7	22848	13518	893580
辽　宁	14.59	11.99	32.97	91810	13015	116481
吉　林	18.74	12.21	38.13	33568	4316	10186
黑龙江	45.48	9.34	39.54	45190	4968	12
上　海	0.63	14.79	3.17	56359	8834	190
江　苏	10.26	6.74	7.54	263538	17818	611
浙　江	10.20	2.62	54.41	165274	11749	44281
安　徽	13.97	4.17	24.03	64054	5934	546
福　建	12.13	3.05	62.96	115228	5020	57628
江　西	16.70	4.99	55.86	54949	3972	117286
山　东	15.38	4.68	13.44	128706	20357	3241
河　南	16.70	4.54	16.19	117328	13103	41857
湖　北	18.59	5.53	26.77	97451	8838	92434
湖　南	21.18	4.85	40.63	123126	5527	897358
广　东	18.00	4.45	46.49	164728	12543	159277
广　西	23.60	5.9	41.41	122731	10656	1318307
海　南	3.40	5.27	48.87	6894	634	184
重　庆	8.23	10.66	22.25	83031	3541	1179686
四　川	48.14	15.85	30.27	119223	7466	1208880
贵　州	17.60	5.46	23.83	16119	4182	2166193
云　南	38.33	10.38	40.77	38402	4940	551034
西　藏	122.80	34.14	11.31	993	16	57700
陕　西	20.56	4.88	32.55	36833	4374	323461
甘　肃	45.44	19.09	6.66	18293	3690	570000
青　海	72.23	28.6	4.4	3544	1238	60516
宁　夏	6.64	9.91	6.08	9510	2338	34069
新　疆	166.00	13.45	2.94	17671	3806	1028036

资料来源：《中国统计年鉴（2005）》。

表 11　　2005 年中国各省域生态环境数据

省　域	省域面积（万平方公里）	自然保护区面积占辖区面积比重（%）	森林覆盖率（%）	工业废水排放总量（万吨）	工业废气排放总量（亿标立方米）	工业固体废物排放量（吨）
北　京	1.68	8	21.26	12813	3532	91402.9
天　津	1.13	14.4	8.14	30081	4602	44.4
河　北	18.77	3	17.69	124533	26518	424148.8
山　西	15.63	7.3	13.29	32099	15142	6046900.76
内蒙古	118.30	12	17.7	24967	12071	624957.67
辽　宁	14.59	11.2	32.97	105072	20903	93938
吉　林	18.74	12.4	38.13	41189	4939	18642
黑龙江	45.48	10.4	39.54	45158	5261	300
上　海	0.63	14.8	3.17	51097	8482	1233
江　苏	10.26	7.9	7.54	296318	20197	53
浙　江	10.20	2.6	54.41	192426	13025	56379.59
安　徽	13.97	3.1	24.03	63487	6960	450
福　建	12.13	3.3	62.96	130939	6265	57681.83
江　西	16.70	5.4	55.86	53972	4379	102819.13
山　东	15.38	6.6	13.44	139071	24129	1376
河　南	16.70	4.5	16.19	123476	15498	36353.65
湖　北	18.59	5.5	26.77	92432	9404	167033.56
湖　南	21.18	5	40.63	122440	6014	567049.88
广　东	18.00	4.6	46.49	231568	13447	138537.82
广　西	23.60	6.2	41.41	145609	8339	1104790.66
海　南	3.40	5.3	48.87	7428	910	367.7
重　庆	8.23	10.8	22.25	84885	3655	1844954.71
四　川	48.14	18.4	30.27	122590	8140	1157014.6
贵　州	17.60	5	23.83	14850	3852	1312832.08
云　南	38.33	10.7	40.77	32928	5444	706601.97
西　藏	122.80	34.1	11.31	991	13	73000
陕　西	20.56	4.8	32.55	42819	4916	348678.56
甘　肃	45.44	20.3	6.66	16798	4250	406347.2
青　海	72.23	29	4.4	7619	1370	27625.36
宁　夏	6.64	9.8	6.08	21411	2844	41046.78
新　疆	166.00	13.6	2.94	20052	4485	1094286.13

资料来源：《中国统计年鉴（2006）》。

表 12　　2006 年中国各省域生态环境数据

省　域	省域面积（万平方公里）	自然保护区面积占辖区面积比重（%）	森林覆盖率（%）	工业废水排放总量（万吨）	工业废气排放总量（亿标立方米）	工业固体废物排放量（吨）
北　京	1.68	7.86	21.26	10170	4641	1011
天　津	1.13	14.5	8.14	22978	6512	1292
河　北	18.77	3.19	17.69	130340	39254	419579
山　西	15.63	7.22	13.29	44091	18128	4357022
内蒙古	118.30	11.4	17.7	27823	18415	282161
辽　宁	14.59	10.91	32.97	94724	27195	246918
吉　林	18.74	12.34	38.13	39321	5352	20509
黑龙江	45.48	11.93	39.54	44801	5991	10269
上　海	0.63	14.79	3.17	48336	9428	2414
江　苏	10.26	6.75	7.54	287181	24881	270
浙　江	10.20	2.59	54.41	199593	14702	51800
安　徽	13.97	3.34	24.03	70119	8677	468
福　建	12.13	3.06	62.96	127583	6884	33707
江　西	16.70	5.53	55.86	64074	5096	83022
山　东	15.38	6.63	13.44	144365	25751	4139
河　南	16.70	4.52	16.19	130158	16770	32217
湖　北	18.59	5.45	26.77	91146	11015	115310
湖　南	21.18	5.22	40.63	100024	5986	387231
广　东	18.00	4.64	46.49	234713	13584	135771
广　西	23.60	5.89	41.41	128932	8969	227434
海　南	3.40	5.28	48.87	7351	860	200
重　庆	8.23	11.14	22.25	86496	6757	1221841
四　川	48.14	18.57	30.27	115348	10553	848568
贵　州	17.60	5.4	23.83	13928	8344	1376600
云　南	38.33	10.73	40.77	34286	6646	995583
西　藏	122.80	34.14	11.31	790	13	73860
陕　西	20.56	5.08	32.55	40479	5535	429068
甘　肃	45.44	21.68	6.66	16570	4761	337345
青　海	72.23	30.2	4.4	7168	2099	3154
宁　夏	6.64	9.78	6.08	18500	3140	60178
新　疆	166.00	13.55	2.94	20558	5053	1263270

资料来源：《中国统计年鉴（2007）》。

表13　　2007年中国各省域生态环境数据

省　域	省域面积（万平方公里）	自然保护区面积占辖区面积比重（%）	森林覆盖率（%）	工业废水排放总量（万吨）	工业废气排放总量（亿标立方米）	工业固体废物排放量（吨）
北　京	1.68	7.96	21.26	9134.2507	5146.0048	887
天　津	1.13	14.36	8.14	21444.3499	5505.7872	1399
河　北	18.77	3.02	17.69	123537.263	48036.362	389464.12
山　西	15.63	7.29	13.29	41140.3094	21429.231	4142510.61
内蒙古	118.30	11.47	17.7	25020.8419	18199.646	89404.525
辽　宁	14.59	10.41	32.97	95196.7085	23945.918	44817.28
吉　林	18.74	12.5	38.13	39666.3339	5730.3715	13070.28
黑龙江	45.48	13.06	39.54	38388.2992	7282.6717	310
上　海	0.63	14.79	3.17	47569.5309	9590.5041	1514
江　苏	10.26	5.96	7.54	268761.995	23585.37	2585.8
浙　江	10.20	2.57	54.41	201210.552	17466.864	14385.41
安　徽	13.97	4.09	24.03	73555.5526	13253.973	68
福　建	12.13	3.09	62.96	136407.773	9153.4511	27549.573
江　西	16.70	5.92	55.86	71410.3125	6103.4669	82367.2
山　东	15.38	6.63	13.44	166573.554	31341.361	659
河　南	16.70	4.61	16.19	134344.317	18890.388	22192.8
湖　北	18.59	5.34	26.77	91001.1289	10373.265	79968.01
湖　南	21.18	5.24	40.63	100112.705	8762.2001	318141.51
广　东	18.00	4.68	46.49	246331.036	16938.541	115031.81
广　西	23.60	5.78	41.41	183980.858	12723.547	103403.679
海　南	3.40	5.28	48.87	5960.123	1114.5677	1114
重　庆	8.23	10.91	22.25	69002.8275	7616.6177	1381292.31
四　川	48.14	18.56	30.27	114687.188	22970.054	2045049.5
贵　州	17.60	5.44	23.83	12101.0845	10356.492	818754.75
云　南	38.33	10.73	40.77	35352.2824	8081.7129	826555.5
西　藏	122.80	34.15	11.31	856.4773	12.8151	39299
陕　西	20.56	5.08	32.55	48522.7576	6469.1844	422577.28
甘　肃	45.44	21.67	6.66	15856.3141	5817.9231	248185.84
青　海	72.23	30.28	4.4	7318.0215	2492.4629	8173.5
宁　夏	6.64	9.78	6.08	21089.0412	3981.225	47670
新　疆	166.00	13.39	2.94	20959.5192	5797.2136	680188.297

资料来源：《中国统计年鉴（2008）》。

表 14　　2008 年中国各省域生态环境数据

省　域	省域面积（万平方公里）	自然保护区面积占辖区面积比重（%）	森林覆盖率（%）	工业废水排放总量（万吨）	工业废气排放总量（亿标立方米）	工业固体废物排放量（吨）
北　京	1.68	7.96	21.26	8367	4316	876
天　津	1.13	13.6	8.14	20433	6005	1479
河　北	18.77	3.02	17.69	121172	37558	608352
山　西	15.63	7.29	13.29	41150	23180	2323858
内蒙古	118.30	11.69	17.7	29167	20190	395544
辽　宁	14.59	10.36	32.97	83073	40219	11630
吉　林	18.74	12.4	38.13	38353	6155	3415
黑龙江	45.48	13.59	39.54	38910	7796	7098
上　海	0.63	14.79	3.17	41871	10436	2347
江　苏	10.26	5.51	7.54	259999	25245	5
浙　江	10.20	2.52	54.41	200488	17633	16657
安　徽	13.97	4.05	24.03	67007	15749	15
福　建	12.13	3.05	62.96	139997	9150	26495
江　西	16.70	6.61	55.86	68681	7456	123088
山　东	15.38	6.63	13.44	176977	33505	803
河　南	16.70	4.51	16.19	133144	20264	26397
湖　北	18.59	5.34	26.77	93687	11558	58239
湖　南	21.18	5.29	40.63	92340	9249	290168
广　东	18.00	4.79	46.49	213314	20510	119897
广　西	23.60	5.9	41.41	205745	11643	96154
海　南	3.40	5.28	48.87	5991	1345	60
重　庆	8.23	10.96	22.25	67027	7351	1488357
四　川	48.14	17.9	30.27	108700	12997	134045
贵　州	17.60	5.42	23.83	11695	6842	555853
云　南	38.33	7.21	40.77	32996	8316	394239
西　藏	122.80	34.51	11.31	924	13	42789
陕　西	20.56	5.08	32.55	48477	9706	263058
甘　肃	45.44	16.54	6.66	16405	5685	116261
青　海	72.23	30.28	4.4	7098	3237	17504
宁　夏	6.64	9.78	6.08	20448	4403	49908
新　疆	166.00	13.43	2.94	22875	6154	650174

资料来源：《中国统计年鉴（2009）》。

表15　　2009年中国各省域生态环境数据

省　域	省域面积（万平方公里）	自然保护区面积占辖区面积比重（%）	森林覆盖率（%）	工业废水排放总量（万吨）	工业废气排放总量（亿标立方米）	工业固体废物排放量（吨）
北　京	1.68	7.96	31.72	8712.5326	4408.253	881.4
天　津	1.13	13.6	8.24	19441.0525	5982.7565	1515.7
河　北	18.77	3.02	22.29	110057.998	50779.44	304551.12
山　西	15.63	7.29	14.12	39720.212	23692.907	1415687.88
内蒙古	118.30	11.69	20	28616.2246	24844.365	92170.9164
辽　宁	14.59	10.36	35.13	75158.5888	25211.186	27510
吉　林	18.74	12.4	38.93	37563.4834	7123.8048	3940.5
黑龙江	45.48	13.59	42.39	34188.2224	9977.067	9763
上　海	0.63	14.79	9.41	41192.0286	10058.597	42
江　苏	10.26	5.51	10.48	256159.97	27431.746	8027.8
浙　江	10.20	2.52	57.41	203441.709	18860.33	7824.05
安　徽	13.97	4.05	26.06	73441.473	15272.571	15
福　建	12.13	3.05	63.1	142746.985	10497.104	24334.393
江　西	16.70	6.61	58.32	67192.4452	8286.0511	139937.88
山　东	15.38	6.63	16.72	182672.636	35126.704	144
河　南	16.70	4.51	20.16	140324.565	22185.573	13104.35
湖　北	18.59	5.34	31.14	91324.0928	12522.629	51169.75
湖　南	21.18	5.29	44.76	96395.6901	10972.565	185972.35
广　东	18.00	4.79	49.44	188843.887	22681.954	159839.045
广　西	23.60	5.9	52.71	161596.431	13184.199	120978.977
海　南	3.40	5.28	51.98	7031.2967	1353.2064	200.9
重　庆	8.23	10.96	34.85	65683.845	12586.521	1498598.32
四　川	48.14	17.9	34.31	105909.552	13410.019	61158.5
贵　州	17.60	5.42	31.61	13477.6223	7785.763	944883.734
云　南	38.33	7.21	47.5	32375.2054	9483.8008	606462.018
西　藏	122.80	34.51	11.91	941.5523	15.4092	41243.16
陕　西	20.56	5.08	37.26	49136.7627	11031.902	172657.03
甘　肃	45.44	16.54	10.42	16363.6072	6313.9457	123101.84
青　海	72.23	30.28	4.57	8403.9096	3307.9922	13904
宁　夏	6.64	9.78	9.84	21542.3672	4700.6096	36588
新　疆	166.00	13.43	4.02	24200.7094	6974.8786	1051998.36

资料来源：《中国统计年鉴（2010）》。

表 16 2010 年中国各省域生态环境数据

省　域	省域面积（万平方公里）	自然保护区面积占辖区面积比重（%）	森林覆盖率（%）	工业废水排放总量（万吨）	工业废气排放总量（亿标立方米）	工业固体废物排放量（吨）
北　京	1.68	7.97	31.72	8198	4750	611
天　津	1.13	8.06	8.24	19680	7686	1862
河　北	18.77	3.05	22.29	114232	56324	44506
山　西	15.63	7.4	14.12	49881	35190	953817
内蒙古	118.30	11.69	20	39536	27488	45294
辽　宁	14.59	12.46	35.13	71521	26955	27877
吉　林	18.74	12.29	38.93	38656	8240	4642
黑龙江	45.48	14.09	42.39	38921	10111	18619
上　海	0.63	5.22	9.41	36696	12969	2
江　苏	10.26	4.08	10.48	263760	31213	9064
浙　江	10.20	1.5	57.41	217426	20434	6177
安　徽	13.97	3.6	26.06	70971	17849	15
福　建	12.13	3.23	63.1	124168	13507	35163
江　西	16.70	6.69	58.32	72526	9812	132314
山　东	15.38	4.92	16.72	208257	43837	110
河　南	16.70	4.4	20.16	150406	22709	2150
湖　北	18.59	5.16	31.14	94593	13865	41693
湖　南	21.18	5.88	44.76	95605	14673	163714
广　东	18.00	6.95	49.44	187031	24092	141609
广　西	23.60	5.97	52.71	165211	14520	91391
海　南	3.40	7.01	51.98	5782	1360	10
重　庆	8.23	9.92	34.85	45180	10943	1336308
四　川	48.14	18.42	34.31	93444	20107	32240
贵　州	17.60	5.39	31.61	14130	10192	597582
云　南	38.33	7.8	47.5	30926	10978	363098
西　藏	122.80	34.02	11.91	736	16	41243
陕　西	20.56	5.64	37.26	45487	13510	133926
甘　肃	45.44	16.17	10.42	15352	6252	113758
青　海	72.23	30.21	4.57	9031	3952	21652
宁　夏	6.64	9.79	9.84	21977	16324	9220
新　疆	166.00	12.95	4.02	25413	9310	627877

资料来源：《中国统计年鉴（2011）》。

附录 2

中央文件关于生态文明建设的论述

十七大首次提出了“生态文明”的概念

建设生态文明，基本形成节约能源资源和保护生态环境的产业结构、增长方式、消费模式。循环经济形成较大规模，可再生能源比重显著上升。主要污染物排放得到有效控制，生态环境质量明显改善。生态文明观念在全社会牢固树立。

十七届四中全会首次提出了“五位一体”

我国经济建设、政治建设、文化建设、社会建设以及生态文明建设全面推进，工业化、信息化、城镇化、市场化、国际化深入发展，我国正处在进一步发展的重要战略机遇期，在新的历史起点上向前迈进。

十七届六中全会

全面推进社会主义经济建设、政治建设、文化建设、社会建设以及生态文明建设，全面推进党的建设新的伟大工程，各项工作取得新进展，为实现“十二五”时期良好开局打下了坚实的基础。

十八大报告（节选）

八、大力推进生态文明建设

建设生态文明，是关系人民福祉、关乎民族未来的长远大计。面对资源约束趋紧、环境污染严重、生态系统退化的严峻形势，必须树立尊重自然、顺应自然、保护自然的生态文明理念，把生态文明建设放在突出地位，融入经济建设、政治建设、文化建设、社会建设各方面和全过程，努力建设美丽中国，实现中华民族永续发展。

坚持节约资源和保护环境的基本国策，坚持节约优先、保护优先、自然恢复为主的方针，着力推进绿色发展、循环发展、低碳发展，形成节约资源和保护环境的空间格局、产业结构、生产方式、生活方式，从源头上扭转生态环境恶化趋势，为人民创造良好生产生活环境，为全球生态安全作出贡献。

一是要优化国土空间开发格局。要按照人口资源环境相均衡、经济社会生态效益相统一的原则，控制开发强度，调整空间结构，促进生产空间集约高效、生活空间宜居适度、生态空间山清水秀，给自然留下更多修复空间，给农业留下更多良田，给子孙后代留下天蓝、地绿、水净的美好家园。加快实施主体功能区战略，推动各地区严格按照主体功能定位发展，构建科学合理的城市化格局、农业发展格局、生态安全格局。提高海洋资源开发能力，坚决维护国家海洋权益，建设海洋强国。

二是要全面促进资源节约。要节约集约利用资源，推动资源利用方式根本转变，加强全过程节约管理，大幅降低能源、水、土地消耗强度，提高利用效率和效益。推动能源生产和消费革命，支持节能低碳产业和新能源、可再生能源发展，确保国家能源安全。加强水源地保护和用水总量管理，建设节水型社会。严守耕地保护红线，严格土地用途管制。加强矿产资源勘查、保护、合理开发。发展循环经济，促进生产、流通、消费过程的减量化、再利用、资源化。

三是要加大自然生态系统和环境保护力度。要实施重大生态修复工程，增强生态产品生产能力，推进荒漠化、石漠化、水土流失综合治理。加快水利建设，加强防灾减灾体系建设。坚持预防为主、综合治理，以解决损害群众健康突出环境问题为重点，强化水、大气、土壤等污染防治。坚持共同但有区别的责任原则、公平原则、各自能力原则，同国际社会一道积极应对全球气候变化。

四是要加强生态文明制度建设。要把资源消耗、环境损害、生态效益纳入经济社会发展评价体系，建立体现生态文明要求的目标体系、考核办法、奖惩机制。建立国土空间开发保护制度，完善最严格的耕地保护制度、水资源管理制度、环境保护制度。深化资源性产品价格和税费改革，建立反映市场供求和资源稀缺程度、体现生态价值和代际补偿的资源有偿使用制度和生态补偿制度。加强环境监管，健全生态环境保护责任追究制度和环境损害赔偿制度。加强生态文明宣传教育，增强全民节约意识、环保意识、生态意识，形成合理消费的社会风尚，营造爱护生态环境的良好风气。

十八届三中全会《中共中央关于全面深化改革若干重大问题的决定》（节选）

十四、加快生态文明制度建设

建设生态文明，必须建立系统完整的生态文明制度体系，实行最严格的源头保护制度、损害赔偿制度、责任追究制度，完善环境治理和生态修复制度，用制度保护生态环境。

（51）健全自然资源资产产权制度和用途管制制度。对水流、森林、山岭、草原、荒地、滩涂等自然生态空间进行统一确权登记，形成归属清晰、权责明确、监管有效的自然资源资产产权制度。建立空间规划体系，划定生产、生活、生态空间开发管制界限，落实用途管制。健全能源、水、土地节约集约使用制度。

健全国家自然资源资产管理体制，统一行使全民所有自然资源资产所有者职责。完善自然资源监管体制，统一行使所有国土空间用途管制职责。

（52）划定生态保护红线。坚定不移实施主体功能区制度，建立国土空间开发保护制度，严格按照主体功能区定位推动发展，建立国家公园体制。建立资源环境承载能力监测预警机制，对水土资源、环境容量和海洋资源超载区域实行限制性措施。对限制开发区域和生态脆弱的国家扶贫开发工作重点县取消地区生产总值考核。

探索编制自然资源资产负债表，对领导干部实行自然资源资产离任审计。建立生态环境损害责任终身追究制。

（53）实行资源有偿使用制度和生态补偿制度。加快自然资源及其产品价格改革，全面反映市场供求、资源稀缺程度、生态环境损害成本和修复效益。坚持使用资源付费和谁污染环境、谁破坏生态谁付费原则，逐步将资源税扩展到占用各种自然生态空间。稳定和扩大退耕还林、退牧还草范围，调整严重污染和地下水严重超采区耕地用途，有序实现耕地、河湖休养生息。建立有效调节工业用地和居住用地合理比价机制，提高工业用地价格。坚持谁受益、谁补偿原则，完善对重点生态功能区的生态补偿机制，推动地区间建立横向生态补偿制度。发展环保市场，推行节能量、碳排放权、排污权、水权交易制度，建立吸引社会资本投入生态环境保护的市场化机制，推行环境污染第三方治理。

（54）改革生态环境保护管理体制。建立和完善严格监管所有污染物排放的环境保护管理制度，独立进行环境监管和行政执法。建立陆海统筹的生态系统保护修复和污染防治区域联动机制。健全国有林区经营管理体制，完善集体林权制度改革。及时公布环境信息，健全举报制度，加强社会监督。完善污染物排放许可制，实行企事业单位污染物排放总量控制制度。对造成生态环境损害的责任者严格实行赔偿制度，依法追究刑事责任。

附录 3

中央文件关于欠发达地区经济发展的论述

十五大报告中的有关论述

促进地区经济合理布局和协调发展。东部地区要充分利用有利条件，在推进改革开放中实现更高水平的发展，有条件的地方要率先基本实现现代化。中西部地区要加快改革开放和开发，发挥资源优势，发展优势产业。国家要加大对中西部地区的支持力度，优先安排基础设施和资源开发项目，逐步实行规范的财政转移支付制度，鼓励国内外投资者到中西部投资。进一步发展东部地区同中西部地区多种形式的联合和合作。更加重视和积极帮助少数民族地区发展经济。从多方面努力，逐步缩小地区发展差距。各地要从实际出发，发展各具特色的经济，加快老工业基地的改造，发挥中心城市的作用，进一步引导形成跨地区的经济区域和重点产业带。加快改革投融资体制，完善国家产业政策，切实解决“大而全”、“小而全”和不合理重复建设问题。

十六大报告中的有关论述

积极推进西部大开发，促进区域经济协调发展。实施西部大开发战略，关系全国发展的大局，关系民族团结和边疆稳定。要打好基础，扎实推进，重点抓好基础设施和生态环境建设，争取十年内取得突破性进展。积极发展有特色的优势产业，推进重点地带开发。发展科技教育，培养和用好各类人才。国家要在投资项目、税收政策和财政转移支付等方面加大对西部地区的支持，逐步建立长期稳定的西部开发资金渠道。着力改善投资环境，引导外资和国内资本参与西部开发。西部地区要进一步解放思想，增强自我发展能力，在改革开放中走出一条加快发展的新路。

中部地区要加大结构调整力度，推进农业产业化，改造传统产业，培育新的经济增长点，加快工业化和城镇化进程。东部地区要加快产业结构升级，发展现代农业，发展高新技术产业和高附加值加工制造业，进一步发展外向型经济。鼓励经济特区和上海浦东新区在制度创新和扩大开放等方面走在前列。支持东北地区等老工业基地加快调整和改造，支持以资源开采为主的城市和地区发展接续产业，支持革命老区和少数民族地区加快发展，国家要加大对粮食主产区的扶持。加强东、中、西部经济交流和合作，实现优势互补和共同发展，形成若干各具特色的经济区和经济带。

十七大报告中的有关论述

推动区域协调发展，优化国土开发格局。缩小区域发展差距，必须注重实现基本公共服务均等化，引导生产要素跨区域合理流动。要继续实施区域发展总体战略，深入推进西部大开发，全面振兴东北地区等老工业基地，大力促进中部地区崛起，积极支持东部地区率先发展。加强国土规划，按照形成主体功能区的要求，完善区域政策，调整经济布局。遵循市场经济规律，突破行政区划界限，形成若干带动力强、联系紧密的经济圈和经济带。重大项目布局要充分考虑支持中西部发展，鼓励东部地区带动和帮助中西部地区发展。加大对革命老区、民族地区、边疆地区、贫困地区发展扶持力度。帮助资源枯竭地区实现经济转型。

十八大报告中的有关论述

继续实施区域发展总体战略，充分发挥各地区比较优势，优先推进西部大开发，全面振兴东北地区等老工业基地，大力促进中部地区崛起，积极支持东部地区率先发展。采取对口支援等多种形式，加大对革命老区、民族地区、边疆地区、贫困地区扶持力度。

十八届三中全会报告中的有关论述

扩大内陆沿边开放。抓住全球产业重新布局机遇，推动内陆贸易、投资、技术创新协调发展。创新加工贸易模式，形成有利于推动内陆产业集群发展的体制机制。支持内陆城市增开国际客货运航线，发展多式联运，形成横贯东中西、联结南北方对外经济走廊。推动内陆同沿海沿边通关协作，实现口岸管理相关部门信息互换、监管互认、执法互助。

附录4

国家生态文明建设的总体规划部署

在国家“十五”、“十一五”和“十二五”计划中，生态文明建设逐步展开，主要是从应对气候变化、发展循环经济、加强资源节约和管理、加大环境保护力度、加强生态保护和防灾减灾体系建设这五个层面进行体系架构和规划部署的。

“十五”计划涉及加强资源节约和管理、加大环境保护力度、加强生态保护和防灾减灾体系建设三个领域，生态文明建设主要预期目标为：生态恶化趋势得到遏制，森林覆盖率提高到18.2%，城市建成区绿化覆盖率提高到35%；城乡环境质量改善，主要污染物排放总量比2000年减少10%；资源节约和保护取得明显成效。

“十一五”计划在“十五”计划三个领域的基础上提出了发展循环经济，要求落实节约资源和保护环境基本国策，建设低投入、高产出，低消耗、少排放，能循环、可持续的国民经济体系和资源节约型、环境友好型社会。生态文明建设主要预期目标为：耕地保有量保持1.2亿公顷，淡水、能源和重要矿产资源保障水平提高；生态环境恶化趋势基本遏制，主要污染物排放总量减少10%，森林覆盖率达到20%，控制温室气体排放取得成效。

“十二五”计划在“十一五”计划四个领域的基础上又进一步将应对气候变化纳入进来，提出面对日趋强化的资源环境约束，必须增强危机意识，树立绿色、低碳发展理念，以节能减排为重点，健全激励与约束机制，加快构建资源节约、环境友好的生产方式和消费模式，增强可持续发展能力，提高生态文明水平。生态文明建设主要预期目标为：资源节约环境保护成效显著，即耕地保有量保持在18.18亿亩；单位工业增加值用水量降低30%，农业灌溉用水有效利用系数提高到0.53；非化石能源占一次能源消费比重达到11.4%；单位国内生产总值能源消耗降低16%，单位国内生产总值二氧化碳排放降低17%；主要污染物排放总量显著减少，化学需氧量、二氧化硫排放分别减少8%，氨氮、氮氧化物排放分别减少10%；森林覆盖率提高到21.66%，森林蓄积量增加6亿立方米。

一　应对气候变化

“十二五”计划开始提出要坚持减缓和适应气候变化并重，充分发挥技术进步的作用，完善体制机制和政策体系，提高应对气候变化能力。

（一）控制温室气体排放

综合运用调整产业结构和能源结构、节约能源和提高能效、增加森林碳汇等多种手段，大幅度降低能源消耗强度和二氧化碳排放强度，有效控制温室气体排放。合理控制能源消费总量，严格用能管理，加快制定能源发展规划，明确总量控制目标和分解落实机制。推进植树造林，新增森林面积1250万公顷。加快低碳技术研发应用，控制工业、建筑、交通和农业等领域温室气体排放。探索建立低碳产品标准、标识和认证制度，建立完善温室气体排放统计核算制度，逐步建立碳排放交易市场。推进低碳试点示范。

（二）增强适应气候变化能力

制定国家适应气候变化总体战略，加强气候变化科学研究、观测和影响评估。在生产力布局、基础设施、重大项目规划设计和建设中，充分考虑气候变化因素。加强适应气候变化特别是应对极端气候事件能力建设，加快适应技术研发推广，提高农业、林业、水资源等重点领域和沿海、生态脆弱地区适应气候变化水平。加强对极端天气和气候事件的监测、预警和预防，提高防御和减轻自然灾害的能力。

（三）广泛开展国际合作

坚持共同但有区别的责任原则，积极参与国际谈判，推动建立公平合理的应对气候变化国际制度。加强气候变化领域国际交流和战略政策对话，在科学研究、技术研发和能力建设等方面开展务实合作，推动建立资金、技术转让国际合作平台和管理制度。为发展中国家应对气候变化提供支持和帮助。

二　发展循环经济

“十一五”计划中开始提出要坚持开发节约并重、节约优先，按照减量化、再利用、资源化的原则，在资源开采、生产消耗、废物产生、消费等环节，逐步建立全社会的资源循环利用体系。

在节约能源方面，强化能源节约和高效利用的政策导向，加大节能力度。通过优化产业结构特别是降低高耗能产业比重，实现结构节能；通过开发推广节能技术，实现技术节能；通过加强能源生产、运输、消费各环节的制度建设和监管，实现管理节能。突出抓好钢铁、有色、煤炭、电力、化工、建材等行业和耗能大户的节能工作。加大汽车燃油经济性标准实施力度，加快淘汰老旧运输设备。制定替代液体燃料标准，积极发展石油替代产品。鼓励生产使用高效节能产品。

在节能重点工程中，提出要实现下列目标：

低效燃煤工业锅炉（窑炉）改造。采用循环流化床、粉煤燃烧等技术改造或替代现有中小燃煤锅炉（窑炉）。

区域热电联产。发展采用热电联产和热电冷联产，将分散式供热小锅炉改造为集中供热。

余热余压利用。在钢铁、建材等行业开展余热余压利用。

节约和替代石油。在电力、交通运输等行业实施节油措施，发展煤炭液化、醇醚类燃料等石油替代产品。

电机系统节能。在煤炭等行业进行电动机拖动风机、水泵系统优化改造。

能量系统优化。在石化、钢铁等行业实施系统能量优化，使企业综合能耗达到或接近世界先进水平。

建筑节能。严格执行建筑节能设计标准，推动既有建筑节能改造，推广新型墙体材料和节能产品等。

绿色照明。在公用设施、宾馆、商厦、写字楼以及住宅中推广高效节电照明系统等。

政府机构节能。政府机构建筑按照建筑节能标准进行改造，在政府机构推广使用节能产品等。

节能监测和技术服务体系建设。更新监测设备，加强人员培训等。

在节约用水方面，发展农业节水，推进雨水集蓄，建设节水灌溉饲草基地，提高水的利用效率，基本实现灌溉用水总量零增长。重点推进火电、冶金等高耗水行业节水技术改造。抓好城市节水工作，强制推广使用节水设备和器具，扩大再生水利用。加强公共建筑和住宅节水设施建设。积极开展海水淡化、海水直接利用和矿井水利用。

在节约用地方面，落实保护耕地基本国策。管住总量、严控增量、盘活存量，控制农用地转为建设用地的规模。建立健全用地定额标准，推行多层标准厂房。开展农村土地整理，调整居民点布局，控制农村居民点占地，推进废弃土地复垦。控制城市大广场建设，发展节能省地型公共建筑和住宅。到2010年实现所有城市禁用实心黏土砖。

在节约材料方面，推行产品生态设计，推广节约材料的技术工艺，鼓励采用小型、轻型和再生材料。提高建筑物质量，延长使用寿命，提倡简约实用的建筑装修。推进木材、金属材料、水泥等的节约代用。禁止过度包装。规范并减少一次性用品生产和使用。

在加强资源综合利用方面，抓好煤炭、黑色和有色金属共伴生矿产资源综合利用。推进粉煤灰、煤矸石、冶金和化工废渣及尾矿等工业废物利用。推进秸秆、农膜、禽畜粪便等循环利用。建立生产者责任延伸制度，推进废纸、废旧金属、废旧轮胎和废弃电子产品等回收利用。加强生活垃圾和污泥资源化利用。

推动钢铁、有色、煤炭、电力、化工、建材、制糖等行业实施循环经济改造，形成一批循环经济示范企业。在重点行业、领域、产业园区和城市开展循环经济试点。发展黄河三角洲、三峡库区等高效生态经济。循环经济示范试点工程包括以下几个方面：

重点行业。建设济钢、宝钢、鞍本钢、攀钢、中铝、金川公司、江西铜业、鲁北化工等一批循环经济示范企业。

产业园区。建设资源循环利用产业链及园区集中供热和废物处理中心，建设河北曹妃甸、青海柴达木等若干循环经济产业示范区。

再生资源回收利用。建设湖南汨罗等再生资源回收利用市场和加工示范基地。

再生金属利用。建设若干30万吨以上的再生铜、再生铝、再生铅示范企业。

废旧家电回收处理。建设若干废旧家电回收利用示范基地。

再制造。建设若干汽车发动机、变速箱、电机和轮胎翻新等再制造示范企业。

在强化促进节约的政策措施方面，加快循环经济立法。实行单位能耗目标责任和考核制度。完善重点行业能耗和水耗准入标准、主要用能产品和建筑物能效标准、重点行业节能设计规范和取水定额标准。严格执行设计、施工、生产等技术标准和材料消耗核算制度。实行强制淘汰高耗能高耗水落后工艺、技术和设备的制度。推行强制性能效标识制度和节能产品认证制度。加强电力需求侧管理、政府节能采购、合同能源管理。实行有利于资源节约、综合利用和石油替代产品开发的财税、价格、投资政策。增强全社会的资源忧患意识和节约意识。

“十二五”计划要求按照减量化、再利用、资源化的原则，减量化优先，以提高资源产出效率为目标，推进生产、流通、消费各环节循环经济发展，加快构建覆盖全社会的资源循环利用体系。

在推行循环型生产方式方面，加快推行清洁生产，在农业、工业、建筑、商贸服务等重点领域推进清洁生产示范，从源头和全过程控制污染物产生和排放，降低资源消耗。加强共伴生矿产及尾矿综合利用，提高资源综合利用水平。推进大宗工业固体废物和建筑、道路废弃物以及农林废物资源化利用，工业固体废物综合利用率达到72%。按照循环经济要求规划、建设和改造各类产业园区，实现土地集约利用、废物交换利用、能量梯级利用、废水循环利用和污染物集中处理。推动产业循环式组合，构筑链接循环的产业体系。资源产出率提高15%。

在健全资源循环利用回收体系方面，完善再生资源回收体系，加快建设城市社区和乡村回收站点、分拣中心、集散市场“三位一体”的回收网络，推进再生资源规模化利用。加快完善再制造旧件回收体系，推进再制造产业发展。建立健全垃圾分类回收制度，完善分类回收、密闭运输、集中处理体系，推进餐厨废弃物等垃圾资源化利用和无害化处理。

在推广绿色消费模式方面，倡导文明、节约、绿色、低碳消费理念，推动形成与我国国情相适应的绿色生活方式和消费模式。鼓励消费者购买使用节能节水产品、节能环保型汽车和节能省地型住宅，减少使用一次性用品，限制过度包装，抑制不合理消费。推行政府绿色采购，逐步提高节能节水产品和再生利用产品比重。

在强化政策和技术支撑方面，加强规划指导、财税金融等政策支持，完善法律法规和标准，实行生产者责任延伸制度，制订循环经济技术和产品名录，建立再生产品标识制度，建立完善循环经济统计评价制度。开发应用源头减量、循环利用、再制造、零排放和产业链接技术，推广循环经济典型模式。深入推进国家循环经济示范，组织实施循环经济“十百千示范”行动。推进甘肃省和青海柴达木循环经济示范区等循环经济示范试点、山西资源型经济转型综合配套改革试验区建设。

三　加强资源节约和管理

“十五”计划提出要坚持资源开发与节约并举，把节约放在首位，依法保护和合理使用资源，提高资源利用率，实现永续利用。

一方面，重视水资源的可持续利用。坚持开源节流并重，把节水放在突出位置。以提高用水效率为核心，全面推行各种节水技术和措施，发展节水型产业，建立节水型社会。城市建设和工农业布局要充分考虑水资源的承受能力。加大农业节水力度，减少灌溉用水损失，2005 年灌溉用水有效利用系数达到 0.45。按水资源分布调整工业布局，加快企业节水技术改造，2005 年工业用水重复利用率达到 60%。强化城市节水工作，强制淘汰浪费水的器具和设备，推广节水器具和设备。加强节水技术、设备的研究开发和节水设施的建设。加强规划与管理，搞好江河全流域水资源的合理配置，协调生活、生产和生态用水。加强江河源头的水源保护。积极开展人工增雨、污水处理回用、海水淡化。合理利用地下水资源，严格控制超采。多渠道开源，建设一批骨干水源工程，“十五”期间全国新增供水能力400亿立方米。加大水的管理体制改革力度，建立合理的水资源管理体制和水价形成机制。广泛开展节水宣传教育，提高全民节水意识。

另一方面，保护土地、森林、草原、海洋和矿产资源。坚持保护耕地的基本国策，实施土地利用总体规划，统筹安排各类建设用地，合理控制新增建设用地规模。加大城乡和工矿用地的整理、复垦力度。根据工业区、城镇密集区、专业化农产品生产基地、生态保护区等不同的土地需求，合理调整土地利用结构。强化森林防火、病虫害防治和采伐管理，完善林业行政执法管理体系和设施。加强草原保护，禁止乱采滥垦，严格实行草场禁牧期、禁牧区和轮牧制度，防止超载过牧。加大海洋资源调查、开发、保护和管理力度，加强海洋利用技术的研究开发，发展海洋产业。加强海域利用和管理，维护国家海洋权益。加强矿产资源勘探，严格整顿矿业秩序，对重要矿产资源实行强制性保护。深化矿产资源使用制度改革，规范和发展矿业权市场。推进资源综合利用技术研究开发，加强废旧物资回收利用，加快废弃物处理的产业化，促进废弃物转化为可用资源。

在“十一五”计划中，要求实行有限开发、有序开发、有偿开发，加强对各种自然资源的保护和管理。

（一）加强水资源管理

顺应自然规律，调整治水思路，从单纯的洪水控制向洪水管理、雨洪资源科学利用转变，从注重水资源开发利用向水资源节约、保护和优化配置转变。加强水资源统一管理，统筹生活、生产、生态用水，做好上下游、地表地下水调配，控制地下水开采。完善取水许可和水资源有偿使用制度，实行用水总量控制与定额管理相结合的制度，健全流域管理与区域管理相结合的水资源管理体制，建立国家初始水权分配制度和水权转让制度。完成南水北调东线和中线一期工程，合理规划建设其他水资源调配工程。

（二）加强土地资源管理

实行最严格的土地管理制度。严格执行法定权限审批土地和占用耕地补偿制度，禁止非法压低地价招商。严格土地利用总体规划、城市总体规划、村庄和集镇规划修编的管理。加强土地利用计划管理、用途管制和项目用地预审管理。加强村镇建设用地管理，改革和完善宅基地审批制度。完善耕地保护责任考核体系，实行土地管理责任追究制。加强土地产权登记和土地资产管理。

（三）加强矿产资源管理

加强矿产资源勘查开发统一规划管理，严格矿产资源开发准入条件，强化资格认证和许可管理，严格按照法律法规和规划开发。完善矿产资源开发管理体制，依法设置探矿权、采矿权，建立矿业权交易制度，健全矿产资源有偿占用制度和矿山环境恢复补偿机制。完善重要资源储备制度，加强国家重要矿产品储备，调整储备结构和布局。实行国家储备与用户储备相结合，对资源消耗大户实行强制性储备。

（四）保护和开发海洋资源

强化海洋意识，维护海洋权益，保护海洋生态，开发海洋资源，实施海洋综合管理，促进海洋经济发展。综合治理重点海域环境，遏制渤海、长江口和珠江口等近岸海域生态恶化趋势。恢复近海海洋生态功能，保护红树林、海滨湿地和珊瑚礁等海洋、海岸带生态系统，加强海岛保护和海洋自然保护区管理。完善海洋功能区划，规范海域使用秩序，严格限制开采海砂。有重点地勘探开发专属经济区、大陆架和国际海底资源。

（五）开发利用气候资源

加强空中水资源、太阳能、风能等的合理开发利用。发展气象事业，加强气象卫星应用、天气雷达等综合监测，建立先进的气象服务业务系统。增强灾害性天气预警预报能力，提高预报准确率和时效性。增强气象为农业等行业服务的能力。加强人工影响天气、大气成分和气候变化监测、预测、评估工作。

“十二五”计划要求落实节约优先战略，全面实行资源利用总量控制、供需双向调节、差别化管理，大幅度提高能源资源利用效率，提升各类资源保障程度。

（一）大力推进节能降耗

抑制高耗能产业过快增长，突出抓好工业、建筑、交通、公共机构等领域节能，加强重点用能单位节能管理。强化节能目标责任考核，健全奖惩制度。完善节能法规和标准，制订完善并严格执行主要耗能产品能耗限额和产品能效标准，加强固定资产投资项目节能评估和审查。健全节能市场化机制，加快推行合同能源管理和电力需求侧管理，完善能效标识、节能产品认证和节能产品政府强制采购制度。推广先进节能技术和产品，加强节能能力建设。开展万家企业节能低碳行动，深入推进节能减排全民行动。

（二）加强水资源节约

实行最严格的水资源管理制度，加强用水总量控制与定额管理，严格水资源保护，加快制定江河流域水量分配方案，加强水权制度建设，建设节水型社会。强化水资源有偿使用，严格水资源费的征收、使用和管理。推进农业节水增效，推广普及管道输水、膜下滴灌等高效节水灌溉技术，新增5000万亩高效节水灌溉面积，支持旱作农业示范基地建设。在保障灌溉面积、灌溉保证率和农民利益的前提下，建立健全工农业用水水权转换机制。加强城市节约用水，提高工业用水效率，促进重点用水行业节水技术改造和居民生活节水。加强水量水质监测能力建设。实施地下水监测工程，严格控制地下水开采。大力推进再生水、矿井水、海水淡化和苦咸水利用。

（三）节约集约利用土地

坚持最严格的耕地保护制度，划定永久基本农田，建立保护补偿机制，从严控制各类建设占用耕地，落实耕地占补平衡，实行先补后占，确保耕地保有量不减少。实行最严格的节约用地制度，从严控制建设用地总规模。按照节约集约和总量控制的原则，合理确定新增建设用地规模、结构、时序。提高土地保有成本，盘活存量建设用地，加大闲置土地清理处置力度，鼓励深度开发利用地上地下空间。强化土地利用总体规划和年度计划管控，严格用途管制，健全节约土地标准，加强用地节地责任和考核。单位国内生产总值建设用地下降30%。

（四）加强矿产资源勘查、保护和合理开发

实施地质找矿战略工程，加大勘查力度，实现地质找矿重大突破，形成一批重要矿产资源的战略接续区。建立重要矿产资源储备体系。加强重要优势矿产保护和开采管理，完善矿产资源有偿使用制度，严格执行矿产资源规划分区管理制度，促进矿业权合理设置和勘查开发布局优化。实行矿山最低开采规模标准，推进规模化开采。发展绿色矿业，强化矿产资源节约与综合利用，提高矿产资源开采回采率、选矿回收率和综合利用率。推进矿山地质环境恢复治理和矿区土地复垦，完善矿山环境恢复治理保证金制度。加强矿产资源和地质环境保护执法监察，坚决制止乱挖滥采。

四　加大环境保护力度

“十五”计划提出要加强生态建设，遏制生态恶化。组织实施重点地区生态环境建设综合治理工程，长江上游、黄河上中游和东北内蒙古等地区的天然林保护工程，以及退耕还林还草工程。加强以京津风沙源和水源为重点的治理与保护，建设环京津生态圈。在过牧地区实行退牧，封地育草，实施“三化”草地治理工程。加快小流域治理，减少水土流失。推进黔桂滇岩溶地区石漠化综合治理。加快矿山生态恢复与治理。继续建设“三北”、沿海、珠江等防护林体系，加速营造速生丰产林和工业原料林。加快“绿色通道”建设，大力开展植树种草和城市绿化。加强自然保护区建设。保护珍稀、濒危生物资源和湿地资源，实施野生动物及其栖息地保护建设工程，恢复生态功能和生物多样性。“十五”期间，新增治理水土流失面积2500万公顷，治理“三化”草地面积1650万公顷。

“十一五”计划要求坚持预防为主、综合治理，强化从源头防治污染，坚决改变先污染后治理、边治理边污染的状况。以解决影响经济社会发展特别是严重危害人民健康的突出问题为重点，有效控制污染物排放，尽快改善重点流域、重点区域和重点城市的环境质量。

在加强水污染防治方面，加大“三河三湖”等重点流域和区域水污染防治力度。科学划定饮用水源保护区，强化对主要河流和湖泊排污的管制，坚决取缔饮用水源地的直接排污口，严禁向江河湖海排放超标污水。加强城市污水处理设施建设，全面开征污水处理费，到2010年城市污水处理率不低于70%。

在加强大气污染防治方面，加大重点城市大气污染防治力度。加快现有燃煤电厂脱硫设施建设，新建燃煤电厂必须根据排放标准安装脱硫装置，推进钢铁、有色、化工、建材等行业二氧化硫综合治理。在大中城市及其近郊，严格控制新（扩）建除热电联产外的燃煤电厂，禁止新（扩）建钢铁、冶炼等高耗能企业。加大城市烟尘、粉尘、细颗粒物和汽车尾气治理力度。

在加强固体废物污染防治方面，加快危险废物处理设施建设，妥善处置危险废物和医疗废物。强化对危险化学品的监管，加强重金属污染治理，推进堆存铬渣无害化处置。加强核设施和放射源安全监管，确保核与辐射环境安全。加强城市垃圾处理设施建设，加大城市垃圾处理费征收力度，到2010年城市生活垃圾无害化处理率不低于60%。

在环境治理重点工程中，涉及以下几方面内容：

重点流域水污染治理。“三河三湖”、三峡库区、长江上游、黄河中上游、松花江、南水北调水源及沿线的水污染治理工程。

燃煤电厂烟气脱硫。增加现有燃煤电厂脱硫能力，使90%的现有电厂达标排放。

医疗废物及危险废物处置。建设医疗废物及危险废物集中处置设施，基本实现医疗废物及危险废物的安全处置。

核与辐射安全工程。加快中低放射性废物处置场建设，解决高放射性废物永久处置问题。

铬渣污染治理。对堆存铬渣及受污染土壤进行综合治理，实现所有堆存铬渣无害化处置。

在实行强有力的环保措施方面，各地区要切实承担对所辖地区环境质量的责任，实行严格的环保绩效考核、环境执法责任制和责任追究制。各级政府要将环保投入作为本级财政支出的重点并逐年增加。健全环境监管体制，提高监管能力，加大环保执法力度。实施排放总量控制、排放许可和环境影响评价制度。实行清洁生产审核、环境标识和环境认证制度，严格执行强制淘汰和限期治理制度，建立跨省界河流断面水质考核制度。实行环境质量公告和企业环保信息公开制度，鼓励社会公众参与并监督环保。大力发展环保产业，建立社会化多元化环保投融资机制，运用经济手段加快污染治理市场化进程。积极参与全球环境与发展事务，认真履行环境国际公约。

在“十二五”计划中，要求以解决饮用水不安全和空气、土壤污染等损害群众健康的突出环境问题为重点，加强综合治理，明显改善环境质量。

在强化污染物减排和治理方面，实施主要污染物排放总量控制。实行严格的饮用水水源地保护制度，提高集中式饮用水水源地水质达标率。加强造纸、印染、化工、制革、规模化畜禽养殖等行业污染治理，继续推进重点流域和区域水污染防治，加强重点湖库及河流环境保护和生态治理，加大重点跨界河流环境管理和污染防治力度，加强地下水污染防治。推进火电、钢铁、有色、化工、建材等行业二氧化硫和氮氧化物治理，强化脱硫脱硝设施稳定运行，加大机动车尾气治理力度。深化颗粒物污染防治。加强恶臭污染物治理。建立健全区域大气污染联防联控机制，控制区域复合型大气污染。地级以上城市空气质量达到二级标准以上的比例达到80%。有效控制城市噪声污染。提高城镇生活污水和垃圾处理能力，城市污水处理率和生活垃圾无害化处理率分别达到85%和80%。

在防范环境风险方面，加强重金属污染综合治理，以湘江流域为重点，开展重金属污染治理与修复试点示范。加大持久性有机物、危险废物、危险化学品污染防治力度，开展受污染场地、土壤、水体等污染治理与修复试点示范。强化核与辐射监管能力，确保核与辐射安全。推进历史遗留的重大环境隐患治理。加强对重大环境风险源的动态监测与风险预警及控制，提高环境与健康风险评估能力。

在加强环境监管方面，健全环境保护法律法规和标准体系，完善环境保护科技和经济政策，加强环境监测、预警和应急能力建设。加大环境执法力度，实行严格的环保准入，依法开展环境影响评价，强化产业转移承接的环境监管。严格落实环境保护目标责任制，强化总量控制指标考核，健全重大环境事件和污染事故责任追究制度，建立环保社会监督机制。

五 加强生态保护和防灾减灾体系建设

“十五”计划提出要加大环境保护和治理力度，提高城乡环境质量。强化环境污染综合治理，使城乡特别是大中城市环境质量得到明显改善。抓紧治理水污染源，巩固“三河”、“三湖”水污染治理成果，启动长江上游、三峡库区、黄河中游和松花江流域水污染综合治理工程。加快城市污水处理设施建设，所有城市都要建设污水处理设施，2005 年城市污水集中处理率达到 45%。加强近岸海域水质保护，研究预防、控制和治理赤潮，抓好渤海环境综合整治和管理。加强大气污染防治，实施“两控区”和重点城市大气污染控制工程，2005 年“两控区”二氧化硫排放量比 2000 年减少 20%。推行垃圾无害化与危险废弃物集中处理。推行清洁生产，抓好重点行业的污染防治，控制和治理工业污染源，依法关闭污染严重、危害人民健康的企业。加强噪音污染治理。积极开展农村环境保护工作，防治不合理使用化肥、农药、农膜和超标污灌带来的化学污染及其他面源污染，保护农村饮用水水源。加强环境保护关键技术和工艺设备的研究开发，加快发展环保产业。完善环境标准和法规，修改不合理的污染物排放标准，健全环境监测体系，加强环境保护执法和监督。全面推行污水和垃圾处理收费制度。开展全民环保教育，提高全民环保意识，推行绿色消费方式。

加强防御各种灾害的安全网建设，建立灾害预报预防、灾情监测和紧急救援体系，提高防灾减灾能力。加强气象、地震、测绘等工作，提高服务能力和水平。积极参与全球环境与发展事务，履行义务，实行有利于减缓全球气候变化的政策措施。

“十一五”计划提出生态保护和建设的重点要从事后治理向事前

保护转变，从人工建设为主向自然恢复为主转变，从源头上扭转生态恶化趋势。生态保护重点工程涉及以下几个方面：

天然林资源保护。对工程区内9418万公顷天然林和其他森林实行全面有效管护，在长江上游、黄河上中游工程区造林579万公顷。

退耕还林还草。在长江、黄河流域水土流失以及北方风沙地区等继续实施退耕还林还草。

退牧还草。在内蒙古东部、内蒙古甘肃宁夏西部、青藏高原东部、新疆北部四大片区治理严重退化草地。

京津风沙源治理。退耕还林34万公顷，在宜林荒山荒沙地区造林29万公顷，人工造林127万公顷，飞播造林145万公顷，封沙育林育草95万公顷，草地治理291万公顷。

防护林体系。建设“三北”防护林体系四期工程，长江、珠江防护林和太行山绿化、平原绿化及沿海防护林体系工程。推进三峡库区绿化带建设。

湿地保护与修复。建设222个湿地保护区，其中国家级湿地保护区49个，通过对水资源的合理调配和管理等措施恢复重要湿地。

青海三江源自然保护区生态保护和建设。退牧还草644万公顷，退耕还林还草0.65万公顷，封山育林、沙漠化土地防治、湿地保护、黑土滩治理80万公顷，鼠害治理209万公顷，水土流失治理5万公顷。

水土保持工程。新增水土流失治理面积1900万公顷。实施石羊河流域综合治理。

野生动植物保护及自然保护区建设。建设和完善一批自然保护区，继续实施对极度濒危野生动植物物种的拯救工程。

石漠化地区综合治理。通过植被保护、退耕还林、封山育林育草、种草养畜、合理开发利用水资源、土地整治和水土保持、改变耕作制度、建设农村沼气、易地扶贫等措施，加大石漠化地区治理力度。

在天然林保护区、重要水源涵养区等限制开发区域建立重要生态功能区，促进自然生态恢复。健全法制、落实主体、分清责任，加强对自然保护区的监管。有效保护生物多样性，防止外来有害物种对我国生态系统的侵害。按照谁开发谁保护、谁受益谁补偿的原则，建立生态补偿机制。

“十二五”计划要求坚持保护优先和自然修复为主，加大生态保护和建设力度，从源头上扭转生态环境恶化趋势。

在构建生态安全屏障方面，加强重点生态功能区保护和管理，增强涵养水源、保持水土、防风固沙能力，保护生物多样性，构建以青藏高原生态屏障、黄土高原—川滇生态屏障、东北森林带、北方防沙带和南方丘陵山地带以及大江大河重要水系为骨架，以其他国家重点生态功能区为重要支撑，以点状分布的国家禁止开发区域为重要组成的生态安全战略格局。

在强化生态保护与治理方面，继续实施天然林资源保护工程，巩固和扩大退耕还林还草、退牧还草等成果，推进荒漠化、石漠化和水土流失综合治理，保护好林草植被和河湖、湿地。搞好森林草原管护，加强森林草原防火和病虫害防治，实施草原生态保护补偿奖励机制。强化自然保护区建设监管，提高管护水平。加强生物安全管理，加大生物物种资源保护和管理力度，有效防范物种资源丧失与流失，积极防治外来物种入侵。

在建立生态补偿机制方面，按照谁开发谁保护、谁受益谁补偿的原则，加快建立生态补偿机制。加大对重点生态功能区的均衡性转移支付力度，研究设立国家生态补偿专项资金。推行资源型企业可持续发展准备金制度。鼓励、引导和探索实施下游地区对上游地区、开发地区对保护地区、生态受益地区对生态保护地区的生态补偿。积极探索市场化生态补偿机制。加快制定实施生态补偿条例。

在防灾减灾体系建设领域，“十二五”计划提出要加强水利基础设施建设，在继续推进大江大河治理基础上，积极开展重要支流、湖泊和中小河流治理，增强城乡供水和防洪能力。健全防灾减灾体系，增强抵御自然灾害能力。

在提高供水保障能力方面，完善南北调配、东西互济、河库联调的水资源调配体系，建设一批跨流域调水和骨干水源工程，统筹推进中小微型水源工程建设，增加水资源供给和储备能力。推动解决西南等地区工程性缺水和西北等地区资源性缺水问题。新增年供水能力400亿立方米。加强雨洪资源和云水资源利用。推进水文水资源管理基础设施和重大水利工程调度管理系统建设。

在增强防洪能力方面，继续加强淮河、长江、黄河、洞庭湖、鄱阳湖等大江大河大湖治理和重要蓄滞洪区建设，建成一批控制性枢纽工程，提高重点防洪保护区的防洪能力。加大中小河流堤防建设和河道整治力度，基本完成流域面积200平方公里以上有防洪任务的重点中小河流治理。加快病险水库和水闸除险加固，消除安全隐患，增强防洪能力。加强海堤达标建设和重要河口综合治理。搞好跨界河流国土防护治理。

在加强山洪地质气象地震灾害防治方面，提高山洪、地质灾害防治能力，加快建立灾害调查评价体系、监测预警体系、防治体系、应急体系，加快实施搬迁避让和重点治理。加强重点时段、重点地区山洪地质灾害防治，对滑坡、泥石流等重点突发性地质灾害隐患实施监测预警和综合治理示范，开展重要城市和地区地面沉降、地裂缝等缓变性地质灾害的综合治理。加强气象灾害监测预警预报和信息发布系统建设。提高地震监测分析与震灾防御能力。

附录 5

国家推进欠发达地区经济发展的政策

一　西部地区政策

（一）产业政策

从社会主义现代化建设的全局出发，国家把实施西部大开发作为一项重大的战略任务突出地提出来，以促进地区协调发展。综合考虑经济发展水平、地理区位和民族地区发展因素，西部大开发的范围包括重庆、四川、贵州、云南、西藏、陕西、甘肃、青海、宁夏、新疆和内蒙古、广西 12 个省、自治区、直辖市（以下统称西部地区）。新中国成立五十多年来特别是改革开放二十多年，西部地区社会经济面貌发生了深刻变化，发展步伐明显加快，产业基础不断加强，经济体制改革持续推进，全方位对外开放的格局基本形成。“九五”以来，国家加强了对中西部地区发展的支持，西部地区农业、能源、交通、原材料等基础产业和优势产业进一步壮大。西部地区自身改革和发展创造了实施开发的条件。国家的综合实力明显增强，有能力加大支持西部地区发展的力度。实施西部大开发的时机已经成熟，条件基本具备。

西部地区发展具有以下有利条件：一是地域辽阔，水能、石油天然气、煤炭、稀土、钾磷、有色金属等能源矿产资源储量大，光热条件较好，生物资源多种多样，文化旅游资源丰富。二是市场潜力大，劳动力成本低，具有发展劳动密集型产业的比较优势。三是与十几个国家和地区接壤，是我国通往亚欧一些国家的重要通道，具有发展周边经济贸易合作的区位优势。四是长期建设形成的老工业基地、国防工业企业、科研机构和大专院校，集中了一批专门人才，初步有了产业发展和协作配套的条件。但是，由于自然条件、历史文化和政策体制等多方面原因，西部地区经济和社会发展与东部地区相比，还存在较大差距。主要表现在：基础设施落后，水利设施不足，交通路网单薄，电网建设滞后，电信服务普及率较低；生态环境恶化，荒漠化面积大，水土流失严重；产业结构不合理，农业生产条件较差，工业和服务业发展水平较低，企业机制不灵活，市场化、城镇化程度较低，对外开放水平不高；科技和教育发展相对滞后，贫困地区、边远地区、少数民族地区和老工业基地困难较多，社会事业发展水平较低。实施西部大开发将是长期而艰巨的历史任务。

从“十五”计划到“十二五”计划，国家坚持把深入实施西部大开发战略放在区域发展总体战略优先位置，给予特殊政策支持。在加强基础设施建设上，不断扩大铁路、公路、民航、水运网络，突出抓好西电东送、西气东输、西煤东运、节水和开发水资源等一批具有战略意义的重点工程。在产业发展上，发挥资源优势，实施以市场为导向的优势资源转化战略，在资源富集地区布局一批资源开发及深加工项目，大力发展特色产业，加强清洁能源、优势矿产资源开发及加工，支持发展先进制造业、高技术产业及其他有优势的产业，建设国家重要能源、战略资源接续地和产业集聚区，发展特色农业、旅游等优势产业。与此同时，加强生态建设和环境保护，强化地质灾害防治，推进重点生态功能区建设，继续实施退牧还草、天然林保护等重点生态工程，加强植被保护，加大荒漠化和石漠化治理力度，加强重点区域水污染防治，构筑国家生态安全屏障。在重点区域开发上，依托亚欧大陆桥、长江水道、西南出海通道等交通干线及中心城市，以线串点，以点带面，依托中心城市和交通干线，实行重点开发，促进西陇海兰新线经济带、长江上游经济带和南（宁）贵（阳）昆（明）经济区的形成，推进重庆、成都、西安区域战略合作，推动呼包鄂榆、广西北部湾、成渝、黔中、滇中、藏中南、关中—天水、兰州—西宁、宁夏沿黄、天山北坡等经济区加快发展，培育新的经济增长极。国家落实和深化西部大开发政策，加大政策扶持和财政转移支付力度，推动建立长期稳定的西部开发资金渠道。

在《国家西部开发总体规划（2001）》中，提出要积极调整产业结构，坚持以市场为导向，以企业为主体，从西部各地资源特点和自身优势出发，依靠科技进步，发展具有市场前景的特色经济和优势产业，促进资源优势向经济优势加快转化。

1. 传统产业调整改造

积极运用先进适用技术和高新技术改造传统产业，重点发展具有比较优势的产业。以四川、云南中成药，陕西化学生物制药为重点，发展医药制造和民族药材加工。以重庆汽车、摩托车，陕西、贵州飞机制造，陕西、四川铁路运输设备为重点，发展交通运输及零部件制造。以四川、陕西、贵州等地大型电子企业为依托，发展电子科研和生产。进一步发展烟草、饮料、棉纺、麻纺、食品等农副产品深加工。逐步建设云南、贵州、四川植物纤维生产和加工基地。改造和振兴老工业基地，焕发经济活力。通过改组改造，着力提高企业的技术水平和创新能力，改进品种和质量，努力形成一批优势企业和名牌产品，带动整体工业水平的提高。切实防止盲目重复建设。坚决淘汰一批落后的工艺和生产能力，关闭浪费资源、技术落后、污染严重、产品质量低劣的企业。

2. 优势资源开发和利用

坚持保护和开发并重，合理开发和有效利用丰富的能源矿产资源。加强重要矿产资源集中区的调查评价和勘查工作，重点开发比较优势明显、市场前景好的矿产资源，提高产品加工深度和利用水平。逐步建设青海柴达木、新疆罗布泊盐湖钾肥，云南、贵州磷肥，云南铅锌，甘肃镍，贵州和广西铝，新疆铜，四川攀西钒钛，内蒙古、四川稀土等产品的生产、开发与加工利用基地。合理建设石油天然气生产及石油化工基地。

3. 高新技术产业发展

利用一些地区军工企业和大专院校、科研院所较为集中的有利条件，以重大工程项目为依托，因地制宜地发展生物工程、航空航天、新能源、新材料、电子信息以及先进制造、中药现代化等有优势的高新技术产业。促进中小型高科技企业发展，建设具有西部特色的高科技产业园区和高技术孵化体系。

4. 旅游等服务业发展

充分利用西南、西北丰富的自然和人文景观，把旅游业培育成为西部地区的支柱产业。围绕沿长江、西北丝绸之路、桂滇黔川以及高原、草原等主要旅游线路，加强旅游基础设施建设，重点建设旅游景区的道路，搞好旅游资源的保护与开发。从各地的实际出发，加快发展商贸流通、交通运输、信息服务、社区服务、房地产、金融保险等服务业，提高社会化服务水平。

在确定西部开发的重点区域上，要选择现有经济基础条件较好，区位优势明显，人口较为密集，沿交通干线和城市枢纽的一些地区，作为西部开发的重点区域。依托亚欧大陆桥、长江黄金水道、西南出海通道等交通干线，发挥中心城市的集聚功能和辐射作用，以线串点，以点带面，实行重点开发，促进西陇海兰新线经济带、长江上游经济带、南（宁）贵（阳）昆（明）经济区的形成，带动周围地区和农村发展。引导农村富余劳动力和人口合理转移，繁荣城镇经济，因地制宜地发展大中小城市，加快小城镇建设，提高城镇化水平。

西陇海兰新线经济带

沿亚欧大陆桥，以陇海兰新铁路、连云港至霍尔果斯公路等交通干线为依托，发挥西安、兰州、乌鲁木齐和呼和浩特、银川、西宁等中心城市的枢纽作用，充分利用其经济技术基础较好的条件，支撑西北地区的开发。积极发展依托优势资源的能源、有色金属、石油化工和旅游业，以特色农产品为主要原料的轻工、食品、医药行业，以及有优势的生物工程、电子信息、航空航天、新材料等高新技术产业，推进传统产业的调整升级，加快发展服务业，增强中心城市的综合经济实力和科技创新能力。借助交通干线连接城镇的便利条件，加快发展陕西关中地区、甘肃兰州白银经济区、新疆天山北坡经济区及库尔勒地区，宁夏沿黄地区、青海东部及格尔木地区、内蒙古河套地区、“三西”能源重化工基地。通过建设西电东送、西气东输、生态环境建设等重大工程，加强与东部、中部地区的经济联系，促进生产力合理布局和生态平衡，推动同中亚地区的经济技术交流与合作。

长江上游经济带

沿长江黄金水道，以长江航道、上海至成都公路、沿江铁路等交通干线为依托，发挥重庆、成都等中心城市的枢纽作用，支撑川渝地区的开发。积极发展交通、商贸、金融、信息等综合服务业，加快发展食品、装备制造、电子、中药和生物制药、旅游等产业，充分发挥现有工业基础的作用，加速国防科技工业调整、改革和发展。发挥农业优势，推进农业产业化经营和现代化进程。充分利用沿江、沿路的区位条件，促进市场发育。加快发展成渝地区、攀（枝花）成（都）绵（阳）地区、长江三峡地区。通过建设西电东送等重大工程，扩大与长江中下游地区的经济技术交流与合作。

南（宁）贵（阳）昆（明）经济区

沿西南出海通道，以南昆铁路、重庆至湛江公路等交通干线为依托，发挥南宁、贵阳、昆明等中心城市的枢纽作用，支撑滇黔桂地区的经济开发。加快城市基础设施建设，进一步完善城市功能，大力发展交通、商贸、旅游等产业，改造提高机械、电子、航空工业，加快利用水能、有色金属、磷矿石、煤炭等资源，建设西南地区水电开发和东输工程，积极开发热带、亚热带生物资源。加快发展广西南（宁）北（海）钦（州）防（城）地区、贵州贵阳附近地区、云南昆明附近地区。加强与我国华南地区以及东南亚地区的经济联系，扩大经济技术交流与合作。

西藏、新疆等少数民族地区

实施西部大开发，要加快少数民族地区经济和社会全面发展，重点支持少数民族地区扶贫开发、牧区建设、民族特需商品生产、边境贸易和经济技术合作、民族教育和民族文化事业发展。推进兴边富民行动。注意支持人口较少民族的发展。进一步增强民族团结，维护社会秩序稳定，为发展创造良好的环境。继续实行全国对口支援西藏自治区的特殊政策，增强西藏自我发展的实力和后劲，确保经济加快发展、社会全面进步和长治久安，建设团结、富裕、文明的社会主义新西藏。新疆维吾尔自治区要以优势资源转化为基础，发展特色经济和优势产业，积极发展与中亚地区的经济贸易合作，促进经济繁荣，增进民族团结，保障边疆稳定，不断提高各族人民物质文化生活水平。发挥新疆生产建设兵团在西部开发中的重要作用，不断提高建设兵团的开发能力。加大对内蒙古自治区、宁夏回族自治区、广西壮族自治区和西部其他少数民族地区经济和社会发展的支持。对中部地区的少数民族自治州，比照西部开发的有关政策予以照顾和支持。

西部大开发以来特别是“十一五”时期，西部地区经济社会发展取得长足进步，但与东部地区发展的绝对差距仍在扩大，交通基础设施落后、水资源短缺和生态环境脆弱的瓶颈制约仍然存在，经济结构不合理、自我发展能力不强的状况仍然没有根本改变，贫困面广量大、基本公共服务能力薄弱的问题仍然突出，加强民族团结、维护边疆稳定的任务仍然繁重，西部地区仍然是我国区域发展的“短板”，是全面建设小康社会的难点和重点。

“十二五”时期，西部地区处于大有作为的重要战略机遇期。从国外看，世界经济格局正在发生深刻变化，全球区域经济一体化深入推进，生产要素在全球范围内加快流动和重组，有利于西部地区积极参与国际分工，全面提升内陆开放型经济发展和沿边开发开放水平。从国内看，一是我国经济发展方式加快转变，扩大内需战略深入实施，经济结构深刻调整，有利于西部地区充分发挥战略资源丰富、市场潜力巨大的优势，积极承接产业转移，构建现代产业体系，增强自我发展能力；二是西部地区投资环境和发展条件不断改善，有利于西部地区进一步解放生产力，加快推进工业化、城镇化进程；三是我国社会主义市场经济体制不断完善，集中力量办大事的制度优势更为突出，中央不断加大支持西部地区发展的政策力度，有利于在根本上缩小区域发展差距，实现共同富裕。

在国家《西部大开发“十二五”规划（2012）》中，提出要发挥比较优势，深入实施以市场为导向的优势资源转化战略，坚持走新型工业化道路，大力提升产业层次和核心竞争力，建设国家能源、资源深加工、装备制造业和战略性新兴产业基地。

1. 加快发展现代能源产业

推动能源生产和利用方式变革，调整优化能源开发布局，重点建设鄂尔多斯盆地、蒙东、西南、新疆等国家重点综合能源基地，构建安全、稳定、经济、清洁的现代能源产业体系，提升能源保障水平。

加大大型煤炭基地勘查力度，加快建设陕北、黄陇、蒙东、神东、宁东和新疆等煤炭基地，优化发展云贵煤炭基地，重点建设一批现代化露天煤矿和千万吨级安全高效矿井。鼓励发展清洁、高效、大容量燃煤机组，加快大型坑口燃煤电站和电力外送通道建设，推进煤电一体化发展。加强煤层气、页岩气开发利用。科学布局煤制天然气、煤制液体燃料、煤基多联产示范升级项目，有序推进产业化发展。

加强石油天然气资源勘探，实施精细开发，重点推进塔里木、准噶尔、鄂尔多斯、四川盆地等重要的油气资源战略接续区建设，稳定国内石油产量，促进天然气产量快速增长。依托国内和进口石油资源，优化原油加工布局，建设一批千万吨级炼油基地，促进上下游一体化发展。积极发展石油天然气化工，建设和完善一批大型石化基地。

大力发展可再生能源和新能源。在保护生态和做好移民安置的前提下积极发展水电，制定和完善流域水电开发规划，有序推进西南地区和黄河上游重点流域大型水电站建设，因地制宜建设中小型水电站。积极推进甘肃河西等西北地区及内蒙古大型风电基地建设，加强并网外送配套工程建设，鼓励风电就地转化利用。因地制宜发展光伏发电，重点利用沙漠、戈壁及无耕种价值的空闲土地，集中建设若干座50—100兆瓦规模的大型光伏电站。通过在偏远地区建设小型光伏电站等方式，解决无电地区人口用电问题。根据国家有关规划要求，稳步推进广西等地区大型核电站建设。做好铀矿资源勘探工作。积极发展生物质能、地热等其他新能源，加强青藏高原可燃冰勘探和开发利用研究。

现代能源产业布局如下：

煤炭开发与转化：建设陕北、黄陇、神东、宁东、蒙东、云贵及新疆等大型煤炭基地，建设陕北、彬长、准东、鄂尔多斯、宁东、陇东、锡林郭勒、呼伦贝尔、贵州等大型煤电基地，有序开展煤制天然气、煤制液体燃料和煤基多联产示范，稳步推进产业化发展。

石油天然气开发及加工：建设塔里木和准噶尔盆地、鄂尔多斯盆地等石油生产基地，鄂尔多斯、川渝和塔里木以及青海等天然气生产基地，克拉玛依—独山子、兰州、乌鲁木齐、昆明等炼油基地，克拉玛依—独山子、兰州、彭州等石化基地，达州、长寿等天然气精细化工基地。

水电开发：科学规划建设金沙江中下游、雅砻江、大渡河、澜沧江中下游、黄河上游和雅鲁藏布江中游河流（段）水电基地。在科学论证的基础上，有序开展金沙江上游、澜沧江上游、通天河、怒江等流域水电开发前期工作。

风电：建设蒙西、蒙东、甘肃酒泉、新疆哈密等千万千瓦级风电基地。

2. 优化调整资源加工产业

加大矿产资源勘查力度，实施国家战略矿产资源勘查储备计划，实现找矿突破，增加资源储量，形成一批重要矿产资源开发后备基地。积极推进矿产资源开发整合和重点资源富集区建设，促进资源开发与当地经济发展、人民群众增收相结合。积极利用国外资源，拓展我国资源安全供应渠道。推动钢铁企业兼并重组，提高产业集中度，改造提升酒钢、包钢、重钢、攀钢钢铁基地，积极推进防城港钢铁基地建设。加强有色金属等资源综合加工利用，延长产业链，推进冶电联营，在资源富集地区建设一批深加工产业基地。做好稀土资源战略储备，实施更为严格的保护性开采政策和生态环境保护标准，逐步形成合理开发、有序生产、高效利用、技术先进、集约发展的稀土行业持续健康发展格局。推进青海、新疆、西藏盐湖资源综合利用，加快发展并形成若干大型钾肥生产基地，优化发展氯碱、磷化工等基础化工原料，大力发展精细化工。加快淘汰落后水泥产能，提升现有新型干法水泥生产线节能减排标准，有序发展新型建材产业。着力推动轻纺工业结构调整和产业升级，重点发展纺织服装业。推动酿酒、制糖等食品加工业发展，着力打造贵州遵义和四川宜宾、泸州白酒“金三角”生产基地以及贺兰山东麓、河西走廊葡萄酒文化长廊。

资源深加工产业布局如下：

钢铁：建设广西防城港钢铁基地、四川攀西钒钛资源综合利用基地，推进重庆、昆明、贵阳等城市钢厂搬迁和酒钢、包钢、水钢、八钢升级改造。发挥云南等沿边省区区位优势，就近利用境外资源，研究建设铁矿深加工项目。

有色金属：推进陕西钼钛、甘肃河西地区镍钴铜、宁夏钽铌铍、青海铝电联营及钠镁锂、云南铝电联营及钛锡、贵州锰钛深加工基地建设，稳步发展西藏中部地区铜铬产业，建设藏青工业园区。

非金属矿产资源：建设云南、贵州大型磷化工基地；推进青海柴达木、新疆盐湖等资源综合开发，积极发展钾肥及盐碱化工。

稀土：推进内蒙古包头稀土高新区稀土深加工基地建设。

纺织服装：建设新疆、陕西、四川棉纺织，新疆、内蒙古、宁夏、青海毛绒纺织，四川、重庆、广西、陕西、云南丝绸，四川、重庆、甘肃化纤纺织基地。建设陕西西安现代纺织产业园、新疆石河子和阿克苏纺织城、宁夏银川生态纺织园项目。

3. 改造提升装备制造业

提高基础工艺、基础材料、基础元器件研发和系统集成水平以及重大技术装备自主化、成套化和产业化，推动装备产品智能化。支持企业技术改造和创新，增强新产品开发能力和品牌创建能力。重点发展清洁高效发电装备，智能输配电、石化成套装备、钻井设备、工程机械、重型装备、数控机床、汽车摩托车等装备制造业，形成一批竞争力较强的重大装备制造业基地和国家级研发生产基地。大力发展高端装备制造产业，重点发展支线飞机和通用飞机及配套为主的航空装备、轨道交通、新一代卫星、运载火箭及其应用，以及国防军工专用制造装备。加快构建军民结合、寓军于民的装备科研生产体系，推动国防科技与民用科技互动发展、双向转移。积极发展以节水灌溉、耕种播种、收获加工、牧草加工等为重点的农用机械制造业。

重点装备制造业布局如下：

发电、输变电成套装备：建设重庆、西安、德阳、成都、自贡、宜宾、昌吉、银川、南宁、西宁等重大电力装备生产基地。

大型机械及轨道交通装备：建设包头、柳州、重庆、西安、宝鸡、天水、石嘴山、昆明、贵阳、泸州、资阳等工程机械、轨道交通装备及配套生产基地。

石化成套装备：建设德阳、兰州、宝鸡、西安、榆林、克拉玛依等石油化工设备及石油钻探设备生产基地。

汽车及汽车零部件：建设重庆、成都、西安、柳州、包头、乌鲁木齐等汽车产业基地。

数控机床：建设重庆、银川、西安、宝鸡、成都、天水、昆明、贵阳、西宁等数控机床研发生产基地。

航空航天：建设西安阎良国家航空高技术产业基地，成都、贵阳、安顺民用航空产业基地和重庆两江新区国防军工专用制造装备基地；建设西安国家民用航天产业基地。

4. 积极培育战略性新兴产业

加快结构调整和自主创新，有选择地发展战略性新兴产业，尽快形成产业竞争新优势。加强政策支持和规划引导，强化核心关键技术研发，形成一批发展潜力大、带动能力强、比较优势突出的高技术产业链、集聚区和产业基地。新能源产业要重点推广太阳能利用技术和光伏发电应用，开发风电关键零部件，发展高效率、低成本太阳能电池等产品，建设大型风电装备、光伏产品研发生产基地。新材料产业要大力发展稀土功能材料、稀有金属材料、高性能膜材料、新型墙体材料、特种玻璃、功能陶瓷、半导体照明材料等新型功能材料，积极发展高品质特殊钢、新型合金材料等先进结构材料，提升碳纤维等高性能纤维及其复合材料发展水平，开展纳米、超导、智能等共性基础材料研究。节能环保产业要重点发展高效节能、先进环保的技术、装备及产品，加快资源循环利用关键技术产业化，推进城市矿产、再制造产业发展，加快节能环保服务体系建设。生物产业要重点开发数字医用设备、生物医用材料与人工组织器官等核心技术和系列产品，推进基因治疗药物、新型疫苗和诊断试剂、现代中药等创新药物和特色生物医学工程产品产业化。着力培育生物育种产业，积极推广绿色农用生物产品。新一代信息技术产业要重点发展集成电路、元器件、电子材料、多语言软件等核心基础产业，发展新一代移动通信、平板显示、数字电视、下一代互联网核心设备和智能终端，促进物联网、云计算的研发和产业化。新能源汽车产业要重点开发动力电池、驱动电机、电子控制系统等关键技术，发展混合动力和纯电动汽车等。

战略性新兴产业布局如下：

新能源：建设乌鲁木齐、酒泉、重庆、成都、德阳、包头、西安、银川、昆明、六盘水等地风电装备、光伏产品研发生产基地，开发2.5兆瓦级以上风电机组、太阳能光伏电池、生物质液体燃料技术，建设云南、广西等生物质能源研发生产基地。

新能源汽车：建设重庆两江新区、成都、柳州新能源汽车基地和西安比亚迪汽车产业园。

节能环保：建设重庆、成都、宝鸡等环保安全成套装备生产基地。

新一代信息技术：建设重庆、成都、绵阳、西安、昆明、天水、贵阳等电子信息产业基地。

生物：建设重庆、成都、兰州、西安、杨凌、贵阳、昆明、通辽、桂林等生物医药产业基地。

新材料：建设内蒙古稀土功能材料，陕西钨钼钛锆稀有金属材料、超导材料、生物医药材料，甘肃镍及镍钴合金材料，宁夏钽铌铍和光伏材料，重庆铝镁轻合金材料，四川光伏材料、高性能纤维材料，贵州钛及钛合金材料，云南稀贵金属材料及催化材料产业基地。

5. 大力发展现代服务业

把推动服务业大发展作为产业结构优化升级的战略重点，加快发展生产性服务业，积极发展生活性服务业，营造有利于服务业发展的政策和体制环境，努力提高服务业的比重和水平。完善金融组织体系，支持政策性银行、国有商业银行、股份制商业银行、邮政储蓄银行、保险公司等金融机构在西部地区设立分支机构，支持壮大地方金融机构规模实力。规范发展多种所有制形式的中小银行以及证券公司、期货公司、财务公司、融资租赁公司、基金管理公司等非银行金融机构，支持融资性担保机构从事中小企业担保业务，加强资本市场建设，拓宽融资渠道。加快构建现代物流体系，积极发展现代运输方式和第三方物流，建设大型物流枢纽，发展全国性、区域性和沿边口岸物流中心。大力推进县城超市和配送中心、乡镇和村连锁农家店以及邮政三农服务站等流通网络建设，支持农产品批发市场和农贸市场升级改造，完善农产品现代流通体系。大力发展信息咨询、人力资源服务、科技服务、商务服务、工程设计、服务外包和家政、养老、健身及社区服务等服务业。加强市场监管，规范房地产市场秩序，促进房地产业平稳健康发展。依托丰富旅游资源，深入挖掘文化内涵，加强资源整合，积极发展文化、生态、休闲、度假旅游，提升旅游服务水平，打造富有西部特色的旅游产品体系。加强旅游基础设施建设，鼓励旅游公共服务主体多元化，促进旅游公共服务建设和运营市场化。重点培育一批跨区域精品旅游线路，形成一批国内著名和国际知名的旅游目的地。实施红色旅游二期规划，完善景点景区配套基础设施，提升陈列布展水平。大力发展具有地方和民族特色的文化创意、影视制作、演艺娱乐、出版发行和会展等文化产业，培育一批有特色、有品牌、有实力的文化骨干企业，建设一批文化产业基地和产业园区。

6. 有序承接产业转移

按照市场导向、优势互补、生态环保、集中布局的原则，有序承接国内外产业转移。要把承接产业转移与优化调整自身产业结构、建立现代产业体系结合起来，形成东中西部地区合理的产业分工格局。支持东部地区企业通过多种方式与西部地区企业建立长期的合资合作关系。实行差别化的产业政策，在财税、金融、投资、土地等方面给予必要的政策支持，积极引导劳动密集型、资源加工型和资金技术密集型产业向西部地区有序转移。统筹规划产业园区建设，把产业园区作为承接产业转移的重要载体和平台，引导转移产业向园区集中，促进产业园区规范化、集约化、特色化发展。继续做好西部地区承接产业转移示范区建设。鼓励东西部地区共建产业园区，支持对口支援产业合作园区建设。支持西部地区资源型城市通过承接产业转移培育后续产业，实现转型发展。支持符合条件的产业园区适当扩区调位，支持符合条件的省级开发区申请升级为国家级开发区。严把环境保护和资源节约关，防止落后和过剩产能向西部地区转移。

（二）产业政策保障体系

2001—2010 年，为了在这十年中不断推进西部大开发进程，国家制定了一整套的工业化政策保障体系，涉及增加资金投入的政策、改善投资环境的政策、扩大对外对内开放的政策、吸引人才和发展科技教育的政策等方方面面。

1. 增加资金投入的政策

第一，加大建设资金投入力度。提高中央财政性建设资金用于西部地区的比例。国家政策性银行贷款、国际金融组织和外国政府优惠贷款，在按贷款原则投放的条件下，尽可能多安排西部地区的项目。对国家新安排的西部地区重大基础设施建设项目，其投资主要由中央财政性建设资金、其他专项建设资金、银行贷款和利用外资解决，不留资金缺口。中央将采取多种方式，筹集西部开发的专项资金。中央有关部门在制定行业发展规划和政策、安排专项资金时，要充分体现对西部地区的支持。鼓励企业资金投入西部地区重大建设项目。

第二，优先安排建设项目。水利、交通、能源等基础设施，优势资源开发与利用，有特色的高新技术及军转民技术产业化项目，优先在西部地区布局。加强西部地区建设项目法人责任制、项目资本金制、工程招投标制、工程质量监督管理制、项目环境监督管理制等制度的建设和建设项目的前期工作。

第三，加大财政转移支付力度。随着中央财力的增加，逐步加大中央对西部地区一般性转移支付的规模。在农业、社会保障、教育、科技、卫生、计划生育、文化、环保等专项补助资金的分配方面，向西部地区倾斜。中央财政扶贫资金的安排，重点用于西部贫困地区。对国家批准实施的退耕还林还草、天然林保护、防沙治沙工程所需的粮食、种苗补助资金及现金补助，主要由中央财政支付。对因实施退耕还林还草、天然林保护等工程而受影响的地方财政收入，由中央财政适当给予补助。

第四，加大金融信贷支持。银行根据商业信贷的自主原则，加大对西部地区基础产业建设的信贷投入，重点支持铁路、主干线公路、电力、石油、天然气等大中型能源项目建设。加快国债配套贷款项目的评估审贷，根据建设进度保证贷款及早到位。对投资大、建设期长的基础设施项目，根据项目建设周期和还贷能力，适当延长贷款期限。国家开发银行新增贷款逐年提高用于西部地区的比重。扩大以基础设施项目收费权或收益权为质押发放贷款的范围。增加对西部地区农业、生态环境保护建设、优势产业、小城镇建设、企业技术改造、高新技术企业和中小企业发展的信贷支持。在西部地区积极发放助学贷款及学生公寓贷款。农村电网改造贷款和优势产业贷款中金额较大的重点项目，由农业银行总行专项安排和各商业银行总行直贷解决。有步骤地引入股份制银行到西部设立分支机构。

2. 改善投资环境的政策

第一，大力改善投资的软环境。深化西部地区国有企业改革，加快建立现代企业制度，搞好国有经济的战略性调整和国有企业的资产重组。加大对西部地区国有企业减负脱困、改组改造的支持力度。加强西部地区商品和要素市场的培育和建设。积极引导西部地区个体、私营等非公有制经济加快发展，依照有关法律法规，凡对外商开放的投资领域，原则上允许国内各种所有制企业进入。加快建立中小企业信用担保体系和中小企业服务机构。除国家重大项目和有特殊规定的项目以外，凡是企业用自有资金或利用银行贷款投资于国家鼓励和允许类产业的项目，项目建议书和可行性研究报告合并一道按规定程序报批，初步设计、开工报告不再报政府审批，相应简化外商投资项目审批程序。要进一步转变政府职能，实行政企分开，减少审批事项，简化办事程序，强化服务意识，消除行政垄断、地区封锁和保护，加强依法行政，保护投资者合法权益。加强环境保护，防止盲目重复建设，依法关闭产品质量低劣、浪费资源、污染严重、不具备安全生产条件的厂矿企业。

第二，实行税收优惠政策。对设在西部地区国家鼓励类产业的内资企业和外商投资企业，在一定期限内，减按15%的税率征收企业所得税。民族自治地方的企业经省级人民政府批准，可以定期减征或免征企业所得税。对在西部地区新办交通、电力、水利、邮政、广播电视等企业，企业所得税实行两年免征、三年减半征收。对为保护生态环境，退耕还生态林、草产出的农业特产品收入，在10年内免征农业特产税。对西部地区公路国道、省道建设用地比照铁路、民航用地免征耕地占用税，其他公路建设用地是否免征耕地占用税，由省、自治区和直辖市人民政府决定。对西部地区内资鼓励类产业、外商投资鼓励类产业及优势产业的项目在投资总额内进口自用先进技术设备，除国家规定不予免税的商品外，免征关税和进口环节增值税。

第三，实行土地和矿产资源优惠政策。对西部地区荒山、荒地造林种草及坡耕地退耕还林还草，实行谁退耕、谁造林种草、谁经营、谁拥有土地使用权和林草所有权的政策。各种经济组织和个人可以依法申请使用国有荒山荒地，进行恢复林草植被等生态环境保护建设，在建设投资和绿化工作到位的条件下，可以出让方式取得国有土地使用权，减免出让金，实行土地使用权50年不变，期满后可申请续期，可以继承和有偿转让。国家建设需要收回国有土地使用权的，依法给予补偿。对于享受国家粮食补贴的退耕地种植的生态林不能砍伐。对基本农田实行严格保护，实现耕地占补平衡。进一步完善建设用地审批制度，简化程序，及时提供并保障建设用地。现有城镇建设用地的有偿使用收益，主要用于城镇基础设施建设。加大对西部地区矿产资源调查评价、勘查、开发、保护与合理利用的政策支持力度。制定促进探矿权、采矿权依法出让和转让的政策办法，培育矿业权市场。

第四，运用价格和收费机制进行调节。深化价格改革，进一步提高市场调节价格的比重。合理制定“西气东输”、“西电东送”价格，建立天然气、电力、石油、煤炭产销环节的价格形成机制。加快水价改革步伐，根据节水的要求，逐步将水价提高到合理水平，完善水资源费的征收和管理。加强流域水资源的统一管理，严格执行计划用水和水量分配制度，促进水资源的合理利用和开发。普遍实行城市污水和垃圾处理收费制度，收费专项用于污水和垃圾处理。加强江河上游和源头地区水资源的污染防治和保护工作。西部省际间及省、区内航空支线票价实行经营者自主定价。对西部地区新建铁路可实行特殊运价。加强西部地区邮政电信的普遍服务。

3. 扩大对外对内开放的政策

第一，进一步扩大外商投资领域。鼓励外商投资于西部地区的农业、水利、生态、交通、能源、市政、环保、矿产、旅游等基础设施建设和资源开发，以及建立技术研究开发中心。扩大西部地区服务贸易领域对外开放，将外商对银行、商业零售企业、外贸企业投资的试点扩大到直辖市、省会和自治区首府城市，允许西部地区外资银行逐步经营人民币业务，允许外商在西部地区依照有关规定投资电信、保险、旅游业，兴办中外合资会计师事务所、律师事务所、工程设计公司、铁路和公路货运企业、市政公用企业和其他已承诺开放领域的企业。一些领域的对外开放，允许在西部地区先行试点。

第二，进一步拓宽利用外资渠道。在西部地区进行以 BOT 方式利用外资的试点，开展以 TOT 方式利用外资的试点。允许外商投资项目开展包括人民币在内的项目融资。支持符合条件的西部地区外商投资企业在境内外股票市场上市。支持西部地区属于国家鼓励和允许类产业的企业通过转让经营权、出让股权、兼并重组等方式吸引外商投资。积极探索以中外合资产业基金、风险投资基金方式引入外资。鼓励在华外商合资企业到西部地区再投资，其再投资项目外资比例超过25%的，享受外商投资企业待遇。对外商投资西部地区基础设施和优势产业项目，适当放宽外商投资的股比限制，适当放宽国内银行提供固定资产投资人民币贷款的比例。允许西部地区的某些项目适当提高总投资中国外优惠贷款的比例。对西部地区优势产业及出口创汇项目引进国外先进技术和设备，国家在国外商业贷款指标安排上给予支持。积极争取多边、双边赠款优先安排西部地区项目。

第三，大力发展对外经济贸易。进一步扩大西部地区生产企业对外贸易经营自主权，鼓励发展优势产品出口、对外工程承包和劳务合作、到境外特别是周边国家投资办厂，放宽人员出入境限制。对西部地区经济发展急需的技术设备，在进口管理上给予适当照顾。对从西部地区重要旅游城市入境的海外旅游者，根据条件实行落地签证和其他便利入境签证政策。实行更加优惠的边境贸易政策，在出口退税、进出口商品经营范围、进出口商品配额、许可证管理、人员往来等方面，放宽限制，推动我国西部地区同毗邻国家地区相互开放市场，促进与周边国家区域经济技术合作健康发展。

第四，推进地区协作与对口支援。在防止重复建设和禁止转移落后技术与导致环境污染的前提下，在投资、财政、税收、信贷、经贸、工商、劳动、统计等方面积极采取有力措施，支持东部、中部地区企业到西部地区以投资设厂、参股入股、收购兼并、技术转让等多种方式进行合作。在中央和地方政府指导下，动员社会各方面力量加强东西对口支援，进一步加大对西部贫困地区、少数民族地区的支援力度，继续推进“兴边富民”行动。围绕西部开发的重点区域，发展多种形式的区域经济合作。

4. 吸引人才和发展科技教育的政策

第一，吸引和用好人才。制定有利于西部地区吸引人才、留住人才、鼓励人才创业的政策。随着工资改革，建立艰苦边远地区津贴，提高西部地区机关和事业单位人员的工资水平，逐步使其达到或高于全国平均水平。依托西部开发的重点任务、重大建设项目及重要研究课题，提供良好的工作和生活条件，吸引国内外专门人才投身于西部开发。改革户籍管理制度，允许到西部地区投资经营和参加开发的其他地区居民保留原籍户口，凡在西部地区地级以下城市（含地级市）和小城镇有合法固定住所、稳定职业或生活来源的人员，可根据本人意愿办理城镇常住户口，鼓励农业富余劳动力合理转移和跨地区人口合理流动。扩大东部和西部地区之间的干部交流。中央有关部门、东部地区大专院校和科研机构，要加强对西部地区提供智力服务和人才支持。加强西部地区引进国外智力工作。依托中央有关部门和沿海经济较发达地区，加强对西部地区领导干部、少数民族干部的培养和公务员、专业技术人员、企业管理人员的培训。

第二，发挥科技主导作用。加大各类科技计划经费向西部地区的倾斜支持力度，逐步提高科技资金用于西部地区的数额。围绕西部开发的重点任务，加强科技能力建设，组织对关键共性技术的攻关，加快重大技术成果的推广应用和产业化步伐。支持军转民技术产业化的发展。支持西部地区科研机构、高校加强有特色的应用研究和基础研究。深化科技体制改革，加快从事应用研究的科研机构向企业转化，加强产学研联合，推动科技与经济的紧密结合。允许并提高西部地区企业在销售额中提取开发经费的比例。加大科技型中小企业创新基金对西部地区具备条件项目的支持力度。对科技人员在西部地区兴办科技型企业，简化工商登记，提高股权、期权和知识产权入股比例的上限。

第三，增加教育投入。继续实施贫困地区义务教育工程，加大国家对西部地区义务教育的支持力度，增加资金投入，努力加快实现九年义务教育。对西部地区高等学校建设予以支持，扩大东、中部地区高校在西部地区的招生规模。加大实施东部地区学校对口支援西部贫困地区学校工程以及西部地区大中城市学校对口支援农村贫困地区学校工程的力度。建设西部地区远程教育体系。加强对农村基层干部和农民的科学文化知识教育培训。

第四，加强文化卫生建设。国家安排的补助地方文化设施建设、广播电视建设投资和文物经费，向西部地区倾斜。进一步落实国家文化宣传单位经济政策，繁荣文艺创作。推进自然村“村村通”广播电视建设，进一步扩大广播电视有效覆盖面。促进边疆地区和少数民族地区文化事业发展。支持西部地区文化建设和精神文明建设。加强对西部地区卫生、计划生育建设的支持力度，重点建立健全农村初级卫生保健体系。

二　中部地区政策

中部地区位于我国内陆腹地，包括山西、安徽、江西、河南、湖北、湖南六省，国土面积103万平方公里，具有承东启西、连南通北的区位优势。区域内人口众多，自然、文化资源丰富，科教基础较好，便捷通达的水陆空交通网络初步形成，农业特别是粮食生产优势明显，工业基础比较雄厚，产业门类齐全，生态环境容量较大，集聚和承载产业、人口的能力较强，具有加快经济社会发展的良好条件。

从“十五”计划到“十二五”计划，国家充分发挥中部地区承东启西、纵贯南北的区位优势和综合资源优势，依托现有基础，提升产业层次，壮大优势产业，发展现代产业体系，加快发展步伐，提高工业化和城镇化水平，巩固提升全国重要粮食生产基地、能源原材料基地、现代装备制造及高技术产业基地和综合交通运输枢纽地位。一方面，加快调整工业结构，改造传统产业，建设能源基地，发展有竞争力的制造业和高新技术产业，大力发展服务业，同时改善投资环境，有序承接东部地区和国际产业转移。支持山西、河南、安徽加强大型煤炭基地建设，发展坑口电站和煤电联营。加快钢铁、化工、有色、建材等优势产业的结构调整，形成精品原材料基地。支持发展矿山机械、汽车、农业机械、机车车辆、输变电设备等装备制造业以及软件、光电子、新材料、生物工程等高技术产业。另一方面，加强交通、通信、仓储等基础设施建设和大江大河大湖综合治理等生态环境建设，提高资源利用效率和循环经济发展水平。此外，加快构建沿陇海、沿京广、沿京九和沿长江中游经济带，促进人口和产业的集聚，加强与周边城市群的对接和联系。重点推进太原城市群、皖江城市带、鄱阳湖生态经济区、中原经济区、武汉城市圈、环长株潭城市群等区域发展。

在国家《促进中部地区崛起规划（2012）》中，提出要按照优化布局、集中开发、高效利用、精深加工、安全环保的原则，加强重要矿产资源勘查，优化矿产资源勘查开发布局，进一步提高矿产资源开发利用水平，增强工业产能、布局、结构与资源开发的协调性，巩固和提升中部地区重要能源原材料基地地位。

（一）推进大型煤炭基地建设

加强山西晋北、晋东、晋中，安徽两淮，河南大型和特大型煤炭基地建设。晋北、晋东优质动力煤和无烟煤基地重点建设特大型现代化煤矿；晋中炼焦煤基地重点建设特大型煤矿，积极整合小型煤矿，加强优质炼焦煤资源的保护性开发；两淮适度加大煤炭基地开发建设规模；河南做好煤炭基地老矿区接续工作。江西、湖北、湖南以缓解煤炭调入压力为目标，重点做好中、小矿井整合和改造，稳定现有生产能力和生产规模。强化煤矿安全技术改造，提高安全生产水平。

开发利用煤层气资源。鼓励在具备地面煤层气规模化开发条件的地区实行先采气、后采煤。重点实施山西沁水盆地，河南郑州、焦作、鹤壁，安徽两淮煤层气开发利用示范工程，实施淮南高瓦斯高地温高地压煤层群瓦斯综合治理与利用示范工程。

鼓励优势企业跨区域、行业和所有制联合开发利用煤炭资源，支持煤、电、路、港、化工相关产业一体化发展。有序推进煤化工产业化，开发和应用新一代煤气化技术，推进煤矸石无害化处理和综合利用。

（二）加快电力基地和电网建设

优化调整电源结构。加快国家级和区域级大型火电基地建设步伐，合理规划开发水能资源，积极发展新能源和可再生能源，稳步推进中部地区核电建设。依托山西、安徽、河南丰富的煤炭资源，建设大型高效环保机组，淘汰小火电机组，加强大型坑口煤电一体化电厂建设，积极发展热电联产。支持湖北、湖南、江西调整能源结构，优化能源供给，加快开发剩余中小水电资源。

继续加强电网建设。提高现有输电网的输电能力，进一步加强三峡水电、山西煤电、安徽煤电等电源基地西电东送能力，保障电力安全高效输出。加强城乡电网建设与改造，促进配电网和输电网协调发展。

（三）大力发展原材料精深加工

加快推进钢铁、有色、石化、建材等优势产业的结构调整和布局优化，控制总量、淘汰落后，加快重组、提升水平，建设精品原材料基地。

优化发展钢铁工业。继续发挥中部地区作为国家重要钢铁生产基地的作用，依托大型钢铁企业，在强化节能减排的基础上，重点做好钢铁产品结构优化，加快高技术含量和高附加值钢材产品开发和生产。推动武钢、马钢、太钢等大型钢铁企业技术改造和跨区域联合重组。加强钢铁企业与上下游企业的战略合作，建立风险共担机制，增强抵御市场风险的能力。

积极发展有色金属精深加工。加强政策规范和市场引导，严格产业准入，发展有色金属深加工，严格限制冶炼和一般加工能力规模增长，加快淘汰浪费资源和污染环境的落后产能。支持江西铜业、铜陵有色等骨干企业实施战略重组，加快调整产品结构，努力实现高精铜材替代进口，建设全国重要的铜精深加工生产基地。支持重点企业发展铝镁深加工，配套整合氧化铝、电解铝生产能力。合理开发和有效利用铅锌、镁、钛等资源，支持优势企业加快发展。加强再生资源集散市场和有色金属二次资源回收利用基地建设。

加快发展石化工业。继续加强洛阳、武汉、长岭、安庆、九江等大中型石油化工企业技术改造和改扩建，加快形成中部地区大型原油加工基地，实现集约发展。适当提高烯烃、芳烃和三大合成材料等化工原料生产能力，重点推进武汉80万吨乙烯、洛阳68万吨对二甲苯和100万吨精对苯二甲酸、长岭30万吨SBS（苯乙烯－丁二烯－苯乙烯嵌段共聚物）扩建等工程建设。加快大型氮肥生产基地及大型磷复肥、磷化工生产基地建设。

大力提升建材工业水平。推进建材工业结构调整和产业升级。推动水泥企业联合重组，逐步提高水泥行业生产集中度。鼓励在沿江、沿主要交通干线建设大型新型干法水泥熟料基地，支持水泥企业向下游延伸。推广使用散装水泥。推广节能粉磨、余热发电等新技术。鼓励利用粉煤灰、煤矸石、矿渣、低品位原料、固体废物和建筑垃圾等生产建材。提高玻璃深加工水平。提升陶瓷产品技术和工艺水平。

（四）加强重要矿产资源勘查

加大国家大型煤炭基地的煤炭资源勘查力度，努力增加煤炭资源储备。开展江西、湖南等硬岩型铀矿资源勘查，为核电建设提供资源保障。做好长江中下游和山西、河南等省铁矿勘查工作，提高铁矿石自给能力。加强南岭、长江中下游、湘西—鄂西、东秦岭等重要有色金属成矿区带的勘查，探明一批新的矿产地。开展隐伏矿床找矿工作，评价资源潜力，力争在重点成矿区取得找矿突破，为矿业基地提供接替资源保障。积极推进德兴、铜陵、大冶等大中型危机矿山深部和外围找矿工作，增加后备资源储量，延长矿山服务年限。

在国家《促进中部地区崛起规划（2012）》中，提出要围绕中部地区装备制造优势行业，以核心技术、关键技术研发为着力点，增强自主创新能力，提高行业集中度，加快集聚发展，提升装备制造业整体实力和水平。加快发展高技术产业，培育新的经济增长点。促进高新技术和先进适用技术与传统产业融合，推动传统制造业优化升级。

（一）大力发展装备制造业

发挥重大技术装备、交通设备制造业的优势，增强自主创新、系统集成能力，提升国产零部件配套水平，发展替代进口产品，扩大国内市场占有率。

提高重型机械工业的竞争力。依托骨干企业，进一步提高机械制造业研发和制造水平，加快结构升级，完善产品系列，扩大产品市场占用率。促进矿山机械、工程机械发展，加快研发关键总成零部件，促进集群化发展。

扩大重大成套装备制造业的国内市场占有率。加强技术引进和自主创新，按照机电一体化、多功能化的要求，重点研发先进适用、高附加值的主机产品和核心基础零部件。提升输变电设备、矿山设备、冶金设备、电力控制设备、环保设备的技术水平。研发大型、精密、高速数控加工设备及关键功能部件和数控系统，以及高功率激光切割、中小精微激光加工设备和激光医疗设备。建设长株潭、武汉清洁高效及新能源发电设备制造基地，许昌电力控制保护设备制造基地，平顶山、长沙、宜昌高压开关设备制造基地，促进芜湖节能设备制造基地加快发展。

支持重点汽车企业提升自主研发能力和研发自主品牌汽车。继续推动东风、奇瑞等重点汽车企业发展轿车等汽车产品，积极开发节能、环保、安全汽车新产品，加大新能源汽车研发和推广力度，鼓励产业重组。围绕整车发展，增强零部件配套生产能力，推进汽车零部件生产规模化、专业化，建设若干汽车和零部件生产基地。

积极发展轨道交通设备制造业。依托株洲、大同、湘潭等地的产业基础，通过整车和关键部件的技术引进和自主研发，提升技术水平，增强创新开发和制造能力。着力研发大功率交流传动机车、城市轨道车辆及控制系统、牵引传动系统等轨道交通设备产品。

壮大船舶工业实力。加快推进船舶工业结构调整，提高自主研发能力和船用设备制造能力。依托沿江城市的产业基础，增强工程船、挖泥船等特种多用途船舶的市场竞争力。积极开发船舶配套产品系列，延伸船舶工业产业链条。

（二）促进高技术产业发展

以企业为技术创新主体，加强产学研合作，在充分利用和整合现有资源的基础上，组织实施重大科技基础设施工程，建设一批国家重点实验室、国家工程实验室、国家工程（技术）研究中心和国家认定企业技术中心。加大知识产权保护力度，引导和支持市场主体创造和运用知识产权。完善以专业孵化器和公共专业技术服务平台为核心的创业服务体系，进一步发挥国家高新技术开发区和高技术产业基地的集聚、引领和辐射作用。

建设在国内有影响的电子信息产业基地。积极发展通信网络设备、电子专用设备、计算机及应用设备、LED（发光二极管）大屏幕显示器、TFT-LCD（薄膜晶体管液晶显示)、集成电路、数控系统制造产业以及中文语音等软件开发和服务外包。大力发展光电子器件、激光、光显示产业。支持有条件的地区发展信息安全产业，加速信息安全产品产业化。

大力发展生物产业。推广应用苗木工厂化繁育、设施栽培、安全高效畜禽养殖和水产品标准化养殖技术，大力研发新型农兽药，培育林业特产资源高效利用新产业。积极发展生物育种、生物制药、诊断试剂产业。加快发展现代中药和现代生物医药产业。

壮大新能源和新材料产业。推动企业联合重组，加强集成创新，提升技术水平。有序发展高效率、低成本太阳能光伏发电、热发电及建筑一体化技术与设备。稳步发展基于钛镁钼合金和电子玻璃的信息材料，提高基于晶体硅的新能源材料产业技术水平。加快发展超硬材料和硬质合金材料。逐步提高铝镁合金深加工产业的规模和水平。

加快民用航空配套产业基地建设。依托南昌、长沙等地区产业基础，参与国家大飞机制造项目，提高研发设计和生产能力，培育航空工业相关高技术产业集群。积极开发航空新材料，实现产品系列化、产业规模化，增强民用航空业市场竞争力。

充分发挥国防科技工业的辐射带动作用，推进军民融合。大力开发军民两用技术，推进产业化发展。支持军工企事业单位开发生产民用产品，鼓励非公有制企事业单位参与武器装备科研和生产制造，形成军民产业互动发展新格局。

（三）以高新技术和先进适用技术改造传统制造业

发展优质安全食品和绿色食品加工业。发挥龙头企业在资金、技术和市场等方面的优势，推进农产品转化增值。应用现代生化技术，开发淀粉深加工产品类食品原料，大力发展冷鲜肉和各类熟肉精制品产业，以及精制食用油、果蔬制品、乳制品、速冻食品等深加工产业。加大食品生产加工企业监管力度，建立健全食品生产加工检验检测体系，保障食品质量安全。

提升家用电器制造业国际竞争力。大力开发环保健康空调、节能冰箱、仿生节水洗衣机等绿色智能家电产品，加速技术升级和产品换代，培育自主品牌，努力扩大出口。加快发展家电关键配套件产业，培育和发展产业集群。

改造升级传统纺织服装业。采用先进技术设备改造传统纺纱织造、针织、印染等行业，淘汰落后产能。鼓励发展高新技术纤维和生物质纤维，加快产业化进程。积极支持承接产业转移，加快发展服装和家用、产业用终端纺织品生产，加强品牌建设，提高产品附加值。

发展现代造纸产业。利用木材、竹子、芦苇等资源优势，加强造纸原料基地建设，推进林纸一体化发展。支持企业兼并重组、淘汰落后技术，加强污染治理，促进造纸产业可持续发展。

在确定重点地区发展上，要依托综合运输主通道，以资源环境承载能力强、经济社会发展基础好、发展潜力大的地区为开发重点，加快形成“两横两纵”经济带，培育六大集聚人口和产业的城市群。积极推进老工业基地城市振兴和资源型城市转型，支持革命老区、民族地区和贫困地区加快发展。

（一）构建“两横两纵”经济带

发挥交通区位优势，加强运输通道建设，加快构建沿长江经济带、沿陇海经济带、沿京广经济带和沿京九经济带，加强与长三角、珠三角和京津冀等东部发达地区的对接，密切联系成渝、关中—天水等西部重点开发地区，形成支撑中部崛起、促进东中西协调发展的重要区域。

加快沿长江经济带发展。加强中部沿江地区与长三角和长江上游地区的联系，发挥长江水运优势，加快沿江铁路和高速公路建设，构建综合运输体系，提高物流集散能力。以武汉为中心，依托黄金水道，壮大宜昌、荆州、岳阳、鄂州、黄冈、黄石、九江等沿江城市综合经济实力，打造产业集聚走廊。加快马鞍山、芜湖、铜陵、池州、安庆融入长三角地区进程。

增强沿陇海经济带实力。发挥亚欧大陆桥的优势，加强与沿海和西北地区交流合作，进一步扩大东西双向互动、对内对外开放，发挥郑州区域中心城市的作用，培育形成郑汴洛工业走廊，壮大能源原材料、现代制造业、汽车等支柱产业，实现老工业基地振兴。

提升沿京广经济带水平。提高京广通道综合运输能力，依托沿线的人力资源优势和产业基础，大力发展原材料工业、装备制造业、高技术产业和劳动密集型产业，形成我国重要的制造业基地。进一步巩固加强与京津冀和珠三角地区的经济联系。发挥中心城市的引领和支撑作用，构建沟通南北的经济带。

培育壮大沿京九经济带。加强与京津冀、长三角、珠三角和海峡西岸地区的联系，加快东向交通通道建设，在重要的节点城市推进承接产业转移园区建设。依托交通干线，加快昌九工业走廊建设。立足特色资源优势，在豫东、皖西北、鄂东、赣南等地区形成资源性产品生产和加工基地。壮大商丘、阜阳、吉安、赣州等沿线城市实力，带动革命老区发展。

（二）培育城市群增长极

以发展现代制造业和服务业为重点，突出特色，错位发展，加快武汉、郑州、长沙、合肥、南昌、太原的产业集聚和结构升级，完善城市功能，增强辐射带动作用。强化城市群一体化发展机制，加大政策支持力度，集约节约利用土地，加快形成产业和人口高度集聚、充满活力的城市群，成为推动中部地区经济社会加快发展的重要增长极。

——武汉城市圈。率先在优化结构、节能减排、自主创新等重要领域和关键环节实现新突破，在科学发展、和谐发展上取得新进展。把武汉城市圈建设成为宜居的生态城市圈，重要的先进制造业基地、高技术产业基地、优质农产品生产加工基地、现代服务业中心和综合交通运输枢纽，成为充满活力的区域性经济中心，全国“两型社会”建设的典型示范区。

——中原城市群。以客运专线和城际快速轨道交通等重要交通干线为纽带，重点以郑东新区、汴西新区、洛阳新区建设为载体，整合区域资源，加强分工合作，推进区域内城市空间和功能对接，率先在统筹城乡、统筹区域协调发展的体制机制创新方面实现新突破，提升区域整体竞争力和辐射带动力，把中原城市群建设成为沿陇海经济带的核心区域和重要的城镇密集区、先进制造业基地、农产品生产加工基地及综合交通运输枢纽。

——长株潭城市群。积极探索形成有利于资源节约、环境保护的新机制和城市群发展的新模式。充分发挥既有产业优势，推进城市空间合理布局、基础设施共建共享、生态环境共建共保、要素市场一体化、产业发展集群化。把长株潭城市群建设成为先进装备制造业基地、电子信息产业基地、文化创意产业基地和高效率、高品质的组合型城市地区，为全国“两型社会”建设提供示范。

——皖江城市带。进一步提升合肥、芜湖、安庆区域中心城市的综合功能，推动沿江城市跨江合作和联动发展，加快形成产业密集区。加强沿江地区交通基础设施建设，优化整合岸线资源，促进形成对接长三角、连通中西部的快速便捷的立体交通网络。积极参与泛长三角区域发展分工，加强与长三角地区在基础设施建设、产业布局、市场体系建设、生态环境保护、体制机制创新等领域的对接和合作，将皖江城市带建设成为重要的现代制造业基地和承接产业转移示范区。

——环鄱阳湖城市群。以建设鄱阳湖生态经济区为目标，明确功能分区，优化空间布局，建设环鄱阳湖高效便捷的综合运输通道，实现与国家综合运输大通道和周边省交通主通道相连通。加强分工协作，创建生态工业园区，加快发展资源节约环境友好的特色生态产业，保护好“一湖清水”，建设生态城镇、绿色家园，努力把鄱阳湖地区建设成为全国大湖流域综合开发示范区、长江中下游水生态安全保障区和国际生态经济合作重要平台。

——太原城市圈。加快太原市城市空间扩张和功能提升，稳步推进以太（原）榆（次）为中心，公交、电信、金融、市政设施等领域“同城化”发展，建立城市间协商协作机制，强化城市间的经济联系和功能分工。将太原城市圈建设成为全国重要的清洁能源生产与技术创新基地，山西省对外开放的主要平台，具有浓郁地方文化特色和较强辐射作用的现代化城市圈。

（三）加快老工业基地改造和资源型城市转型

支持老工业基地城市走新型工业化道路。比照实施振兴东北地区等老工业基地政策，用好老工业基地调整改造资金，支持中部地区老工业基地全面振兴。坚持以市场为导向，立足传统工业优势，深化国有企业改革改组改造，使重点优势产业和企业得到振兴和发展，实现产业结构升级。鼓励把老工业基地改造与城市功能完善结合起来，塑造老工业基地城市新形象。支持扩大就业和完善社会保障体系，妥善解决好困难群众的生活问题。

支持资源型城市加快经济转型。加大深部找矿力度。积极引进外部资金、技术和人才，增强自主创新能力，培育壮大接续替代产业，拓展发展空间。加强矿区生态环境综合治理，重点抓好采空区、沉陷区治理和植被恢复工作，支持尾矿库安全闭库。支持资源枯竭城市解决好就业和社会保障等民生问题，加快棚户区改造。加大对资源型城市转移支付力度，建立资源型城市可持续发展准备金。

（四）大力促进县域发展

积极发展县域经济。结合各地实际，因地制宜地培育和发展各具特色的优势产业，形成一批特色产业集群。支持乡镇企业发展，加大技术改造投入，促进产业集聚和升级。规范县级政府经济社会管理权限，完善公共财政体制，研究建立县级基本财力保障机制，增加对县级财政的一般性转移支付，推进省直管县（市）财政体制改革。扩大县域发展自主权，稳步推进扩权强县改革试点，鼓励有条件的省份率先减少行政层次，依法探索省直管县（市）的管理体制，不断壮大县域经济实力。

大力加强小城镇建设。以县城和中心镇为重点，加强基础设施和公共服务设施建设，引导乡村工业和人口向镇区集聚。依法赋予经济发展快、人口吸纳能力强的小城镇相应行政管理权限，不断提高管理水平。发挥小城镇的辐射带动作用，促进基础设施和公共服务向农村延伸。

（五）扶持革命老区、民族地区和贫困地区发展

切实加大对革命老区、民族地区和贫困地区的支持力度。重点扶持吕梁山区、大别山区、井冈山区、赣南山区、武陵山区、太行山区和沿淮低洼易涝区等地区，促进集中连片贫困地区加快发展。按照基本公共服务均等化的要求，以农村和基层为重点，以解决突出的民生问题为突破口，在转移支付、建设投资、金融信贷和项目布局等方面加大支持力度。比照实施西部大开发政策，进一步加大中央财政教育、卫生、扶贫等专项转移支付力度；加大中央投资支持力度，重点安排特困民族地区的教育、卫生、文化、交通、饮水、电力等公益性建设项目。加大对贫困地区、革命老区旅游资源开发扶持力度，因地制宜发展乡村旅游和红色旅游。继续推进科技富民强县专项行动计划。加强公共服务资源整合，不断提高当地基本公共服务水平，增强其自我发展能力。

不断完善扶贫开发政策措施。坚持开发式扶贫，加大财政扶贫和金融信贷资金投入，继续实施以工代赈，稳定解决扶贫对象温饱问题，逐步实现脱贫致富。因地制宜实施“整村推进、连片开发”，进一步改善贫困乡村基础设施。培育壮大贫困地区特色优势产业，扩大扶贫贴息贷款和小额信贷规模，支持扶贫开发龙头企业发展，扶持贫困农户参与产业开发。推行地理标志产品制度。做好贫困农民培训工作，进一步提高贫困农民的务农技术和务工技能。继续在中部地区开展易地扶贫搬迁工程。将扶贫开发与防灾减灾相结合，切实防止脱贫人口因灾因病返贫，有效阻止贫困的代际传递。完善农村最低生活保

障制度，将社会救助与扶贫开发有效衔接。

（六）支持重点旅游景区发展

加快区域旅游产品结构和布局调整。高起点建设以名山、名湖、名城为重点的精品旅游区，推进重点景区整体开发。提高韶山、井冈山、大别山、太行山等一批红色旅游重点景区的旅游接待服务能力。加快建设一批资源品味好、具有开发条件的新景区。开发适合大众旅游需求的度假休闲产品、乡村旅游产品和专项旅游产品。加强旅游基础设施和公共服务设施建设，进一步强化旅游景区生态环境保护，完善“行、游、住、食、购、娱”等配套体系，推进区域旅游目的地系统建设。

建立和完善区域旅游合作机制。进一步优化整合各类旅游资源，着力打造一批具有中部特色的旅游品牌。整合开发一批旅游精品线路，加强国内外旅游客源市场开发力度，扩大旅游开放领域和层次，共同推进无障碍旅游的发展。加快发展旅游电子商务，提高旅游业信息化水平。

三　东北地区等老工业基地政策

从“十五”计划到“十二五”计划，国家提出东北地区要加快产业结构调整和国有企业改革改组改造，在改革开放中实现振兴。在产业发展上，建设先进装备、精品钢材、石化、汽车、船舶和农副产品深加工基地，发展高技术产业。发挥产业和科技基础较强的优势，完善现代产业体系，推动装备制造、原材料、汽车、农产品深加工等优势产业升级，大力发展金融、物流、旅游以及软件和服务外包等服务业。深化国有企业改革，加快厂办大集体改革和“债转股”资产处置，大力发展非公有制经济和中小企业。同时，结合生态建设与环境保护，着力保护好黑土地、湿地、森林和草原，加强黑土地水土流失和东北西部荒漠化综合治理，推进大小兴安岭和长白山林区生态保护和经济转型。建立资源开发补偿机制和衰退产业援助机制，抓好阜新、大庆、伊春和辽源等资源枯竭型城市经济转型试点，搞好棚户区改造和采煤沉陷区治理，增强资源型城市可持续发展能力。此外，加强东北东部铁路通道和跨省区公路运输通道等基础设施建设，加快市场体系建设，促进区域经济一体化，扩大与毗邻国家的经济技术合作。统筹推进全国老工业基地调整改造，重点推进辽宁沿海经济带和沈阳经济区、长吉图经济区、哈大齐和牡绥地区等区域发展。

附件 6

国家生态文明建设与欠发达地区工业化的政策整合

一 主体功能区战略

国家根据资源环境承载能力、现有开发密度和发展潜力，统筹考虑未来人口分布、经济布局、国土利用和城镇化格局，将国土空间划分为优化开发、重点开发、限制开发和禁止开发四类主体功能区，按照主体功能定位调整完善区域政策和绩效评价，规范空间开发秩序，控制开发强度，形成高效、协调、可持续的国土空间开发格局。

（一）优化开发区域的发展方向

优化开发区域是指国土开发密度已经较高、资源环境承载能力开始减弱的区域。要改变依靠大量占用土地、大量消耗资源和大量排放污染实现经济较快增长的模式，把提高增长质量和效益放在首位，提升参与全球分工与竞争的层次，继续成为带动全国经济社会发展的龙头和我国参与经济全球化的主体区域。

在优化开发区域，坚持环境优先，优化产业结构和布局，大力发展高新技术，加快传统产业技术升级，实行严格的建设项目环境准入制度，率先完成排污总量削减任务，做到增产减污，解决一批突出的环境问题，改善环境质量。

（二）重点开发区域的发展方向

重点开发区域是指资源环境承载能力较强、经济和人口集聚条件较好的区域。要充实基础设施，改善投资创业环境，促进产业集群发展，壮大经济规模，加快工业化和城镇化，承接优化开发区域的产业转移，承接限制开发区域和禁止开发区域的人口转移，逐步成为支撑全国经济发展和人口集聚的重要载体。

在重点开发区域，坚持环境与经济协调发展，科学合理利用环境承载力，推进工业化和城镇化，加快环保基础设施建设，严格控制污染物排放总量，做到增产不增污，基本遏制环境恶化趋势。

（三）限制开发区域的发展方向

限制开发区域是指资源环境承载能力较弱、大规模集聚经济和人口条件不够好并关系到全国或较大区域范围生态安全的区域。在限制开发区域，要坚持保护优先、适度开发、点状发展，因地制宜发展资源环境可承载的特色产业，加强生态修复和环境保护，引导超载人口逐步有序转移，逐步成为全国或区域性的重要生态功能区。

部分限制开发区域功能定位及发展方向如下：

大小兴安岭森林生态功能区：禁止非保护性采伐，植树造林，涵养水源，保护野生动物。

长白山森林生态功能区：禁止林木采伐，植树造林，涵养水源，防止水土流失。

川滇森林生态及生物多样性功能区：在已明确的保护区域保护生物多样性和多种珍稀动物基因库。

秦巴生物多样性功能区：适度开发水能，减少林木采伐，保护野生物种。

藏东南高原边缘森林生态功能区：保护自然生态系统。

新疆阿尔泰山地森林生态功能区：禁止非保护性采伐，合理更新林地。

青海三江源草原草甸湿地生态功能区：封育草地，减少载畜量，扩大湿地，涵养水源，防治草原退化，实行生态移民。

新疆塔里木河荒漠生态功能区：合理利用地表水和地下水，调整农牧业结构，加强药材开发管理。

新疆阿尔金草原荒漠生态功能区：控制放牧和旅游区域范围，防范盗猎，减少人类活动干扰。

藏西北羌塘高原荒漠生态功能区：保护荒漠生态系统，防范盗猎，保护野生动物。

东北三江平原湿地生态功能区：扩大保护范围，降低农业开发和城市建设强度，改善湿地环境。

苏北沿海湿地生态功能区：停止围垦，扩大湿地保护范围，保护鸟类南北迁徙通道。

四川若尔盖高原湿地生态功能区：停止开垦，减少过度开发，保持湿地面积，保护珍稀动物。

甘南黄河重要水源补给生态功能区：加强天然林、湿地和高原野生动植物保护，实行退耕还林还草、牧民定居和生态移民。

川滇干热河谷生态功能区：退耕还林、还灌、还草，综合整治，防止水土流失，降低人口密度。

内蒙古呼伦贝尔草原沙漠化防治区：禁止过度开垦、不适当樵采和超载放牧，退牧还草，防治草场退化沙化。

内蒙古科尔沁沙漠化防治区：根据沙化程度采取针对性强的治理措施。

内蒙古浑善达克沙漠化防治区：采取植物和工程措施，加强综合治理。

毛乌素沙漠化防治区：恢复天然植被，防止沙丘活化和沙漠面积扩大。

黄土高原丘陵沟壑水土流失防治区：控制开发强度，以小流域为单元综合治理水土流失，建设淤地坝。

大别山土壤侵蚀防治区：实行生态移民，降低人口密度，恢复植被。

桂黔滇等喀斯特石漠化防治区：封山育林育草，种草养畜，实行生态移民，改变耕作方式，发展生态产业和优势非农产业。

（四）禁止开发区域的发展方向

禁止开发区域是指依法设立的各类自然保护区域。要依据法律法规规定和相关规划实行强制性保护，控制人为因素对自然生态的干扰，严禁不符合主体功能定位的开发活动。

禁止开发区域包括国家级自然保护区共243个，面积8944万公顷；世界文化自然遗产共31处；国家重点风景名胜区共187个，面积927万公顷；国家森林公园共565个，面积1100万公顷；国家地质公园共138个，面积48万公顷。

在实施主体功能区战略中，要优化国土空间开发格局，实施分类管理的区域政策，实行各有侧重的绩效评价，并建立健全衔接协调机制。

（一）优化国土空间开发格局

统筹谋划人口分布、经济布局、国土利用和城镇化格局，引导人口和经济向适宜开发的区域集聚，保护农业和生态发展空间，促进人口、经济与资源环境相协调。对人口密集、开发强度偏高、资源环境负荷过重的部分城市化地区要优化开发。对资源环境承载能力较强、集聚人口和经济条件较好的城市化地区要重点开发。对具备较好的农业生产条件、以提供农产品为主体功能的农产品主产区，要着力保障农产品供给安全。对影响全局生态安全的重点生态功能区，要限制大规模、高强度的工业化城镇化开发。对依法设立的各级各类自然文化资源保护区和其他需要特殊保护的区域要禁止开发。

（二）实施分类管理的区域政策

基本形成适应主体功能区要求的法律法规和政策，完善利益补偿机制。

财政政策，要增加对限制开发区域、禁止开发区域用于公共服务和生态环境补偿的财政转移支付，逐步使当地居民享有均等化的基本公共服务。中央财政要逐年加大对农产品主产区、重点生态功能区特别是中西部重点生态功能区的转移支付力度，增强基本公共服务和生态环境保护能力，省级财政要完善对下转移支付政策。

投资政策，要重点支持限制开发区域、禁止开发区域公共服务设施建设和生态环境保护，支持重点开发区域基础设施建设。要实行按主体功能区安排与按领域安排相结合的政府投资政策，按主体功能区安排的投资主要用于支持重点生态功能区和农产品主产区的发展，按领域安排的投资要符合各区域的主体功能定位和发展方向。

产业政策，要引导优化开发区域转移占地多、消耗高的加工业和劳动密集型产业，提升产业结构层次；引导重点开发区域加强产业配套能力建设；引导限制开发区域发展特色产业，限制不符合主体功能定位的产业扩张。要修改完善现行产业指导目录，明确不同主体功能区的鼓励、限制和禁止类产业。

土地政策，要对优化开发区域实行更严格的建设用地增量控制，在保证基本农田不减少的前提下适当扩大重点开发区域建设用地供给，对限制开发区域和禁止开发区域实行严格的土地用途管制，严禁生态用地改变用途。要实行差别化的土地管理政策，科学确定各类用地规模，严格土地用途管制。

人口管理政策，要鼓励在优化开发区域、重点开发区域有稳定就业和住所的外来人口定居落户，引导限制开发区域和禁止开发区域的人口逐步自愿平稳有序转移。

此外，对不同主体功能区要实行不同的污染物排放总量控制和环境标准，并相应完善农业、人口、民族、应对气候变化等政策。

（三）实行各有侧重的绩效评价

在强化对各类地区提供基本公共服务、增强可持续发展能力等方面评价基础上，按照不同区域的主体功能定位，实行差别化的评价考核。对优化开发的城市化地区，强化经济结构、科技创新、资源利用、环境保护等的评价，弱化经济增长的评价。对重点开发的城市化地区，综合评价经济增长、产业结构、质量效益、节能减排、工业化和城镇化水平、环境保护和吸纳人口等。对限制开发的农产品主产区和重点生态功能区，要突出生态环境保护等的评价，弱化经济增长、工业化和城镇化水平的评价，分别实行农业发展优先和生态保护优先的绩效评价，不考核地区生产总值、工业等指标。对禁止开发的重点生态功能区，全面评价自然文化资源原真性和完整性保护情况。

（四）建立健全衔接协调机制

发挥全国主体功能区规划在国土空间开发方面的战略性、基础性和约束性作用。按照推进形成主体功能区的要求，完善区域规划编制，做好专项规划、重大项目布局与主体功能区规划的衔接协调。推进市县空间规划工作，落实区域主体功能定位，明确功能区布局。研究制定各类主体功能区开发强度、环境容量等约束性指标并分解落实。完善覆盖全国、统一协调、更新及时的国土空间动态监测管理系统，开展主体功能区建设的跟踪评估。

二 区域产业分类安排

按照全国主体功能区规划，坚持经济效益、社会效益与生态环境效益的统一，因地制宜、分类指导、突出重点、稳步推进，结合西部大开发，通过经济结构调整，形成合理的产业结构和布局，同时加快生态建设步伐，实现欠发达地区经济、社会和生态环境协调发展。

在确定重点生态区分布和农产品主产区分布的基础上，实现重点经济区和资源富集区的产业分类安排。

根据全国主体功能区规划和西部地区生态地理特征，在生态脆弱、生态系统重要的地区，严格控制工业化城镇化开发，适度控制其他开发活动，缓解开发活动对自然生态的压力。坚持保护优先和自然恢复为主，加强重点生态区综合治理，增强涵养水源、保持水土、防风固沙和保护生物多样性等功能，加快构建生态安全屏障体系。加强统筹规划，整合各类资源，从分散治理向集中治理、从单一措施向综合措施、从偏重数量向提升质量转变。巩固生态工程建设成果，完善政策和相关配套设施，把生态建设与发展替代产业、增加农民收入结合起来。创新管理体制机制，形成生态建设制度保障。

重点生态区如下：

西北草原荒漠化防治区：内蒙古草原、宁夏中部干旱带、石羊河流域、黑河流域、疏勒河流域、天山北麓、塔里木河上游等荒漠化防治区。开展以草原恢复、防风固沙为主要内容的综合治理，加强沙区林草植被保护、草原禁牧休牧轮牧工作，以及牧区水利设施、人工草场和防护林建设。

黄土高原水土保持区：陕西北部及中部、甘肃东中部、宁夏南部及青海东部黄土高原丘陵沟壑区。启动实施黄土高原地区综合治理规划，开展以防治水土流失为主要内容的综合治理，大力开展植树造林、退耕还林、封山育林育草、淤地坝建设，加强小流域山水田林路综合整治。

青藏高原江河水源涵养区：祁连山、环青海湖、青海三江源、四川西部、西藏东北部三江水源涵养区。开展以提高水源涵养能力为主要内容的综合治理，保护草原、森林、湿地和生物多样性，扎实推进三江源国家生态保护综合试验区、祁连山水源涵养区和西藏等生态安全屏障保护与建设。

西南石漠化防治区：贵州、云南东中部、广西西北部、四川南部、重庆东部喀斯特石漠化防治区。开展以恢复林草植被为主要内容的综合治理，加大退耕还林、封山育林育草和人工造林力度，因地制宜发展草食畜牧业，加强基本口粮田和农村能源建设。

重要森林生态功能区：秦巴山、武陵山、四川西南部、云南西北部、广西北部、西藏东南部高原边缘森林综合保育区。开展以森林生态和生物多样性保护为主要内容的综合治理，加强自然保护区、天然林资源、野生动植物和湿地保护。

同时，充分发挥光热水土资源和生物资源丰富优势，结合特殊自然条件，构建以农产品主产区为主体，以其他农业地区为重要组成的农业发展战略格局。鼓励和支持农产品主产区集中发展粮食、棉花、油料、糖料、畜产品等大宗农产品；其他农业地区大力发展优势特色农业，形成一批农产品产业带，引导加工、流通、储运设施建设向优势产区聚集。切实做好农村土地整治。建设一批现代农业示范区。

（一）重点经济区产业分类安排

坚持以线串点，以点带面，依托交通枢纽和区域中心城市，着力培育经济基础好、资源环境承载能力强、发展潜力大的重点经济区。积极推进工业化和城镇化协调发展，促进产业集聚布局、人口集中居住、土地集约利用，形成西部大开发战略新高地，辐射和带动周边地区发展。积极推进重庆、成都、西安加强区域战略合作。

重点经济区如下：

成渝地区：全国统筹城乡发展示范区，全国重要的高新技术产业、先进制造业和现代服务业基地，科技教育、商贸物流、金融中心和综合交通枢纽，西南地区科技创新基地。

关中—天水地区：全国重要的先进制造业和现代农业高技术产业

基地，科技教育、商贸中心和综合交通枢纽，西北地区重要的科技创新基地，全国重要的历史文化基地。

北部湾地区：我国面向东盟国家对外开放的重要门户，中国—东盟自由贸易区的前沿地带和桥头堡，区域性物流基地、商贸基地、加工制造基地和信息交流中心，重要的临海石化、钢铁基地。

呼包银榆地区：全国重要的能源化工基地、农畜产品加工基地、新材料和原材料产业基地，北方地区重要的冶金和装备制造业基地。

兰西格地区：全国重要的新能源、盐化工、石化、有色金属和农畜产品加工产业基地，区域性新材料和生物医药产业基地。

天山北坡地区：我国面向中亚、西亚地区对外开放的陆路交通枢纽和重要门户，全国重要的综合性能源资源生产及供应基地，现代化农牧业示范基地，西北地区重要国际商贸中心、物流中心和对外合作加工基地。

滇中地区：我国连接东南亚、南亚国家的陆路交通枢纽，面向东南亚、南亚对外开放的重要门户，全国重要的烟草、旅游、文化、能源、商贸物流基地和区域性资源精深加工基地。

黔中地区：全国重要的能源原材料基地、以航天航空为重点的装备制造基地、烟草工业基地、绿色食品基地和旅游目的地，区域性商贸物流中心。

宁夏沿黄地区：全国重要的能源化工、新材料基地，清真食品及穆斯林用品和特色农产品加工基地，区域性商贸物流中心。

藏中南地区：全国重要的农林畜产品生产加工、藏药产业、旅游、文化和矿产资源基地，水电后备基地。

陕甘宁革命老区：全国重要的能源化工基地、现代旱作农业示范区、黄土高原生态文明示范区，国家重点红色旅游区。

（二）资源富集区产业分类安排

西部地区水能、石油、天然气、煤炭、稀土、有色金属等能源矿产资源储量大，周边国家和地区能源矿产资源丰富，可再生能源开发利用潜力很大，生物资源多种多样。按照着眼长远、统筹规划、加强勘探、合理开发的要求，建设一批重要的能源矿产资源基地和产业聚集区，不断提高能源矿产资源供应能力和产业风险应对能力，维护国家经济安全。统筹资源合理开发利用与生态环境保护、基础设施建设和区域经济社会发展，培育大型企业集团，推进通道建设，推动资源开发利用方式转变，构建现代资源开发利用产业体系。

重点能源资源富集地区如下：

鄂尔多斯盆地：重点加大煤炭、石油、天然气、煤层气、页岩气等资源的勘查开发力度，着力推进大型煤电基地建设，适度有序发展石油化工和煤化工产业。

塔里木盆地：重点加强油气资源勘探开发，加快石油和天然气产能建设，提高西气东输能力，适当扩大石油天然气化工规模，提升加工利用水平，建设库尔勒石油天然气化工基地。

川渝东北地区：重点加大天然气、页岩气资源勘查力度，增加天然气后备储量，支持开发大中型天然气田，建设天然气精细化工和大型复合肥、氮肥生产基地。

天山北部及东部地区：重点推进吐哈、准东、伊犁河谷煤炭东运、煤电一体化和煤化工基地建设，加快阿尔泰山铜镍及铅锌等资源开发，建设有色金属加工生产基地。

攀西—六盘水地区：重点开发利用煤、铁及钒钛、铜、铅锌、稀土等矿产资源，加强矿山整合，建设攀枝花—西昌钢铁、钒钛加工基地和六盘水、毕节、黔西南煤炭综合利用基地。

桂西地区：重点推进铝、锰资源的开发利用和深度加工，延伸加工产业链，提高产品生产技术水平，建设百色生态型铝产业示范基地。

甘肃河西地区：重点加强镍钴铜、钨钼及铁钒铬等资源综合开发利用和深度加工，延伸产业链，建设金川、酒泉、嘉峪关金属综合加工利用基地。

柴达木盆地：重点加强盐湖资源综合开发利用，扩大钾肥生产能力，发展氯碱化工、金属镁及锂、硼产品，构建循环经济产业链，建设柴达木资源综合开发利用基地。

参考文献

[1] Alexander Gerschenkron, *Economic Backwardness in Historical Perspective*, Harvard University Press, 1962.

[2] A. Lewis, "Economic Development with Unlimited Supplies of Labor", *The Manchester School*, 1954, 22 (5): 139 - 191.

[3] Ayres R. U., Eeo-Restructuring: The Transition to an Ecologically Sustainable Economy, Working Paper for R&D Centre for the Management of Environment and Resources, INSEAD, 1997.

[4] Ayres R. U., Industrial Metabolism: Theory and Policy, http://www.nap.edu/openbook.

[5] Barbier, E. B., *Natural Resonrces and Economic Development*, Cambridge: Cambridge University Press, 2005.

[6] Barbier, E. B., "Poverty, Development and Environment", *Environment and Development Economics*, 2010, 15: 635 - 660.

[7] Barrett, C. B., T. Reardon, etal, "Nonfarm Income Diversification and Household Livelihood Strategies in Rural Africa: Concepts, Dynamics, and Policy Implications", *Food Policy*, 2001, 26 (4): 315 - 331.

[8] Bertalanffy LV., "Clean Coal Technologies: A Status Report", *Electrical World*, 1992 (2): 37 - 42.

[9] Bosch C., Hommann K. Rubio, G. M., Sadoff C., &Travers L., *Water, Sanitation and Poverty Chapter: Poverty Reduction Strategy Papers' Source Book*, Washington D. C.: World Bank, 2001.

[10] Bovenberg A. L. and Smulders S. A., "Transitional Impacts of Envi-

ronmental Policy in an Endogenous Growth Model", *International Economic Review*, Vol. 37, No. 4, Nov., 1996, pp. 861—893.

[11] Brocklesby M. A. & Hinshelwood E., *What the Poor Say: An Assessment of Poverty-environment Linkages in Participatory Poverty Assessments*, Swansea, UK: Centre for Development Studies, University of Wales, 2001.

[12] Brock W. A., Taylor M. Scott., "The Kindergarten Rule of Sustainable Growth", *NBER Working paper*, No. 9597, 2003a.

[13] Brock W. A., Taylor M. Scott., "The Green Solow Model", *NBER Working paper*, No. w10557, 2004a.

[14] Brock W. A., Taylor M. Scott, "Economic Growth and the Environment: A Review of Theory and Empirics", *NBER Working paper*, No. 10854, 2004b.

[15] Buys P., K. Chomitz, etal., "The Economics of Decentralized Poverty-environment Programs: An application for Lao PDR", *Journal of Policy Modeling*, 2006, 28 (7): 811-824.

[16] Cassiman B., Perez-Castrillo D., Veugelers R, "Endogenizing Know—How Knows Through the Nature of R&D Investments", *CEPR Discussion Paper*, No. 2622, 2001.

[17] C. C. Lee, Y. B. Chid and C. H. Sun, "Does One Size Fit All? A Reexamination of the Environmental Kuznets Curve Using the Dynamic Panel Data Approach", *Review of Agricultural Economics*, 2009, 31 (4): 751-778.

[18] C. C. Lee, Y. B. Chid and C. H. Sun, "The Environmental Kuznets Curve Hypothesis for Water Pollution: Do Regions Matter?" *Energy Policy*, 2010, 38 (1): 12-23.

[19] Chenery H. B and M. Syrquin, *Paterns of Development: 1950—1970*, Landon: Oxford University Press, 1975.

[20] Chichilnisky Graciela, "North-South Trade and the Global Environment", *The American Economic Review*, Vol. 84, No. 4, 1994.

[21] Cleaver K. M. & Schreiber G. A. , *Reversing the Spiral: The Population, Agriculture, and Environment Nexus in Sub-Saharan Africa*, Washington, D. C. : World Bank, 1994.

[22] Cohen-Rosenthal E. , *What is Eco-industrial Development? M. Work and Environment Initiative*, Cornall University, USA: Green Leaf Publishing, 2003.

[23] Dasgupta P. & Maler K. -G. "Poverty, Institutions and the Environment-resource Base", *World Bank Environment Paper*, No. 9, Washington, D. C. : World Bank, 1994.

[24] Edward Cohen-Rosenthal, Judy Musnikow, *Eco-industrial Strategies: Unleashing Synergy between Economic Development and the Environment*, Green Leaf Publishing, 2003.

[25] Ekbom A. & Bojo J. , "Poverty and environment: Evidence of Links and Integration in the Country Assistance Strategy Process", *World Bank Africa Region Discussion Paper*, No. 4, Washington D. C. : World Bank, 1999.

[26] F. BROUWER, "Achievements in Modelling Environmental and Resource lssues", *Ricerche Economiche*, 1985 (4): 491 -515.

[27] F. MULLER, Energy and Environment in Interregional Input-Output Models Boston/Leiden, Martinus Nijhocf, 1978.

[28] Forster B. A. , "Optimal Capital Accumulation in a Polluted Environment", *Southern Economic Journal*, 1973, 39, 544 -547.

[29] Friedl B. , Getzner M. , "Environment and Growth in a Small Open Economy: An EKC Case-study for Austrian CO_2 Emissions", *Discussion Paper of the College of Business Administration University of Klagenfurt*, Austria, 2002.

[30] G. Ranis and J. Fei, "Development of the Labor Surplus Economy", *Theory and Policy*, Homewood, Ill. : R. D. Irwin.

[31] Gradus R. , Smulders, S. , "The Trade-off Between Environmental Care and Long-term Growth Pollution in Three, Prototype Growth

Models", *Journal of Economics*, vol. 58 (1), 1993.

[32] Grossman Gene M., Krueger Alan B., "Environmental Impacts of a North American Free Trade Agreement", *NBER Working paper*, No. 3914, 1991.

[33] Grossman Gene M., Krueger Alan B., "Economic Growth and the Environment", *The Quarterly Journal of Economics*, Vol. 110, No. 2, May, 1995.

[34] H. HARTOG and A. HOUWCLING, "Pollution Abatcment and the Economic Structure: Empiricat Results of Input-Output Computations for the Nethlands Occasional, The Hauage", *Central Planning Bureau*, 1974.

[35] Jacobsen N. B., "Industrial Symbiosis in Kalundborg Denmark: a Quantitative Assessment of Economic and Environmental Aspects", *Journal of Industrial Ecology*, 2006, 10 (1-2).

[36] J. H. CUMBER, "A Regional Interindustry Model for Analysis of Development Objectives", *Regional Science Assciation Paper*, (17), 1996.

[37] John Ehrenfeld and Nicholas Gertter, "Industrial Ecology in Practice: The Evolution of In Interdependence at Kalundborg", *Journal of industrial ecology*, Vol. 1, Issuel, Winter, 1997.

[38] J. P. HETTELINGH, R/MA Modelling and Information Systerm for Environmental Policy in the Netherlands city: Free University, 1985.

[39] K. A. DESPOTAKIS and A. C. FISH, "Energy in a Regional Economy: A Computable General Equilibrium Model for California", *Journal of Environmental Economics and Management*, 1988 (15): 313-330.

[40] Lowe E., "Creating by-product Resource Exchange: Strategies for Eco-industrial Park", *Cleaner Production*, 1997, (5).

[41] Lucas R., "On the Mechanics of Economic Development" *Journal of*

Monetary Economics, Vol. 22 (1), 1988.

[42] Park Walter G., "A Theoretical Model of Government Research and Growth", *Journal of Economic Behavior and Organization*, 1998, (34): 69-85.

[43] Paul E. Hardisty, *Environmental and Economic Sustainability*, USA: CRC Press, 2010.

[44] Pearce D. W. & Warford J. J., *World Without End-economics, Environment and Sustainable Development*, New York: Oxford University Press, 1993.

[45] Pittel K. Amigues, Jean P., Kuhn T., "Endogenous Growth and Recycling: A Material Balance Approach. Institute of Economic Research", *Swiss Federal Institute of Technology Zurich*, 2005.

[46] R. BOYD, "Methods of Reducing Environmental Damages in a Computable Genenral Equilibrium Model of the U. S. ", *The International Conference on Environmental Cooperation and Policy in the Single European Market*, Venice, 1990.

[47] Romer P., "Increasing Returns and Long Run Growth" *Journal of Political Economy*, Vol. 94 (5), 1986.

[48] Romer P., "Endogenous Technological Change", *Journal of Political Economy*, Vol. 98, 1990.

[49] Selden T., Song D. "Environmental Quality and Development: Is There a Kuznets Curve for Air Pollution Emissions?" *Journal of Environmental Economics and Management*, 27, 1994.

[50] Selden T., Song D. "Neoclassical Growth, the J Curve for Abatement, and the Inverted-U Curve for Pollution", *Journal of Environmental Economics and Management*, 1995, No. 29.

[51] Shafik N., Bandyo Padhyay S., "Economic Growth and Environmental Quality: Time Series and Cross-country Evidence", *Background Paper for World Development Report*, 1992.

[52] Shafik N., "Economic Development and Environmental Quality: An

Econometric Analysis", *Oxford Economic Papers*, New Series, Vol. 46, Special Issue on Environmental Economics, Oct., 1994.

[53] SHU-LI HUANG and CHUN-SHENG CHEN, "A System Model to Analyse Environmental Carrying Capacity for Managing Urban Growth of the Taipei Metropolitan Region", *Journal of Environmental Management*, 31 (1): 47-60, 1990.

[54] Smulders S. A., "Environmental Policy and Sustainable Economic Growth—An Endogenous Growth Perspective", *De Economist*, Vol. 143, 1995.

[55] SUSMITA DASGUPTA, BENOIT LAPLANTE, HUA WANG, et al., "Confronting the Environmental Kuznets Curve", *Journal of Economic Perspectives*, 16 (1): 147-168, 2002.

[56] W. LEONTIEF, "Environmental Repercussions to the Economic Structure, an Input-Output Approach", *The Review of Economics and Statistics*, (32): 262-271, 1970.

[57] W. LEONTIEF and D. FORD, *Air Pollution and the Economic Structure: Empirical Results of Input-Output Computations*, London: North-Holland, 1972.

[58] Y. H. ZHU, S. DRAKE, H. S. LU, et al., "Analysis of Temporal and Spatial Differences in Eco-environmental Carrying Capacity Related to Water in the Haihe River Basins, China", *Water Resources Management*, 24 (6): 1089-1105, 2010.

[59] Y. J. WU and M. A. ROSEN, "Assessing and Optimizing the Economic and Environmental Impacts of Cogeneration/District Energy Systems Using an Energy Equilibrium Model", *Applied Energy*, 62 (3): 141-154, 1999.

[60] 白永秀、郭俊华：《论西部大开发中的人力资源开发》，《当代经济研究》2001 年第 4 期。

[61] [美] 巴里·康芒纳：《封闭的循环——自然、人和技术》，侯文蕙译，吉林人民出版社 1997 年版。

[62] 毕东苏、郑广宏、顾国维等：《城市生态系统承载理论探索与实证——以长江三角洲为例》，《长江流域资源与环境》2005 年第 14 卷第 4 期。
[63] 毕军：《可持续发展的判别模式及其应用》，《中国环境科学》1998 年第 18 期。
[64] 蔡宁：《国外环境与经济协调发展理论研究》，《环境科学进展》1998 年第 6 卷第 2 期。
[65] 蔡宁：《经济与环境协调发展理论与实证》，中国环境科学出版社 2001 年版。
[66] 蔡平：《经济发展与生态环境的协调发展研究》，新疆大学，2004 年。
[67] 蔡平：《经济与生态环境协调发展的模式选择》，《齐鲁学刊》2005 年第 4 期。
[68] 陈冬：《新型工业化的理论与实证分析》，社会科学文献出版社 2006 年版。
[69] 陈凤、于显双：《环境问题与可持续发展》，内蒙古教育出版社 2005 年版。
[70] 陈佳贵、黄群慧、钟宏武：《中国地区工业化进程的综合评价和特征分析》，《经济研究》2006 年第 6 期。
[71] 陈泉生：《环境法学基本理论》，中国环境科学出版社 2004 年版。
[72] 陈瑞莲、胡熠：《我国流域区际生态补偿：依据、模式与机制》，《学术研究》2005 年第 9 期。
[73] 陈兴鹏、张子龙、薛冰等：《加快少数民族地区经济发展与环境友好型社会建设研究》，兰州大学资源环境学院 2006 年版。
[74] 陈祖海：《环境与经济协调发展的再认识》，《地域研究与开发》2004 年第 4 期。
[75] 陈祖海、熊焰：《基于环境与经济协调发展的环境容量分析》，《中南民族大学学报》（自然科学版）2006 年第 2 期。
[76] 成金华、吴巧生：《中国工业化进程中的环境问题与“环境成

本内化”发展模式》，《管理世界》2007 年第 1 期。

[77] 丹果：《发展青海草原水利的几点思考》，《中国水利》2003 年第 2A 刊。

[78] 丹尼斯·米都斯等：《增长的极限》，四川人民出版社 1984 年版。

[79] 丁忠兵：《论三江源地区的生态地位与可持续发展》，《青海社会科学》2006 年第 2 期。

[80] 杜欢政、熊志文、朱渝铖：《绿色经济与生态文明》，《浙江经济》2010 年第 6 期。

[81] 冯玉广、王华东：《区域 PRED 系统协调发展的定量描述》，《环境科学学报》1997 年第 17 卷第 4 期。

[82] [德] Friedrich Schmidt-Bleek：《人类需要多大的世界：MIPS 生态经济的有效尺度》，吴晓东、翁端译，清华大学出版社 2003 年版。

[83] 高吉喜：《可持续发展理论探索：生态承载力理论、方法与应用》，中国环境科学出版社 2001 年版。

[84] 辜胜阻、魏珊：《保持环境与经济协调发展的思考》，《武汉大学学报》（人文社会科学版）2000 年第 3 期。

[85] 国家发展改革委国土开发与地区经济研究所课题组：《青海三江源地区生态补偿的现状、问题及建议》，《宏观经济研究》2008 年第 1 期。

[86] 国家环境保护总局、中共中央文献研究室：《新时期环境保护重要文献选编》，中央文献出版社、中国环境科学出版社 2001 年版。

[87]《国务院关于环境保护工作的决定（1984 年 5 月 8 日）》，国家环保总局、中共中央文献研究室《新时期环境保护重要文献选编》，中央文献出版社 2001 年版。

[88] 国务院贫困地区经济开发领导小组办公室：《中国贫困地区经济开发概要》，农业出版社 1989 年版。

[89] 韩瑞玲、佟连军、佟伟铭等：《经济与环境发展关系研究进展

与述评》，《中国人口、资源与环境》2012 年第 22 卷第 2 期。
[90] 侯景新：《落后地区开发通论》，中国轻工业出版社 1999 年版。
[91] 胡鞍钢：《欠发达地区发展问题研究》，《改革》1994 年第 3 期。
[92] 胡锦涛：《在中央人口资源环境工作座谈会上的讲话》，人民出版社 2004 年版。
[93] 胡锦涛：《在中央人口资源环境工作座谈会上的讲话（2004 年 3 月）》，《十六大以来重要文献选编》（上），中央文献出版社 2001 年版。
[94] 胡锦涛：《在省部级主要领导干部提高构建社会主义和谐社会能力专题研讨班上的讲话》，人民出版社 2005 年版。
[95] 胡锦涛：《高举中国特色社会主义伟大旗帜 为夺取全面建设小康社会新胜利而奋斗》，人民出版社 2007 年版。
[96] 黄家骅：《论农村的新型工业化道路》，《当代经济研究》2004 年第 1 期。
[97] 江泽民：《论科学技术》，中央文献出版社 2001 年版。
[98] [美] 吉利斯、波金斯、罗默：《发展经济学》，中国人民大学出版社 1998 年版。
[99] 柯健、李超：《基于 DEA 聚类分析的中国各地区资源、环境与经济协调发展研究》，《中国软科学》2005 年第 2 期。
[100] 蓝蔚青：《建设“美丽浙江”实现可持续发展》，《今日浙江》2013 年第 11 期。
[101] 梁小民、姚开建：《西方经济学名著精览——西方经济学必读书手册》，中国物资出版社 1999 年版。
[102] 李本纲、陶澎：《地理信息系统在环境模型研究中的应用》，《环境科学》1998 年第 19 卷第 3 期。
[103] 李长明：《中国经济发展研究》，经济管理出版社 1997 年版。
[104] 李崇明、丁烈云：《小城镇资源环境与社会经济协调发展评价模型及应用研究》，《系统工程理论与实践》2004 年第 11 期。
[105] 李崇阳：《试论经济增长与环境质量变和博弈》，《福建论坛》

（经济社会版）2002 年第 2 期。
[106] 李春才：《欠发达地区工业化道路选择》，《求索》2004 年第 5 期。
[107] 李善同、刘勇：《环境与经济协调发展的经济学分析》，《北京工业大学学报》（社会科学版）2001 年第 3 期。
[108] 李贵龙：《试论“欠发达、欠开发”民族地区生态文明建设——以黔东南州为例》，《中共贵州省委党校学报》2008 年第 6 期。
[109] 李宏伟：《现代技术的人文价值冲突及其整合》，中国市场出版社 1953 年版。
[110] 李佳、吴军年、杜哲：《生态脆弱地区资源—环境—经济协调发展程度评价》，《中国沙漠》2007 年第 27 卷第 1 期。
[111] 李锦、罗凉昭、耿静：《西部生态经济建设》，民族出版社 2001 年版。
[112] 李继文：《工业化与信息化：中国的历史选择》，中共中央党校 2001 年版。
[113] 李艳：《环境—经济系统协调发展分析与评价研究》，河北工业大学，2002 年。
[114] 厉以宁：《区域发展新思路》，经济日报出版社 2000 年版。
[115] 李勇、王金南：《经济与环境协调发展综合指标与实证分析》，《环境科学研究》2006 年第 19 卷第 2 期。
[116] 廖福霖：《建设生态文明，永葆地球青春常驻》，《生态经济》2001 年第 8 期。
[117] 林道辉、沈学优、刘亚儿：《环境与经济协调发展理论研究进展》，《环境污染与防治》2002 年第 24 卷第 2 期。
[118] 林琳：《区域生态环境与经济协调发展研究》，《学术论坛》2010 年第 2 期。
[119] 林木西：《振兴东北老工业基地的理性思考与战略抉择》，《经济学动态》2003 年第 10 期。
[120] 刘诗白：《推进体制机制创新，促进科技进步》，《求是》2006

年第 2 期。
[121] 刘天齐、李克国、魏国印等：《环境经济学》，中国环境科学出版社 2003 年版。
[122] 刘小林：《区域人口、资源、环境与经济系统协调发展的定量评价》，《统计与决策》2007 年第 1 期。
[123] 刘燕华、李秀彬：《脆弱生态环境与可持续发展》，商务印书馆 2001 年版。
[124] 刘艳清：《区域经济可持续发展系统的协调度研究》，《社会科学辑刊》2000 年第 5 期。
[125] 刘振亚：《中国区域经济研究》，中国经济出版社 1991 年版。
[126] 李玉文、徐中民、王勇等：《环境库兹涅茨曲线研究进展》，《中国人口、资源与环境》2005 年第 15 卷第 2 期。
[127] 刘兆顺、尚金城、王冬艳、姚文贵：《区域资源环境与社会经济系统的非连续运动分析——以吉林省为例》，《生态环境》2007 年第 16 卷第 2 期。
[128] 李周、陈若梅、高岭：《中国贫困山区开发方式和生态变化关系的研究》，山西经济出版社 1997 年版。
[129] 李祚泳：《社会、经济与环境协调发展指数评价模型》，《上海环境科学》2000 年第 19 卷第 5 期。
[130] 穆赤·云登嘉措：《关于三江源区生态建设与生态补偿问题的思考》，《青海社会科学》2006 年第 1 期。
[131] 彭补拙、窦贻俭、张燕：《用动态的观点进行环境综合质量评价》，《中国环境科学》1996 年第 2 期。
[132] [美] 钱纳里、S. 鲁宾逊、M. 赛尔奎因：《工业化和经济增长的比较研究》，吴奇等译，上海三联书店 1989 年版。
[133] 乔标、方创琳：《城市化与生态环境协调发展的动态耦合模型及其在干旱区的应用》，《生态学报》2005 年第 25 卷第 11 期。
[134] 秦宣：《用科学发展观指导社会主义核心价值体系建设》，《学习月刊》2012 年第 11 期。
[135]《全国生态环境建设规划（1998 年）》，国家环保总局、中共

中央文献研究室《新时期环境保护重要文献选编》，中央文献出版社 2001 年版。
[136] 沈满洪：《生态文明制度的构建和优化选择》，《环境经济》2012 年第 12 期。
[137] 申曙光：《生态文明及其理论与现实基础》，《北京大学学报》（哲学社会科学版）1994 年第 3 期。
[138] 申曙光：《生态文明构想》，《求索》1994 年第 2 期。
[139] 史德明、梁音：《我国脆弱生态环境的评估与保护》，《水土保持学报》2002 年第 1 期。
[140] 石森昌：《基于机制设计的经济环境协调度模型》，《石家庄经济学院学报》2009 年第 32 卷第 1 期。
[141] 石山：《建设生态文明的思考》，《生态农业研究》1995 年第 2 期。
[142] 宋萌荣、康瑞华：《苏联环境政策失败的教训及其对中国的启示》，《科学社会主义》2011 年第 4 期。
[143] 宋健：《创建现代工业新文明（1998 年）》，国家环保总局、中共中央文献研究室《新时期环境保护重要文献选编》，中央文献出版社 2001 年版。
[144] 宋先松：《西部地区生态建设补偿机制和评价体系研究》，西北师范大学，2005 年。
[145] 宋学锋、刘耀彬：《城市化与生态环境的耦合度模型及其应用》，《资源与环境》2005 年第 23 卷第 5 期。
[146] 孙志高、秦泗刚、刘景双：《环境经济系统分类及协调发展的熵研究》，《华中师范大学学报》（自然科学版）2004 年第 38 卷第 4 期。
[147] 《十六大以来重要文献选编》（上），中央文献出版社 2005 年版。
[148] 《十六大以来重要文献选编》（中），中央文献出版社 2006 年版。
[149] 《十六大以来重要文献选编》（下），中央文献出版社 2008

年版。

[150] 《十七大以来重要文献选编》(上),中央文献出版社 2009 年版。

[151] Suren Erkman:《工业生态学》,经济日报出版社 1999 年版。

[152] 唐剑武、叶文虎:《环境承载力的本质及其定量化初步研究》,《中国环境科学》1998 年第 18 卷第 3 期。

[153] 王长征、刘毅:《经济与环境协调研究综述》,《中国人口、资源与环境》2002 年第 3 期。

[154] 王长征、刘毅:《经济与环境协调研究进展》,《地理科学进展》2002 年第 1 期。

[155] 王雷、王光栋、叶仁荪:《对我国地区发达程度的进一步划分》,《统计与决策》2006 年第 2 期。

[156] 王洛林:《未来 50 年中国西部大开发战略》,北京出版社 2002 年版。

[157] 王晓光:《发展生态工业是走新型工业化道路的重要途径》,《软科学》2003 年第 4 期。

[158] 王维国:《协调发展的理论与方法研究》,中国财政经济出版社 2000 年版。

[159] 万里:《加快大江大河的治理(1991 年 8 月 28 日)》,国家环保总局、中共中央文献研究室《新时期环境保护重要文献选编》,中央文献出版社 2001 年版。

[160] 韦苇:《中国西部经济发展报告(2005)》,社会科学文献出版社 2005 年版。

[161] 魏一鸣、蔡宪唐:《北京市人口—资源—环境与经济协调发展的多目标规划模型》,《系统工程理论与实践》2002 年第 22 卷第 2 期。

[162] 温家宝:《实施可持续发展战略,促进环境与经济协调发展(1999 年 6 月)》、国家环保总局、中共中央文献研究室《新时期环境保护重要文献选编》,中央文献出版社 2001 年版。

[163] 吴风章:《生态文明构建:理论与实践》,社会科学文献出版

社 2008 年版。

[164] 吴晓青：《加快建立生态补偿机制促进区域协调发展》，《求是》2007 年第 19 期。

[165] 吴跃明：《环境—经济系统协调度模型及其指标体系》，《中国人口、资源与环境》1996 年第 6 期。

[166] 吴跃明、张子布、郎东锋：《新型环境经济协调度预测模型及应用》，《南京大学学报》1996 年第 32 卷第 3 期。

[167] 吴玉萍、董锁成、宋键峰：《北京市经济增长与环境污染水平计量模型研究》，《地理研究》2002 年第 21 卷第 2 期。

[168] 吴照云、彭润中等：《欠发达地区产业竞争力分析》，经济管理出版社 2001 年版。

[169] 夏军：《区域水环境及生态质量评价》，武汉水利电力大学出版社 1999 年版。

[170] 谢高地、周海林、鲁春霞等：《我国自然资源的承载力分析》，《中国人口、资源与环境》2005 年第 15 卷第 5 期。

[171] 谢艳红：《生态文明与当代中国的可持续发展》，《上海交通大学学报》1998 年第 2 期。

[172] 解振华：《领导干部循环经济知识读本》，中国环境科学出版社 2005 年版。

[173] 徐民华、刘希刚：《马克思主义生态思想与中国生态制度建设》，《江苏行政学院学报》2011 年第 5 期。

[174] 姚旻：《生态文明理念下的产业结构优化：以贵州为例》，经济科学出版社 2010 年版。

[175] 严耕：《生态危机与生态文明转向研究》，北京林业大学，2008 年。

[176] 严耕、杨志华：《生态文明的理论与系统建构》，中央编译出版社 2009 年版。

[177] 杨士弘、廖重斌：《关于环境与经济协调发展研究方法的探讨》，《广东环境监测》1992 年第 4 期。

[178] 杨士弘：《广州城市环境与经济协调发展预测及调控研究》，

《地理科学》1994 年第 5 期。

[179] 杨卫国：《区域环境承载力评价在区域环境影响评价中的应用》，《中国环保产业》2009 年第 10 期。

[180] 杨伟明：《对我国欠发达地区的界定及其特征分析》，《经济改革与发展》1997 年第 4 期。

[181] 杨晓光、王传胜、盛科荣：《基于自然和人文因素的中国欠发达地区类型划分和发展模式研究》，《中国科学院研究生院学报》2006 年第 1 期。

[182] 严书翰：《为了实现中华民族的伟大复兴——建国以来党对工业化现代化不断认识和不懈奋斗的轨迹》，《中国特色社会主义研究》2009 年第 5 期。

[183] 严艳：《西部地区经济可持续发展指标体系探讨》，《西北大学学报》（自然科学版）2000 年第 30 卷第 3 期。

[184] 叶民强、张世英：《区域经济、社会、资源与环境系统协调发展衡量研究》，《数量经济技术经济研究》2001 年第 8 期。

[185] 叶文虎、栾胜基：《环境质量评价学》，高等教育出版社 1994 年版。

[186] 叶险明：《马克思的工业文明理论及其现代意义》（上），《马克思主义研究》2004 年第 2 期。

[187] 余谋昌：《生态文明论》，中央编译出版社 2010 年版。

[188] 余谋昌：《建设生态文明需要新的哲学和新的思维方式》，《鄱阳湖学刊》2010 年第 1 期。

[189] 曾灿、刘平、赵鑫：《老工业城市经济发展与环境污染关系研究》，《生态经济》2008 年第 7 期。

[190] 张可云：《区域经济政策——理论基础与欧盟国家实践》，中国轻工业出版社 2001 年版。

[191] 张培刚：《新发展经济学》，河南人民出版社 1992 年版。

[192] 张明龙：《欠发达地区提升工业化水平的思考》，《理论导刊》2002 年第 9 期。

[193] 张晓东、朱德海：《中国区域经济与环境协调度预测分析》，

《资源科学》2003 年第 2 期。
[194] 张孝德:《资源环境约束下大国工业化的困境与文明模式的创新——“成本外化工业文明”的反思与生态文明建设思考》,《甘肃社会科学》2008 年第 6 期。
[195] 张效莉、王成璋:《人口、经济发展与生态系统协调性测度研究——基于逼近理想解排序的决策分析方法》,《科技管理研究》2007 年第 1 期。
[196] 张雪梅:《关于西部地区发展生态工业园区的思考和建议》,《西北人口》2004 年第 3 期。
[197] 赵国鸿:《论中国新型工业化道路》,人民出版社 2005 年版。
[198] 赵跃龙:《中国脆弱生态环境类型分布及其综合整治》,中国环境科学出版社 1999 年版。
[199] 赵跃龙、刘燕华:《中国脆弱生态环境分布及其与贫困的关系》,《人文地理》1996 年第 2 期。
[200] 郑新立、周喜安:《中国 21 世纪的工业化》,经济科学出版社 2003 年版。
[201] 郑新奇、王爱萍:《基于 RS 与 GIS 的区域生态环境质量综合评价研究——以山东省为例》,《环境科学学报》2000 年第 4 期。
[202] 郑雪龙:《欠发达地区要注重发展三大形态经济》,《当代经济》1999 年第 10 期。
[203] 郑雪龙:《工业化:欠发达地区发展经济的突破口》,《当代经济》2000 年第 8 期。
[204] 中共中央、国务院批转水利电力部党委:《关于全国水利会议的报告》,《建国以来重要文献选编》(第 20 册),中央文献出版社 1998 年版。
[205] 中共中央文献研究室:《江泽民论有中国特色社会主义(专题摘编)》,中央文献出版社 2002 年版。
[206]《中国共产党第十六次代表大会文件汇编》,人民出版社 2002 年版。

[207] 中国科学院可持续发展战略研究组：《2006 中国可持续发展战略报告——建设资源节约型和环境友好型社会》，科学出版社 2006 年版。

[208] 中国社会科学院环境与发展研究中心：《中国环境与发展评论》第 2 卷，社会科学文献出版社 1993 年版。

[209]《中国 21 世纪议程》（1994 年），国家环保总局，中共中央文献研究室《新时期环境保护重要文献选编》，中央文献出版社 2001 年版。

[210]《中国自然保护纲要》（1986 年 11 月），国家环保总局，中共中央文献研究室《新时期环境保护重要文献选编》，中央文献出版社 2001 年版。

[211] 周宏春：《新型工业化与生态环境保护》，《中国发展观察》2005 年第 6 期。

[212] 周华荣：《新疆生态环境质量评价指标体系研究》，《中国环境科学》2000 年第 2 期。

[213] 周建平：《浙江开化地区工业环境系统的协调发展》，《北京师范大学学报》（自然科学版）1993 年第 29 卷第 3 期。

[214] 朱晓华、杨秀春、谢志仁：《江苏省生态环境质量动态评价研究》，《经济地理》2002 年第 1 期。

[215] 诸大建：《生态文明：需要深入勘探的学术疆域——深化生态文明研究的 10 个思考》，《探索与争鸣》2008 年第 6 期。

[216] 诸大建：《生态文明与绿色发展》，上海人民出版社 2008 年版。

后　记

朱土兴教授主持的国家社科基金项目《生态文明与欠发达地区工业化战略研究》（项目批准号：11BKS044），于2011年6月立项。前期课题组成员有：麻朝晖、叶晓平、汪立东、朱磊、陶国忠、蔡瑢。后因研究工作需要，增补朱子云、陈兵、姚文捷为课题组成员。

根据课题总体安排，课题组自2011年6月起即着手开展文献收集、数据挖掘、总体结构论证等工作。2012年2月课题组成员分组赴北京国家环保局、国家发改委、国家统计局、贵州纳雍、河南信阳、江西上饶，以及浙江省内各地市开展调研和座谈工作。2012年5—8月，课题组成员赴陕西安康、贵州黔东南州、湖南长沙、河北邯郸、山西大同等地就工业化发展路径问题进行实地调研。2012年8月开始，课题组全体成员按照分工深入开展专题研究，陆续发表阶段性成果。2013年5月，课题组举行分专题讨论，并着手起草研究报告。2013年8月中下旬，课题组全体成员专门集中研讨与修改研究报告，并撰写专著。2013年12月，形成专著初稿，并征询相关专家意见。2014年2月，课题组全体成员再次集中研讨、修改专著，3月下旬定稿并提出鉴定结项申请。2014年8月经全国哲学社会科学规划办公室审核，通过结项验收，鉴定等级为良好（证书号：20141179）。

浙江省社会科学联合会原副主席、教授蓝蔚青，宁波大学校长、教授沈满洪一直十分关注本项目研究，提出许多宝贵的建议，沈满洪教授还拨冗阅稿并作序。安康学院王兴林院长和何家理教授、邯郸学院杨金庭院长、凯理学院姚仁海副院长、上饶师院詹世友副院长、大同大学孙澎主任，以及丽水市环保局、林业局、发改委、经信委、统计局等部门为本项目研究收集相关资料提供了很多帮助。丽水学院科研处为本课题的调研、成书做了大量工作。中国社会科学出版社的领导和责任编辑为本书的出版付出了辛勤汗水。

本书由朱土兴拟定写作大纲并统稿，姚文捷、朱磊、陈兵、朱子云参与了本书的撰写工作。

在本项目研究和本书撰写过程中，曾参阅了多方面的文献，吸取了众多学者的研究成果，由于篇幅所限不一一列出，在此一并表示衷心的感谢。由于学术水平等因素的制约，可能存在许多不足之处，敬请读者批评指正。

朱土兴

2014 年 9 月于丽水